U0731482

经济民主思想研究

曹　芳／著

本书受湖南省哲学社会科学青年项目（14YB405）、湖南省教育厅优秀青年项目（14B192）、中南林业科技大学引进高层次人才科研启动基金项目（101050041）的资助

知识产权出版社
全国百佳图书出版单位

图书在版编目（CIP）数据

经济民主思想研究/曹芳著. —北京：知识产权出版社，2016.9
ISBN 978 - 7 - 5130 - 2541 - 6

Ⅰ. ①经… Ⅱ. ①曹… Ⅲ. ①经济民主—研究 Ⅳ. ①F271

中国版本图书馆 CIP 数据核字（2013）第 312481 号

内容提要

本书以经济民主思想作为研究对象和研究主题，从民主思想的源头开始展现中西经济民主思想的演变发展历程，重点围绕经济民主是什么、为什么需要经济民主、如何实现经济民主三大问题进行谋篇布局，对中西经济民主思想进行文本解读和综合叙述，试图整体把握经济民主思想的核心主张，并尝试从经济政治学的视角初步构建中国特色经济民主的科学内涵及其实现的政治经济制度安排，以期澄清学术界和理论界对经济民主认识的歧义，为中国公平导向型经济民主建设寻求智慧资源和思想启迪。

责任编辑：罗斯琦　石红华		责任校对：董志英
封面设计：张　冀		责任出版：刘译文

经济民主思想研究

曹　芳　著

出版发行：知识产权出版社 有限责任公司	网　　址：http：//www. ipph. cn
社　　址：北京市海淀区西外太平庄 55 号	邮　　编：100081
责编电话：010 - 82000860 转 8240	责编邮箱：luosiqi@ cnipr. com
发行电话：010 - 82000860 转 8101/8102	发行传真：010 - 82000893/82005070/82000270
印　　刷：三河市国英印务有限公司	经　　销：各大网上书店、新华书店及相关专业书店
开　　本：787mm×1092mm　1/16	印　　张：16.25
版　　次：2016 年 9 月第 1 版	印　　次：2016 年 9 月第 1 次印刷
字　　数：301 千字	定　　价：49.00 元

ISBN 978-7-5130-2541-6

目　录

导　论 ……………………………………………………………… 1

一、问题的提出与研究的意义 ……………………………………… 1

　　（一）问题的提出 ………………………………………………… 1

　　（二）研究意义 …………………………………………………… 4

二、国内外研究现状 ………………………………………………… 6

　　（一）国外研究现状 ……………………………………………… 6

　　（二）国内研究现状 ……………………………………………… 10

三、研究的视角和方法 ……………………………………………… 12

　　（一）经济政治学的视角 ………………………………………… 13

　　（二）具体技术方法 ……………………………………………… 14

四、研究思路与研究框架 …………………………………………… 15

五、可能的创新之处 ………………………………………………… 19

　　（一）研究对象新颖 ……………………………………………… 19

　　（二）研究视角独特 ……………………………………………… 20

　　（三）研究资料力求完备 ………………………………………… 20

第一章　经济民主思想的历史沿革 ………………………………… 22

一、西方经济民主思想的历史发展：民主理论发展的视角 ……… 22

　　（一）大众化经济权利理念：古典共和民主的经济意蕴 ……… 22

　　（二）自由与平等的矛盾：近现代经济民主思想的兴起 ……… 25

　　（三）精英与大众的矛盾：当代西方经济民主思想的新发展 … 37

二、马克思主义经济民主思想的历史发展 ………………………… 43

　　（一）经济解放的政治形式：马克思、恩格斯的经济民主思想 … 43

　　（二）国家代表的集中治理：列宁的经济民主思想 …………… 49

三、中国经济民主思想的历史发展 ………………………………… 51

　　（一）西方思潮的涌入：近代经济民主思想的萌芽 …………… 51

　　（二）苏俄模式的示范：现代经济民主思想的形成 …………… 53

　　（三）政治经济的改革：当代经济民主思想的新发展 ………… 58

四、小结：经济民主思想伴随民主理论和实践的发展而发展 ………… 64
　　（一）西方经济民主思想是民主理论自身发展的逻辑结果 ……… 64
　　（二）对经济不平等的现实批判是经济民主思想的逻辑线索 …… 67
　　（三）中西经济民主思想历史发展的逻辑和路径不同 ………… 69

第二章　经济民主概念内涵的思想 ………… 71
　一、经济民主的词义溯源 ………… 71
　　（一）经济之源：人的正当需要的满足 ………… 71
　　（二）民主之本：人民主权 ………… 73
　　（三）经济民主的词源意义：从工业民主到经济民主 ………… 77
　二、经济民主的概念界定 ………… 80
　　（一）工业民主说或企业民主说 ………… 81
　　（二）经济权力（福利）共享说 ………… 82
　　（三）经济体制模式说 ………… 86
　　（四）政治民主扩展说 ………… 89
　　（五）人民的经济自主性说 ………… 90
　　（六）社会主义公有制说 ………… 92
　　（七）经济公平说 ………… 94
　　（八）多层面民主说 ………… 95
　三、经济民主的含义辨析 ………… 98
　　（一）经济民主与经济专制：截然对立 ………… 98
　　（二）经济民主与政治民主：递进还是替代 ………… 99
　　（三）经济民主与经济自由：相克还是相生 ………… 100
　　（四）经济民主与工业民主：等同还是涵盖 ………… 102
　　（五）经济民主与社会民主：并列还是隶属 ………… 103
　四、小结：经济民主是政治与经济互动而形成的通过利益公平分配
　　　实现人民大众经济利益自主性的治理理念和方式 ………… 103

第三章　经济民主要素功能的思想 ………… 113
　一、经济民主的主体：人民大众和共同体公民 ………… 113
　　（一）人民主体说 ………… 114
　　（二）公民主体说 ………… 116
　二、经济民主的客体：劳资、贫富等权益关系 ………… 120
　　（一）财产占有关系说 ………… 120
　　（二）财产控制关系说 ………… 121
　　（三）收入财富再分配说 ………… 123

（四）经济权利配置说 ·· 124

三、经济民主的价值：内在价值与外在价值 ·················· 125

　　（一）经济民主的内在价值：经济民主即经济自主 ········ 126

　　（二）经济民主的工具价值：经济民主的多维功能 ········ 130

　　（三）经济民主的价值目标：效率与公平、自由与平等的平衡 ······· 136

四、小结：经济民主的政治合理性 ····························· 142

　　（一）经济民主的政治合理性源于经济民主的大众主体性 ····· 143

　　（二）经济民主的政治合理性源于经济民主的利益协调功能 ···· 145

　　（三）经济民主的政治合理性源于经济民主的价值功能 ······· 146

第四章　经济民主制度模式的思想 ···························· 150

一、经济民主的制度设计层面 ································· 150

　　（一）财产所有制 ··· 151

　　（二）收入分配制度 ······································· 155

　　（三）资源配置机制 ······································· 159

　　（四）工人参与管理制度 ··································· 160

二、经济民主的主要制度模式 ································· 166

　　（一）达尔的自治企业体制模式 ··························· 166

　　（二）施韦卡特的市场社会主义模式 ······················ 170

　　（三）米德的财产所有民主制模式 ························· 175

　　（四）罗尔斯的财产所有制民主宪政模式 ·················· 179

　　（五）福托鲍洛斯的包容性民主模式 ······················ 182

三、小结：经济民主是一种多层面、多形式的政治经济制度安排 ······· 189

第五章　经济民主实施机制的思想 ···························· 194

一、经济民主实施的路径选择 ································· 194

　　（一）自上而下的政府主导推进途径 ······················ 194

　　（二）自下而上的公民社会自治途径 ······················ 197

二、经济民主的实施机制模式 ································· 199

　　（一）马克思、恩格斯的阶级革命方式 ···················· 199

　　（二）格雷格言的阶层合作途径 ··························· 202

　　（三）赫斯特的公民社会合作治理方式 ···················· 206

三、小结：经济民主的实施需要国家与公民社会双重民主化 ······· 208

结语：经济民主思想的总体评价及其现实启示 ················· 213

一、进步性：对自由民主理论的补充与超越 ···················· 213

　　（一）经济民主追求人民主权与公民权利统一、效率

与平等平衡的价值理念 ……………………………………… 213

（二）经济民主通过对公权与私权、精英与大众的经济权益
关系的调节，强调人民大众在经济利益上的自主性或
主体性，开辟了西方民主政治大众化的新空间 ………… 216

（三）经济民主是经济与民主结合而形成的民主治理理念和
新形式，扩展了民主的领域和范围，丰富了民主的
实现形式，实现了对政治民主的超越 …………………… 217

二、局限性：经济民主是一种高调民主 …………………………… 218

三、多元合作：中国公平导向型经济民主建设的路径选择………… 219

（一）以公民权利能力平等为核心，建立和健全"人民合作
宪政"体制 ………………………………………………… 224

（二）以市场公平和社会公平为导向，推进公共服务型
政府的构建 ………………………………………………… 227

（三）以民主参与和利润共享作为现实途径，完善政府与
劳资方的合作治理机制 …………………………………… 229

参考文献 ……………………………………………………………… 232

后　记 ………………………………………………………………… 251

导　论

一、问题的提出与研究的意义

（一）问题的提出

在人类政治文明的发展进程中，民主可能是出现频率颇高而又争议颇多的一个政治学术语。从世界范围来看，整个 20 世纪是一个民主的时代，民主的价值获得普遍认同，民主化浪潮势不可挡，越来越多的民族国家先后加入民主国家的行列，民主已然成为当今世界政治合法性的基本标准。随着人们对民主认识的深化，以及社会经济在社会生活各个领域基础作用的广泛加强，经济与政治相互依存，彼此渗透，经济民主逐渐走入人们的视野。从人权和生存权的角度来讲，人为了有尊严地生存，必须保障基本的经济权利，这是经济民主关注的首要问题。在经济全球化背景下，解决穷国与富国之间的经济利益冲突、民族国家内部的贫富差距和劳资冲突等利益冲突，实现政治、经济、社会的协调发展和人类共享发展成果，是当代世界共同关注的经济民主话题。可以说，建立一个社会经济利益得到合理分配、经济权利得到法律的承认与平等保护的经济民主社会是人类社会的美好蓝图，也是实现社会和谐的重要内容，更是国家的应有职责。从这个意义上来说，经济民主问题不仅是一个经济问题，更是一个重大的政治问题。

在中国，经济民主问题越来越受到学界和政界的关注。我国经济学、经济法学、管理学、政治学等不同学科都在一定程度关注经济民主。理论界对经济民主形成了两种比较鲜明的态度：一种是乐观的、积极的态度，认为经济民主代表了中国民主政治发展的方向和潮流。如以王绍光、崔之元等为代表的新左派积极倡导经济民主。在 20 世纪 90 年代初，香港中文大学王绍光教授就针对中国实际，大胆提出不同于西方的民主化道路，中国民主化的道路可以试验先由经济领域起步，然后扩展到政治领域，经济民主是实现公平和效率统一的最佳途径。❶ 2007 年，在清华大学公共管理学院所作的关于民主的演讲中，他重

---

❶ 王绍光：《安邦之道：国家转型的目标与途径》，北京：生活·读书·新知三联书店 2007 年版，第 45 页。

申"要超越政治民主,将民主的原则适用于更广泛的范围,尤其是经济领域"❶。2004 年上海社会科学院民主政治研究中心主编的《中国政治发展进程(2004 年)》发表了《维护经济民主:中国政治发展的新取向》,把经济民主看做当代政治发展的新理念,提出加强经济民主建设,推动当代中国的政治发展。❷ 近年来,留美学者清华大学崔之元教授先后在《二十一世纪》《读书》等期刊上发表了有关经济民主的系列文章,运用马克思主义和新中国毛泽东时代"两参一改三结合"的企业民主管理传统,积极倡导中国向西方国家学习,宏观上使各项经济制度安排依据大多数人民的利益而建立和调整,反对少数特权集团操纵各种经济制度和经济政策;微观上利用"后福特主义"生产方式以及劳动人民的民主参与和民主监督,防止少数人和特殊利益集团侵吞公有财产。李羚、刘金霞等认为价格听证政策带来了经济民主化的新视角,经济生活的民主化必然促进政治生活的民主化。❸

另一种是对中国经济民主存在的价值持怀疑和否定态度。如,北京大学燕继荣教授认为,民主和自由是两个不同性质的问题,分别属于不同的社会领域。因此,绝不能以民主的名义和方式来取消自由,更不能以经济民主来取代经济自由。政治要民主,经济要自由,这是再平常浅显、再老生常谈不过的议题,应该把民主严格地限定在政治事务的范围内,把自由首先还诸于经济事务。❹ 复旦大学唐贤兴教授也提出,"无论是作为一种制度的还是程序的民主,民主主要是政治领域的现象,不存在所谓的经济领域的民主、行政领域的民主、社会领域的民主。一些人把当前中国进行的价格听证和其他行政决策听证看做一种'经济民主'。这是一种片面的认识。从我们的观点来分析,说到底,各种决策听证所表现出来的,主要应该是民主政治的问题,而不仅仅是行政领域甚至经济领域的问题❺。何家栋从后现代话语视角对"经济民主"提出批判。他认为,如果把经济民主理解为微观层面的工人参与管理,那么这种理论对于当下陷入困境的国有企业不会有多大帮助。因为国有企业现在的主要问题在于市场经营而不是内部管理,任何否定和贬低企业家作用的理论都无助

---

❶ 王绍光:《民主四讲》,北京:生活・读书・新知三联书店 2008 年版,第 251 页。

❷ 上海社会科学院民主政治研究中心:《中国政治发展进程(2004 年)》,北京:时事出版社 2004 年版,第 203~206 页。

❸ 李羚:"价格听证的经济民主化分析",载《经济体制改革》2002 年第 2 期;刘金霞:"价格听证:要的就是经济民主",载《中国经济时报》2002 年 1 月 11 日。

❹ 燕继荣:"民主政治与经济自由——论现代民主对市场的依赖关系",载《经济社会体制比较》1994 年第 1 期。

❺ 唐贤兴:"民主、公共利益与中国公共政策的变迁",载《复旦政治学评论》(第 6 辑):《中国民主的制度结构》,上海:上海人民出版社 2008 年版,第 265~266 页。

于国有企业的改造，并会阻碍市场经济的建设。另外，如果把经济民主解释为宏观层面的经济平等，那就必须通过政治民主的途径才能实现，因为经济上的不公不是因为缺乏经济民主，而是因为缺乏政治民主。❶ 这种分歧除了学者的立场之外，更存在对经济民主与政治民主关系的误解，以及经济民主的本质内涵、实现形式等理论认识的不足。因此，全面地认识和探究经济民主是一个重要的理论课题。

在实践中，经济民主作为社会主义民主的重要内容，一直受到党和政府的高度重视。早在改革开放之初，邓小平就针对当时中国计划经济体制中存在的弊端，较系统地提出通过政府制度安排推进经济民主、实现经济民主与政治民主同步发展的构想。从近年来国家的法律规范和执政党的政治文件来看，虽然没有直接使用"经济民主"这一概念，但党和国家的执政和施政理念中越来越重视经济民主。我国现行《中华人民共和国宪法》已经对人民的民主管理、民主决策和民主自治等经济民主事项作了原则性规定，即作为主权者的人民有权"依照法律规定，通过各种途径和形式，管理国家事务，管理经济和文化事业，管理社会事务"。特别是 2006 年十六届六中全会发布的《中共中央关于构建和谐社会若干重大问题的决定》，根据构建和谐社会的需要，对中国的经济民主建设提出了新的具体要求，把财富创造和人民共享改革发展成果有机统一起来。胡锦涛同志在党的十七大报告中提出，人民民主是社会主义的生命，坚持国家一切权力属于人民，从各个层次、各个领域扩大公民有序政治参与，最广泛地动员和组织人民依法管理国家事务和社会事务、管理经济和文化事业；并提出了加快转变经济发展方式的战略任务，深化收入分配制度改革，"初次分配和再分配都要处理好效率和公平的关系"，"要创造条件让更多群众拥有财产性收入"❷。时任国务院总理温家宝在 2010 年"两会"期间再次强调，把社会财富这个"蛋糕"分好关系到社会的公平正义，"如果说做大社会财富这个'蛋糕'是政府的责任，那么分好社会财富这个'蛋糕'就是政府的良知"，"通过合理的收入分配制度，让全体人民共享改革发展的成果"。

近年来，我国一些地方政府也出现了某种具有经济民主性质的民主试验，

---

❶　何家栋："后现代派如何挪用现代性话语——评'经济民主'和'文化民主'"，载《战略与管理》1998 年第 2 期。

❷　胡锦涛：《高举中国特色社会主义伟大旗帜 为夺取全面建设小康社会新胜利而奋斗——在中国共产党第十七次全国代表大会上的报告》，2007 年 10 月 15 日。

经济民主似乎正成为地方政府追求的民主形式，比如"温州模式"❶"重庆模式"❷ 等是中国地方经济民主实践的生动写照。随着 2008 年《政府制定价格听证办法》的出台，近年来各省市召开的价格听证会极大地推动了价格听证制度的完善，彰显了我国经济生活中民主决策的无限潜力。这些都为中国经济民主化进程带来了乐观的信号。但总体来说，这些实践还比较零散，不成系统，这与当前理论界对经济民主认识的滞后、经济民主的概念模糊、缺乏科学的确定性不无相关。经济民主实践的发展需要对这些问题进行深入探究。

因此，本书的问题意识直接来源于我国理论界对经济民主的关切与理论认识的滞后之间的矛盾，也源于对当代中国政治发展的根本问题，即如何把"人民当家做主"这一民主理念扩展到政治、经济、社会领域，落实到制度和实践层面的价值关怀。这种问题意识和价值关怀是本书研究的基本背景和出发点。到底什么是经济民主？为什么需要经济民主？如何实现经济民主？当代中国应该如何推进经济民主建设？这些正是本书试图探索的基本问题。对于经济民主的思考，有许多不同的角度和方法。建构一个概念清晰、逻辑严密、关照现实的经济民主理论体系，无疑是对经济民主这一课题感兴趣的学者的学术抱负。笔者最初设计了一个从理论到实践的关于"当代中国经济民主化的制度安排研究"的宏大体系，但在收集整理资料时，笔者逐渐意识到，对经济民主的研究应该从经济民主思想开始，把经济民主放在民主思想的历史长河中，通过文本解读，对国内外思想界和理论界关于经济民主的认识进行梳理、比较、归纳、总结，这是经济民主理论研究的基础工程。因此，本项研究重点在于围绕上述问题对中西经济民主思想进行概括、分析和评价，构建经济民主思想研究的一般分析框架，以期为经济民主的深入研究奠定理论基础。

（二）研究意义

深入研究经济民主思想对于推动中国经济民主建设和社会主义民主政治发展具有重要的理论意义和实践价值。

第一，从理论上来说，本研究主要尝试对中西经济民主思想进行挖掘，有利于澄清学术界对经济民主认识的歧义，全面认识和把握经济民主在民主理论

---

❶ 一些学者把温岭恳谈称为"民主合作制"，即通过政府与公民个人、企业、社会组织之间平等的对话协商、高度合作，以合作制的方式实现整个社会的经济和政治层面的民主化管理，获得合作各方的共赢效益。参见徐家良："民主合作制：政府与公民间的双赢博弈"，载《浙江社会科学》2003 年第 1 期。

❷ 王绍光、崔之元先后谈到过"重庆模式"，参见王绍光："对'新自由主义'的重庆反思"，载《重庆日报》2011 年 1 月 4 日；崔之元："重庆模式、经济民主与自由社会主义"，载《商务周刊》2009 年 11 月 20 日。

体系中的地位和作用，扩展民主研究的新领域。从西方思想史来看，思想界大多从政治民主意义上探索民主思想的发展历程，把民主思想的发展史当做一部政治民主思想的发展史。当代西方主流民主理论特别是精英民主和多元民主过分把民主局限于政治领域，而在经济生活中忽视"人民主权"的精神实质。经济民主思想发端于西方，但在当代自由民主的主流话语下，对经济民主思想的研究仍显得薄弱、零散，目前直接以经济民主为专题研究的著作还很少，经济民主思想散见于政治学、经济学、伦理学、管理学等学科著作中。事实上，在西方民主发展的历史长河中，经济民主思想同样源远流长。从广义政治观来看，国家和社会的发展必然导致社会各组成部分尤其是经济的政治化，经济领域不再是纯粹的私人领域，而是具有政治性质的公共领域。一个政治民主的社会必须以经济上的平等和经济上的民主为基础，没有经济民主就不可能有真正的政治民主。"如在经济领域内完全或者部分缺乏民主时，民主的范围就受到了限制。如在经济领域内民主受到排斥，在其他领域内民主会更易于受到限制或排斥，因为民主进程的习惯是不以人为的论题为界限的。"❶ 在国内学界，20 世纪 90 年代初虽然出现了以经济学家为代表的经济民主理论研究热潮，国内仅有的一本以经济民主命名的专著也是那时出现的，但现在看来这股热潮并未持续。20 世纪 90 年代以来，由于理论和实践中"效率至上"的强势话语，理论界关于要经济民主还是要经济自由、先政治民主还是先经济民主的争议仍然较大。部分学者将经济民主意识形态化，把社会主义公有制等同于经济民主等。消除或减少种种争议和误解需要进一步对经济民主进行系统化、专门化的研究。本研究试图系统地挖掘经济民主思想的核心内容，深入对经济民主的认识，力图拓展政治学理论研究的新领域，丰富中国特色的民主理论。

第二，从实践来看，本研究通过经济民主的思想探索，为中国社会主义民主政治实践特别是当前经济民主问题寻求智慧资源和思想启迪。社会主义民主的本质和核心就是人民当家做主。然而人民当家做主不是一句空洞的口号，而是需要具体落实在社会实践中，包括政治、经济、文化各个领域。在社会主义制度下，人民享有广泛的民主，而绝不仅仅是政治民主，实现绝大多数人民在经济上当家做主的经济民主是社会主义民主的应有之义。改革开放 30 多年以来，中国出现了经济发展的奇迹，创造了丰富的物质财富，但在举世瞩目的高速经济增长的"光环"背后，财富分配不公问题所造成的"阴影"已经由经济问题逐渐演变为深刻的政治和社会问题，人民群众在经济上出现了贫富分化和权利失衡。社会利益和谐是中国和谐社会主义建设的根本与核心。解决在市

❶ ［美］科恩：《论民主》，聂崇信、朱秀贤译，北京：商务印书馆 1988 年版，第 117～118 页。

场经济条件下中国社会当前的利益分化与多元化情况下的社会贫富过度分化和社会走向"断裂"危险的问题，实现经济民主的制度化、法治化，成为我国经济民主建设的迫切任务。对中西经济民主思想的研究不仅可以为批评西方自由民主制度提供有力的思想武器，同时也可以为思考中国民主化道路提供有益的启示。如前所述，西方民主国家在代议制民主相对成熟的基础上，将民主（制度、程序、理念）向经济领域渗透，丰富了民主的形式，扩展了民主的领域和范围，实现了对代议制民主的补充和超越，克服了代议制民主理论和实践的困境。当代中国政治民主和经济民主实践发展都不是很成熟，特别是代议制民主相对落后，可以探寻通过经济民主走向民主之道。同时，经济民主论者对经济民主的制度安排和实施机制的设计和选择，为当前中国经济民主实践发展指明了方向和途径。

二、国内外研究现状

（一）国外研究现状

在西方政治思想史上，对民主理论的研究可谓汗牛充栋，但是以经济民主为研究主题和研究对象的研究成果并不多见。有关经济民主思想的研究资料相对分散、繁杂。从国外已有研究成果来看，国外学者从多学科、多视角涉及经济民主的研究，为研究西方经济民主思想提供了重要的素材。在收集资料的过程中，有三类来自西方的著作直接成为本研究的资料来源。第一类是从思想史的角度对民主思想展开的研究，揭示民主的经济意蕴。第二类是从批判西方自由民主的视角，提出将民主扩展到经济领域和社会领域，以扩展和深化民主。第三类是在批判当今西方资本主义政治经济的基础上，提出经济民主对实现社会经济正义的作用。

第一类是从思想史的角度对民主思想展开的研究，揭示民主的经济意蕴。其中以意大利著名政治思想史专家萨尔沃·马斯泰罗内（Salllvo Mastellone）的《欧洲民主史——从孟德斯鸠到凯尔森》、戴维·赫尔德（David Held）的《民主的模式》为代表。《欧洲民主史——从孟德斯鸠到凯尔森》把民主当做一个具有独立性的概念，追溯了从孟德斯鸠开始的诸家学说争论的发展，阐述了欧洲历史上的各种运动，分析了各个不同时代关于民主的不同观点，富有说服力地证明了经济民主思想也是民主思想发展历史天空中一颗闪耀的星星。民主不仅是一种政治制度，更是一种生活方式；民主不仅具有政治意义，更具有社会经济意义。该书对了解近现代以来经济民主思想在欧洲的产生和发展有很大的启发意义。《民主的模式》一书从国家与社会关系的视角重点考察和评价了从古希腊至今的各种不同的民主思想及其演变发展规律，并试图回答当今民主应当意味着什么的问题。赫尔德认为民主遗产的重点在于对公共事务公开讨论、公开对话和公开争论的原则。这种民主原则不仅通过国家层面代表制的改革来展开，还包括在各个共同体、城市、工厂进行更直接深入的探讨，并且应该在超越国家范围的跨国的或世界性的基础上进行。他对政治的含义进行了重新阐释并提出广义的政治观，认为应该将经济事务纳入"民主领域"❶。这些研究都有利于本研究从纵横两方面了解西方经济民主思想的发展。

　　第二类是从批判西方自由民主的视角，提出将民主扩展到经济领域和社会领域，以扩展和深化民主。其一般认为，西方经济民主思想是在传统工业民主思想基础上建立起来的❷，主要是针对当时政治民主的缺陷而产生的一种民主思想。❸ 19 世纪以来，以马克思主义、社会民主主义、新自由主义为代表的西方主流政治思潮在对自由民主进行批判的基础上，纷纷提出经济民主和经济平等是实现全社会所有人真正平等和自由的前提和基础，倡导将民主扩展到经济社会领域。这些不同政治派别典型代表们的经济民主思想是本研究关注的重要内容。

　　近年来，面对代议制民主的困境，当代许多民主理论家在吸收直接民主思想的基础上，纷纷提出用参与民主来替代或补充代议制民主，提出广义的政治观，将传统的公共领域向政治领域之外延伸，包括经济领域、社会领域，并将这种政治观与民主相结合。这以西方参与民主主义者、新多元民主主义者、激进民主主义者为代表，他们一般支持经济民主。典型代表如道格拉斯·拉米斯（C. Douglas Lummis）的《激进民主》、塔基斯·福托鲍洛斯（Takis Potopooulos）的《当代多重危机与包容性民主》、本杰明·巴伯（Benjamin R. Barber）的《强势民主》、卡罗尔·佩特曼（Carole Pateman）的《参与和民主理论》，以及当代社群民主理论家如科恩和罗杰斯（Cohen, Johua and Joel Rogers）的《社团与民主》（*Associations and Democracy*）❹、保罗·赫斯特（Paul Hirst）的《联合民主——经济社会治理的新形式》❺（*Associative democracy：new forms of economic and social governance*）、迈克尔·沃尔泽（Michael Walzer）的《正义诸领域：为多元主义与平等一辩》等，他们从不同方面论证了经济民主的合理性和可

---

❶　[英] 戴维·赫尔德：《民主的模式》，燕继荣等译，北京：中央编译出版社 1998 年版，第 407～411 页。

❷　于海清："经济民主：一种社会主义的分析框架"，载《当代世界社会主义问题》2005 年第 2 期。

❸　Seymour M. Lipset（ed.），the Encyclopedia of Democracy, London：Routledge, 1995. p. 603.

❹　Cohen, Johua and Joel Rogers（ed.），Associations and Democracy, London：Verso, 1995.

❺　Paul Hirst, Associative democracy：new forms of economic and social governance, Cambridge：Polity Press, 1994.

行性。

甚至连罗伯特·达尔（Robert A. Dahl）、查尔斯·林德布洛姆（C. E. Lindblom）等传统多元民主主义者，都转而强调经济平等和经济民主对实现政治民主的基础意义，以克服多元民主理论的困境。在继《民主理论的前言》之后，西方民主理论大师达尔在1985年完成了《经济民主理论的前言》❶（*A preface to economic democracy*）一书，它是目前收集到的从政治学视角系统专门地阐释经济民主理论的第一本学术力作，在西方学界影响广泛，对本研究启发颇大。除导论和结语外，全书分为五章：第一章，达尔从经济与政治的关系出发，批判审视了政治思想史上的"自由与平等相冲突"的托克维尔命题。第二章，达尔从财产权与民主的关系出发，阐释了民主、政治平等和经济自由的关系。后三章具体探讨了经济民主的内涵及论证了其可行性和正当性，并指出了经济民主的局限性和面临的实践困境。达尔的经济民主思想是本研究关注的重点，上述内容在本书不同章节中都有所体现。

20世纪90年代东欧剧变、苏联解体等事件使西方学者对资本主义自由民主的发展重振信心。福山甚至宣布："自由民主制度也许是'人类意识形态发展的终点'和'人类最后一种统治形式'，并因此构成'历史的终结'。"❷ 然而资本主义在全球的扩展并没有如期地带来整个世界的繁荣与和谐，"冷战"结束的"红利"并没有惠及所有民众。相反，一系列问题在发达国家内部、发达国家与不发达国家之间、南方发展中国家中经济、社会等领域更加明显地暴露出来。经济全球化背景下，自由民主更退化为"西方跨国公司支配下的民主"，跨国公司的无限权力成为通向民主的最大障碍。❸ 以安东尼·吉登斯（Anthony Giddens）为代表的"第三条道路"倡导者旨在为面临新的问题和困难的资本主义寻找新出路，"复兴"社会民主主义，超越"老派的社会民主主义和新自由主义"❹。英国民主理论家戴维·赫尔德在1995年推出的《民主与全球秩序》、美国政治经济学家 J. W. 史密斯在2000年出版的《经济民主：21世纪的政治斗争》❺（*Economic democracy：the political struggle of the twenty‑first*

---

❶ Robert A. Dahl, A preface to economic democracy, Berkeley：University of California Press, 1985.

❷ ［美］弗朗西斯·福山：《历史的终结及最后之人》，黄胜强、许铭原译，北京：中国社会科学出版社2003年版，第1页。

❸ ［美］麦克尔·哈特等：《控诉帝国》，肖维青等译，桂林：广西师范大学出版社2004年版，第252–253页。

❹ ［美］安东尼·吉登斯：《第三条道路——社会民主主义的复兴》，郑戈译，北京：北京大学出版社2001年版，第27页。

❺ J. W. Smith, Economic democracy：the political struggle of the twenty‑first century, Armonk, New York：M. E. Sharpe, Inc. , 2000.

century）和 2008 年出版的《经济民主：世界和平与繁荣的伟大战略》❶
（*Economic democracy：a grand strategy for world peace and prosperity，2nd ed.*）、
新加坡学者 Dhanjoo N. Ghista 在 2004 年出版的《社会经济民主及世界治理》❷
（*Socio - economic democracy and the world government：collective capitalism，
depovertization，human rights，template for sustainable peace*）等书中都倡导在全
球化背景下构建世界主义民主，将民主扩展到经济社会领域，以应对全球化危
机。这些研究为经济民主思想的发展提供了更广阔的空间。

第三类是在批判当今西方资本主义政治经济的基础上，提出经济民主对实
现社会经济正义的作用。一批以社会主义为价值目标的西方马克思主义者，在
深入考察当代经济民主实践并吸收借鉴已有理论成果的基础上，试图在经济民
主的框架下设计一种新型的社会主义经济体制模式，即所谓的"经济民主的
社会主义"或"自我管理的社会主义"，以实现经济民主与政治民主的结合。
20 世纪 80 年代前后，西方理论界更是兴起了一股经济民主理论研究的热潮。
左翼学者戴维·施韦卡特、勃朗科·霍尔瓦特、罗宾·阿切尔、米切尔·霍沃
德等是这方面研究的主要代表。戴维·施韦卡特（David Schweickart）的《资
本主义还是工人管理?》、《超越资本主义》、《反对资本主义》，奥塔·锡克
（Ota Sik）的《争取人道的经济民主》和《一种未来的经济体制》，勃朗科·
霍尔瓦特（Branko Horvat）的《社会主义政治经济学——一种马克思主义的社
会理论》，罗宾·阿切尔（Robin Archer）的《经济民主——可行的社会主义
的政治学》（*Economic democracy：the politics of feasible socialism*），爱德华·格
林伯格（Edward Greenberg）的《工厂民主：参与的政治影响》，米切尔·霍
沃德（Michael Howard）的《自我管理和社会主义的危机》等，从不同角度探
讨了经济民主社会主义的具体模型，他们主要从经济学视角探讨经济民主对实
现社会主义价值的意义。

此外，20 世纪 70 年代后期以来，政治学、经济学、伦理学等领域的一批
著名的西方学者极大关注社会经济正义及其实现机制，尽管由于研究立场的原
因，他们缺乏对经济民主较为直接深入的论证，甚至没有用"经济民主"的
术语，但他们的研究从不同程度论证了经济民主对实现社会经济公平正义的作
用。如当代著名政治哲学家、伦理学家约翰·罗尔斯（John Rawls）的《正义

---

❶　J. W. Smith, Economic democracy：a grand strategy for world peace and prosperity, Portland：Insti-
tute for Economic Democracy, Inc. , 2008.

❷　Dhanjoo N. Ghista, Socio - economic democracy and the world government：collective capitalism, de-
povertization, human rights, and template for sustainable peace, Singapore：World Scientific Publishing
Co. Pte. Ltd. , 2004.

论》，1998 年诺贝尔经济学奖获得者阿马蒂亚·森（Amartya Sen）的《以自由看待发展》，2001 年诺贝尔经济学奖得主约瑟夫·斯蒂格利茨（Joseph E. Stiglitz）的《全球化及其不满》，1977 年诺贝尔经济学奖得主詹姆斯·米德的《效率、公平与产权》，著名经济学家阿瑟·奥肯（Arthur M. Okun）的《平等与效率：重大抉择》等就是其中的杰出代表。

上述三类著作为本研究提供了丰富的资料素材。但由于所处的历史背景以及各自的学术立场和研究旨趣不同，关于经济民主的研究总体上还缺乏系统性、整体性、专门性，不同政治流派的思想家、不同学者对经济民主相关问题的争议还很大，比如经济民主概念上还存在诸多歧义，对经济民主与政治民主、经济自由、工业民主等概念容易产生误解，对经济民主的本质内涵、内容范围、制度形式等方面存在争议，与其他民主理论相比，尚缺乏统一的理论分析框架，其理论本身还不够成熟。西方左翼学者更多地把经济民主当做一种宣传口号，使经济民主思想染上浓厚的意识形态色彩。国外学界尚没有发现对经济民主思想的历史演变以及不同政治派别、不同思想家的经济民主思想进行总结、归纳、比较的专门研究。

（二）国内研究现状

经济民主作为一个重大的理论问题和实践问题，也引起国内理论界和思想界的关注。国内关于经济民主的研究主要以论文形式为主，在中国知网跨库初级检索中，截至 2011 年 3 月，以"经济民主"为题名的论文共有 205 篇。其中，对经济民主思想的研究主要体现在：对西方经济民主理论及其代表人物的介绍和马克思主义经典作家的经济民主思想研究，以及对中国现代以来的经济民主思想的介绍。前者如引介左翼学者施韦卡特、锡克、霍尔瓦特等西方马克思主义学者的经济民主思想，如论文《奥塔·锡克论经济民主和人道主义》《施韦卡特的经济民主市场社会主义》《经济民主：一种社会主义的分析框架——国外左翼经济民主社会主义理论评析》等。对西方民主理论家的经济民主思想的专门介绍较少，仅仅对个别学者的经济民主思想做了介绍，如论文《达尔的经济民主思想及其论证》《达尔的经济民主思想述评》。不少学者对毛泽东、邓小平等马克思主义经典作家的经济民主思想进行了介绍，如论文《邓小平经济民主思想及其现实意义》《邓小平经济民主理论的基本思想》《实行经济民主是马克思主义的重要原则》。对中国现代经济民主思想的介绍如黄岭峻的《"经济民主"思潮考析——中国现代经济思想研究之三》、李先伦的《中国 20 世纪 40 年代"中间路线"经济民主思想评析》、卫春回的《抗战胜利后自由主义者向往的"经济民主"》等。一些学者从基础概念出发，分析了经济民主与政治民主的关系，以及经济民主在中国语境下的含义。如章荣君的

《经济民主：从概念厘定到基础论证》和《政治民主、经济民主及其相互关系分析》、江作军的《论经济民主与政治民主》、崔之元的《经济民主的两层含义》等文章。

从目前收集的资料来看，经济民主受到不同学科的共同关注。经济学从经济体制改革的角度关注经济民主。我国著名经济学家蒋一苇同志被称为"经济民主学派"的主要代表人物，其早在 20 世纪 80 年代末 90 年代初就提出了"经济民主论"❶。《经济民主论》是蒋一苇继《企业本位论》之后的一篇力作，比较全面地阐述了加强社会主义经济民主建设的必要性、意义和各项具体内容，对于社会主义市场经济体制的建立具有非常重要的理论意义和现实指导意义。在当时，我国学界掀起了一股经济民主研究热潮，出现了不少研究成果。另一位经济民主的积极倡导者是经济学家王慎之，他著有《经济民主论》一书，是国内第一本以"经济民主"命名的专著，由吉林人民出版社 1989 年出版，1994 年再版。此书主要从经济学视角探讨如何通过经济体制改革来实现经济民主，认为"我国经济体制改革从根本上说就是推进经济民主化，并以此逐步强化人民的民主意识，涤除封建专制的人身依附观念，最后达到政治改革的目标。这也是本书的立意"❷。他试图构建一个经济民主理论分析的基本框架，从公有制民主、企业民主、价格民主、工资民主、劳动民主和管理民主等几个方面进行理论叙述和对策分析。吴宇晖、张嘉昕在《经济民主：一种关于"劳动的政治经济学"》一文中，试图从作为一种价值观和一种新型的社会经济组织模式的视角为经济民主正名，目的是引进经济民主这一概念并以这一核心范畴为基础重构社会主义政治经济学。❸

国内不少学者从经济法视角探讨了经济民主，如王保树的《市场经济与经济民主》，王全兴、管斌的《经济法与经济民主》，李晓辉的《经济民主与社会正义——竞争法的深层底蕴》等文章，还有张金岭的硕士论文《经济法视阈内经济民主的解析与建构》，探讨了经济民主的经济法意蕴，并提出了如何在经济法的视阈内构建经济民主。李昌庚的《公司：经济民主与民主政治的互动》一文则提出了通过公司的社会化实现经济民主与民主政治的互动，以期为我国经济体制改革和政治体制改革开阔新的路径视野。

政治学界也开始结合中国政治经济实际探讨经济民主问题。香港中文大学王绍光教授在《建立一个强有力的民主国家》《公平·效率·民主》《现代国家

---

❶ 蒋一苇："经济民主论"，载《改革》1989 年第 1 期。

❷ 王慎之：《经济民主论》，长春：吉林人民出版社 1994 年版，初版前言第 8 页。

❸ 吴宇晖、张嘉昕："经济民主：一种关于'劳动的政治经济学'"，载《当代经济研究》2008年第 1 期。

的再分配制度》《改革、开放和发言权》等系列文章中，从政治学的角度审视了中国社会公正问题和民主化道路，在效率与公平关系上，他不赞成效率优先，也不赞成公平绝对优先，而赞成一种偏向于公平的折中。因此，他提出经济发展是硬道理，社会公正也是硬道理。对于我国而言，实现社会公正需要强有力的政府，需要强有力的政府实施再分配职能，更需要民主的政治体制，并且把经济民主作为实现公平和效率统一的最佳途径。❶ 其在《民主四讲》一书中重申了"要超越政治民主，将民主的原则适用于更广泛的范围，尤其是经济领域"❷。在他看来，民主不需要修饰，修饰阉割了民主的真髓，真正的民主需要回归民主的本质，即人民当家做主，不仅在政治上当家做主，而且在经济和社会生活中也要当家做主。事实上，他认为以劳动雇用资本为核心内容的经济民主是更合理的制度安排，是社会主义民主的应有之义，这扩展了国人对民主的想象空间。这对本书从政治学视角审视经济民主提供了重要的思路启发。

总体来说，学者们从各自视角所作的探讨为本文研究提供了宝贵的资料，是本书思想和灵感的重要来源。但目前国内关于经济民主问题方面的研究总体比较零散、相对滞后，经济民主作为政治学独立范畴的研究尚未引起学界的足够重视。经济民主思想作为政治学特别是民主理论研究的独立研究范畴尚未引起国内学者的重视，直接系统地研究经济民主思想的政治学理论专著至今尚未出现，研究成果比较少见；已有成果关于国外的引介性研究较多，较多停留在概念层面，而缺乏结合经济民主思想产生和发展的历史规律、本质内涵、内容范围、实现形式的系统归纳研究；对国外左翼社会主义经济民主思想的介绍相对较多，对马克思主义、西方民主理论家的经济民主思想的专门介绍相对较少，更不用说不同政治流派之间的比较、综合、概括。不同政治流派的经济民主思想以及中西方经济民主思想有着大相径庭的问题意识和理论旨趣，对这些问题的考察和探究有利于准确把握经济民主思想的内核。

三、研究的视角和方法

本书以经济民主思想作为研究对象，主体部分是西方近现代以来民主社会主义、新自由主义、马克思主义等不同政治派别以及当代新多元民主主义、参与民主主义等民主理论家的经济民主思想；次属部分是中国经济民主思想，主要是党的领导人的经济民主思想和一些具有代表性的学者的经济民主观。从理

---

❶ 王绍光：《安邦之道：国家转型的目标与途径》，北京：生活·读书·新知三联书店 2007 年版，第 44 页。

❷ 王绍光：《民主四讲》，北京：生活·读书·新知三联书店 2008 年版，第 251 页。

论入手研究经济民主有两个角度：一是对经济民主思想家的理论进行概括、分析和评价；二是在对经济民主实践进行研究的基础上形成理论。这两种角度容易交叉，因为学者的理论也是对实践的反思和概括。本研究主要采用第一种角度，把经济民主思想放在民主思想历史发展的视野中进行考察，对不同政治流派的经济民主思想，特别是一些政治理论家关于经济民主和经济政治的思想进行挖掘、分析、综合、比较。本书采用的研究方法和视角主要有以下几个方面。

（一）经济政治学的视角

本书在对中外经济民主思想进行文本解读的基础上，从经济政治学的视角，采用广义政治和经济政治的理论和方法，对经济民主思想进行了分析概括，以期揭示经济民主的本质内涵、政治性质和政治功能，寻求通过政治经济安排实现经济民主之道。

早在 20 世纪 80 年代，武汉大学刘德厚教授就倡导建立经济政治学，认为"经济政治"和"经济政治学"是要在一国内和世界范围内，以社会经济发展所直接引起的社会政治问题为主要研究对象，分析经济的政治功能形态、性质和特点，揭示经济政治化和政治经济化过程中政治发展的规律性，探讨解决社会经济政治问题的对策和手段的政治科学。[1] 刘俊祥教授发文对经济政治学的学科发展进行了系统梳理并指出，经过 20 多年的发展，"经济政治学"目前在我国基本成为中国特色的新兴交叉性政治学学科。[2] "经济政治学"是以广义的经济政治现象作为研究对象，坚持历史唯物主义的广义政治研究方法。广义的经济政治现象是"经济政治化和政治经济化而产生的新政治现象"，即经济化形态的政治。

"广义政治论"就是"经济政治学"的方法论基础。在国内，刘德厚教授在《广义政治论——政治关系社会化分析原理》一书中，根据马克思主义思想专门论述了相对于国家政治的广义社会政治和走向"新型社会民主"的问题。从广义政治学来说，政治是社会论政治主体的利益全局关系所支配的社会公共权力活动。[3] 西方经济民主的支持者，不论是马克思主义者、激进民主主义者还是参与民主主义者、新多元主义者，都在一定程度上赞同广义的政治观，并将民主与这种政治观相结合，提出了各自的经济民主观。其虽然对政治的解释不尽相同，但都赞同广义政治是与国家政治相对应的广义社会政治。

---

[1] 刘德厚："'经济政治'范畴分析"，载《经济评论》1994 年第 2 期。

[2] 刘俊祥："'经济政治学'的学科范式述论"，载《武汉大学学报》（哲学社会科学版）2011 年第 2 期。

[3] 刘德厚：《广义政治论——政治关系社会化分析原理》，武汉：武汉大学出版社 2004 年版，第 117 页。

"经济政治"这一独立范畴，是在社会的经济生活与政治生活的相互渗透、相互转化中形成的。当今人类实际的政治生活表明，"政治范围和含义是随着社会的发展和进步而不断扩大的，政治经济化和经济政治化的趋势越来越明显。经济领域越来越成为政治活动和政治发展的中心"❶。"经济政治"就是经济的政治功能性，运用经济利益这个强有力的杠杆来调节社会政治方面的某些矛盾，以达到稳定社会、治理国家的目的。本研究试图表明经济民主属于"广义政治视域下的新型经济政治现象"，具有政治性质和政治功能。

历史唯物主义是广义政治论的方法论指导。马克思主义历史唯物主义科学地揭示了经济是政治的基础，政治根源于经济；政治是经济的集中表现，政治反作用于经济，政治上层建筑必须服从和维护经济基础。因此，没有脱离经济的政治，也没有脱离政治的经济，经济与政治是紧密联系的。政治与社会公共权力有关，在阶级社会中，这种社会公共权力主要代表社会中在经济上占支配地位的阶级的根本利益，这个阶级通过夺取政权来控制公共权力，因而政治的核心是政权问题；在无阶级社会中，这种公共权力真正代表全社会的利益，为全社会成员所共同享有。❷ 本研究在坚持经济是政治的基础上，也强调政治对经济的反作用。经济民主是以经济与政治互动的形式发挥作用的，经济民主需要通过政治经济安排来实现。本书在对经济民主思想进行阐述时，辩证地对待各个政治流派以及中西不同学者的各种观点、思想及其价值和内在的局限性，并把它们放在社会历史的视角进行理解，承认经济民主思想的发展是一个历史发展的过程。

（二）具体技术方法

（1）历史与逻辑相结合的方法。本书在论述经济民主思想时，把经济民主放在民主政治的理论和实践的历史发展中，指出经济民主思想是共和主义民主、自由主义民主理论历史与逻辑发展的结果，是社会主义思潮向自由主义思潮挑战的产物，更是特定历史背景和社会经济实践的反映，有着鲜明的时代问题意识，同时是对前人经济民主思想的继承和发展。因此，对经济民主思想的研究应该从不同时期、不同政治经济实践出发，同时说明不同经济民主思想家之间的联系和区别，正确认识西方经济民主思想发展规律。而近代中国经济民主思想受西方多元化思想源流的影响，主要是基于对前苏联模式与英美资本主义国家模式反思的产物；当代中国经济民主思想则更多的是中国政治经济建设实践的产物。

---

❶ 刘德厚："关于建立经济政治学的几个问题"，载《武汉大学学报》（社会科学版）1989 年第 1 期。

❷ 王浦劬：《政治学基础》，北京：北京大学出版社 1995 年版，第 6 ~ 7 页。

（2）比较分析的方法。没有比较，就没有鉴别。研究某种思想，文本分析是必需且必要的，然而仅仅将研究视阈局限在有关文本中去探索该思想的内核是不够的，还需要了解其观念来源以及思想发展的深远影响。另外，对经济民主思想的研究也不可避免地需要与自由主义民主、共和主义民主等民主观的比较与互动。民主观的不同是西方各种政治思想流派区别的关键所在。因此，本书将在比较自由主义、保守主义、多元主义等不同政治思想流派民主观的异同的基础上，比较它们之间经济民主思想的异同，以求更深入理解经济民主的概念内涵、内容范围、制度形式；在对经济民主思想的阐述中，关注不同学者、思想家之间观点的比较、借鉴；把经济民主概念放在中西不同历史背景中进行纵横比较，以及对经济民主与经济专制、政治民主、工业民主、经济自由等相关概念的内涵进行辨析，试图揭示思想家们对经济民主概念本质的认识和理解。经济民主存在不同的制度模式，对它们进行比较可以相互取长补短。同时，本书也注重中西经济民主思想比较。中西经济民主思想的发展逻辑和路径不同，一方面，可以吸收西方经济民主的思想养料，为当代中国经济民主建设提供理论支持和智慧启迪；另一方面，中国经济民主的发展更要立足于中国民主建设的实践，利用本土的思想资源。

（3）文献研究方法。本研究将经济民主思想置于西方政治思想史上加以整体把握和认识。除上面综述提到的有关经济民主思想的著作外，从柏拉图的《理想国》到亚里士多德的《政治学》、洛克的《政府论》、卢梭的《社会契约论》、密尔的《论自由》和《代议制政府》、霍布豪斯的《自由主义》，再到 20 世纪罗尔斯的《正义论》和诺齐克的《无政府、国家与乌托邦》等政治学名著，也是本研究重要的文献材料。同时，本研究试图挖掘民主思想史上关于民主的认识及其蕴含的经济民主思想，对理论界关于经济民主的研究进行综合梳理和评价，从经济政治学的视角总结其基本主张。从某种意义上来说，本研究是一篇对理论界和思想界关于经济民主研究的文献综述。

此外，本研究还涉及经济学、法学、社会学等多学科知识，因此，需要相应地采用多学科综合的研究方法。

四、研究思路与研究框架

从已有的研究成果来看，经济民主更多地被纳入经济学、管理学等学科的视野，而政治学视角的研究还明显不足。本书以经济民主思想作为研究对象和研究主题，从经济政治学的视角采用广义政治与经济政治的理论方法以及历史与逻辑统一、比较分析、文献研究等具体技术方法，从民主思想的源头开始展现中西经济民主思想的历史演变过程，重点围绕经济民主是什么、为什么需要经济民主、如何实现经济民主三大问题，对中西经济民主思想进行文本解读和综合梳理，整体把握经济民主思想的核心主张，在此基础上从经济政治互动的维度揭示经济民主的政治性质和政治功能，寻求通过政治经济安排实现经济民主之道，以期从理论和实践上推进中国民主政治的发展。在结构安排上，本书由导论、正文、结语三大部分构成，正文内容遵循理论必然性到实践可行性的思想逻辑，共分为五大章。

第一章考察经济民主思想的历史演变过程。本书把西方经济民主思想放在民主思想发展的历史长河中进行考察。经济民主思想最早的理论源头可以追溯到柏拉图、亚里士多德的古希腊城邦政治时代。近代经济民主思想源于18世纪法国启蒙时期的卢梭、大革命时期雅各宾派等激进民主主义者，他们继承了古典共和主义传统。以新自由主义、社会民主主义（民主社会主义）、马克思主义为代表的西方现代主流政治思潮都在一定程度上倡导经济民主，认为经济民主和经济平等是实现全社会所有人真正平等和自由的前提和基础。20世纪后期在西方思想界复兴的经济民主思想有着鲜明的当代问题意识，是就当今西方经济社会发展不平等特别是经济全球化危机对代议制民主特别是精英民主和多元民主的挑战作出的回应，同时也是现代西方民主理论和实践发展的逻辑结果。从西方经济民主思想的发展来看，一个基本特点就是从理论必然性到实践可行性，是在论证经济民主的合理性的基础上构建经济民主实现的理想条件和程序，基本遵循"理论—实践—理论"（结合时代特色的应用理论）路径。

中国经济民主思想的历史发展的逻辑和路径与西方不同。近代以来，随着西方多元化政治思潮的涌入，"经济民主"开始成为中国思想界关注的重要话题。在对前苏联社会主义模式与英美资本主义国家模式进行的反思中，中国思想界和政界主张将公平正义与民主原则扩展到经济领域，在经济制度与政治制度的选择和创新过程中，强调经济民主与政治民主的互动以实现真正的民主。这段时期中国的经济民主思想更多地具有理想的设计论色彩。新中国成立以来特别是改革开放以来，思想界和理论界开始立足于中国政治经济体制改革的实际，探索社会主义经济民主的制度化和法制化之路，中国经济民主思想的发展具有鲜明的时代特色，形成"实践—理论—实践"的发展路径。尽管经济民主思想在不同历史时期呈现不同的历史形态和观念主张，显得丰富多彩，但对经济不平等的批判是经济民主思想的逻辑线索，其产生和发展也反映了政治与经济相互影响、相互渗透的客观历史实践，同时也是民主理论自身发展的逻辑结果。

第二章考察经济民主概念内涵的思想。本章从经济民主的词义溯源入手分析"经济""民主"以及"经济民主"的词源意义。经济民主（economy democracy）的概念是在西方工业民主（industry democracy）概念的基础上发展起来的，并随着欧洲民主社会主义经济改良理论和历史实践的发展而发展。经济民主作为一种语言实践和术语，在中西思想界和理论界得到广泛认可和使用，但经济民主概念内涵的认识尚未统一。从经济政治学的视角来看，经济民主是基于经济与政治互动而成的民主治理理念和形式，具有政治性和公共性。经济民主的本质内涵包括以下要点：经济民主不是政治民主的附属物，而是经济与民主结合而成的具有政治性的民主形式，它的突出特点是打破国家与社会的两分法，以经济生活政治化、政治与经济互动为主要形式，旨在扩展民主的深度与广度；经济民主不是经济专制，其本质就是人民在经济上当家做主，意味着相对于公权力和精英群体的经济特权而言，人民大众具有经济利益上的自主性或者主体性；经济民主不仅是一种价值理念，更是一种调节公权与私权、精英与大众之间经济利益关系的制度安排，旨在通过政治经济安排实现治理的目的。在此基础上，本书尝试对经济民主下了定义：经济民主是旨在通过制度安排协调公权与私权、精英与大众的经济利益关系，实现人民大众经济利益上的自主性或者主体性的治理理念和方式。

在界定了经济民主是什么的基础上，第三章试图从经济民主的三大要素——主体、客体、价值三个方面归纳和总结理论界和思想界对经济民主在何种程度上是可欲的这一问题的回答。在主体上，经济民主论者对经济民主的主体"民"有着不同的称谓，有的把它理解为共同体意义的公民个体（包括劳动者与资本家、雇主与雇员），也有的把它界定为相对于少数经济特权者（资本家、有产者）的（劳动）人民（无产阶级、劳动大众）。但经济民主主张人民主权优先于财产权，强调人民大众而不是少数经济特权者在经济生活中的主体地位和作用。在客体上，经济民主不仅仅意味着企业内部"利润分享"，更意味着经济权力（权利）的平等配置，以及共同体内经济社会发展成果的共享。在价值上，经济民主论者主要从三个方面即经济民主的内在价值、工具价值和价值目标方面对经济民主的价值正当性和合理性进行了论证。（1）从价值性角度论证经济民主的必然性，认为经济领域内的民主自治是公民的一项基本的道德权利和政治的善，其本身就值得提倡；（2）从工具性角度论证经济民主的价值，认为经济民主之所以有价值，是因为经济民主所产生的功能和效果，这正是衡量其正当性和合理性的重要标准；（3）从经济民主的价值诉求角度论证经济民主的正当性，认为经济民主的正当性体现在其所追求的效率与平等的平衡、实现社会公平正义的价值目标上。从经济政治学的视角来看，经济民主的政治合理性首先体现在公共经济生活领域中彰显人民的主体性，旨在实现人民主权与公民权利的结合，在保护公民个人财产权的基础上，强调公民权高于财产权，突出共同体所有公民在经济生活中平等的主体地位、主体权利与主体责任。经济民主可以通过对政治性的经济利益关系的调节，实现利益均衡和分配公平，是经济民主经济政治功能的核心。同时，经济民主的政治功能也体现在追求效率与公平、自由与平等的平衡的政治价值目标上。

第四章试图探寻经济民主论者是如何进行经济民主的制度选择和设计的。从制度设计来看，不同思想家各有侧重，但主要体现在财产所有制、分配制度、经济治理机制、工人参与管理制度四个方面。从层次来看，有的侧重于微观地方层面和企业内部民主治理机制，如达尔的"自治企业体制模式"、福托鲍洛斯的"包容性民主模式"；有的侧重于政府经济政策的调节，如米德的"财产所有制民主模式"；有的侧重于宏观的国家宪政安排，如罗尔斯的"财产所有制民主宪政模式"。大部分思想家都认为经济民主与财产所有制息息相关，经济民主与资本主义私有制格格不入。马克思主义主张消灭资本主义私人财产所有制，建立公有制，但公有制并不等于国家所有制，而是"在协作和对土地及靠劳动本身生产的生产资料的共同占有的基础上，重新建立个人所有制"。而霍尔瓦特的"社会财产"、达尔的"集体所有"、锡克的"资本中立化"、福托鲍洛斯的"人民所有"、米德的"财产所有制民主"都在一定程度上试图克服资本主义私有制的弊端，接受了某些社会主义原则。在经济治理机制上，经济民主不否定市场的作用，强调某种程度上的计划与市场的相互补充，用民主来弥补市场的不公，希望在市场的运作和企业的管理中引入民主因素，通过民主抑制市场经济的负面效应。在微观工人参与管理制度上，主要存在四种不同模式：集体协商、共同决定、工人自治、雇员持股制度。无论哪种制度模式，都把工会当做工人参与的重要制度安排。集体协商、共同决定、雇员持股制度都是资本与劳动的民主合作方式，而经济民主社会主义的工人自治主张通过劳动雇用资本实现工人的自治权和控制权，从根本上否定了资本主义企业资本雇用劳动的性质。从经济政治学的视角来看，在遵循效率与公平相结合的原则下，经济民主可以是一种多层面、多形式的政治经济制度安排。

经济民主论者不仅进行制度模式的设计和选择，而且还强调经济民主的实施机制。如何使经济民主运转起来，涉及经济民主制度模式的实践可行性问题。第五章主要归纳经济民主实施机制的思想。按照国家和公民社会在经济民主实现中的不同作用，主要有两种途径选择：自上而下的政府推动途径和自下而上的公民社会自治途径。马克思、恩格斯主张通过阶级革命方式实现经济民主，社会民主主义和经济民主社会主义者抛弃了阶级斗争和革命运动，通常主张自上而下进行社会主义性质改革，试图在资本主义制度框架内通过有限的经济结构改造完成社会变革的任务。罗尔斯、米德等强调通过政府经济政策和行政制度安排实现经济民主。当代西方不少经济民主主义者从西方福利国家实践出发，强调在相对完善的政治民主的基础上通过自下而上的阶层合作、多层级合作治理的方式实现经济民主，比如格雷格言倡导通过贫富阶层合作途径，赫斯特强调公民组织合作治理。同时，人民大众的经济民主意识能力和能动的公民身份观念是经济民主实现的重要动力，没有劳资双方、贫富阶层的合作共赢，经济民主是不能实现的。从广义政治的视角来说，国家与公民社会双重民主化是经济民主实现的政治基础。

最后是结语部分。这一部分从总体上对经济民主思想的进步性和局限性进行了评价，并本着理论为实践服务的考虑，探讨经济民主思想对新时期中国社会主义民主建设的现实启示。这是本书的出发点，也是最终落脚点。通过与自由民主理论的比较发现，经济民主思想的进步性主要体现在对人民主权和公民权利的统一、效率与公平的平衡的价值理念的倡导，以及对经济社会不平等、民主政治的精英主义倾向、经济领域公民参与的忽视对自由主义民主理论的挑战的积极回应，扩展了民主的领域和范围，丰富了民主的实现形式，对民主政治的发展具有重要贡献，经济民主在整个民主理论体系中占据重要的地位和作用。但经济民主的许多主张、论断都是以价值判断为基础的，很容易染上乌托邦色彩，是一种"高调民主观"，在实践中面临一些困境。经济民主思想的未来发展，必然要积极应对这些挑战。在实践中，经济民主的实现必须构建一个现实的、可操作的制度体系。只有通过经济民主的制度化、法治化，才是协调劳资利益关系、解决贫富利益分化和共享经济发展成果的根本出路。本书提出，政府公平施政为主导并结合公民合作自治的多元合作主义道路，可能是经济民主发展的可行之路。❶ 本书最后从宏观、中观、微观三个层面构建公平的政治安排：以公民权利能力平等为核心，建立和健全"人民合作宪政"体制；以市场公平和社会公平为导向，推进公共服务型政府的构建；以民主参与和利润共享作为现实途径，完善政府与劳资方合作治理机制。

五、可能的创新之处

本研究可能的创新之处主要体现在以下三个方面。

（一）研究对象新颖

从研究对象来看，国内外有关经济民主的研究成果虽然不少，但缺乏对经济民主思想专门系统的研究。本书把经济民主思想作为研究对象和研究主题，

---

❶ 刘俊祥、曹芳："西方公平导向型经济民主思想述评"，载李路曲主编：《比较政治学研究》，北京：中央编译出版社 2013 年版。

首先，从民主思想源头展现中西经济民主思想的发展演变历程，揭示其发展规律。其次，重点对中外思想界和理论界关于经济民主的思想进行文本解读和比较分析，在结构安排上遵循从理论必然性到实践可行性的思想逻辑，围绕经济民主是什么、为什么需要经济民主以及如何实现经济民主等问题进行逻辑重构，试图揭示经济民主思想的核心主张。最后，简单评价经济民主思想在民主理论体系中的地位和作用以及对当代中国的启示意义。本书较系统地研究了经济民主思想的产生发展规律、主要内容、地位作用，丰富了民主理论研究的内容。

（二）研究视角独特

国内外理论界和思想界更多地把经济民主纳入经济学、法学、管理学等的学科视野，从政治学视角进行的研究还明显不足。本书在吸收相关学科研究成果的基础上，重点对不同政治派别、不同民主理论家关于经济与政治、经济民主问题的认识进行文本解读和比较分析、综合评价，并从经济政治学视角采用广义政治与经济政治的理论方法审视经济民主与政治民主的关系，社会主义、自由主义政治思潮的经济民主思想比较，经济民主思想与自由民主理论、共和主义民主理论的博弈互动。这种视角有利于总体把握经济民主思想在民主理论体系中的地位和作用，揭示经济民主的政治性质和政治功能。经济民主思想主要是为弥补自由民主理论缺陷而产生的一种民主思想，旨在通过对自由民主进行补充或超越，追求真正的民主。本研究表明，经济民主丰富了民主的形式，民主的制度不仅仅是选举制和参与制，也不仅仅是限制国家权力的法律，还包括工会、所有制改革、对富人征税（财产税、资本税、遗产税等）、建立福利体制等政治经济安排，大大扩展了民主的广度和深度，实现了对自由民主政治的超越。

本研究采用广义政治和经济政治的理论和方法，把经济民主解读为一种经济形式的民主治理理念和方式，揭示了其政治性质和政治功能。经济民主是经济与政治互动而形成的广义政治民主形态，通过在公共经济生活中确立人民大众的主体性地位和作用，为推动民主政治的发展奠定基础。同时，通过对一定社会历史时期主导性的经济权益关系的调节，实现利益均衡和社会公平。由于经济民主本质上具有政治性和公共性，因此，经济民主需要通过政治经济安排来实现。这种视角和方法有利于深化对经济民主的认识，对当前中国民主政治建设具有重大启示。

（三）研究资料力求完备

本书采用了国内外不少第一手资料，特别是一些国内研究尚未涉及或较少引用的英文原著或英文期刊，力求体现国内外研究的最新动态。其中，重点引

用了一些当今国外研究经济民主理论的知名学者的英文原著，如罗伯特·达尔
（Robert A. Dahl）的《经济民主理论的前言》（*A preface to economic democracy*）、
保罗·赫斯特（Paul Hirst）的《联合民主——经济社会治理的新形式》（*Asso-
ciative democracy：new forms of economic and social governance*）、科恩和罗杰斯
（Cohen，Johua and Joel Rogers）的《社团与民主》（*Associations and Democra-
cy*）、Dhanjoo N. Ghista 的《社会经济民主及世界治理》（*Socio - economic
democracy and the world government：collective capitalism，depovertization，human
rights，template for sustainable peace*）、J. W. 史密斯的《经济民主：21 世纪的政
治斗争》（*Economic democracy：the political struggle of the twenty - first century*）
和《经济民主：世界和平与繁荣的伟大战略》（*Economic democracy：a grand
strategy for world peace and prosperity，2 ed.*）等，论文如阿尔曼·阿拉伊克·格
雷格言（Arman Arayik Grigoryan）的《经济民主理论的新进展》（*New approa-
ches in the theory of economic democracy*）、罗伯特·达尔与罗伯特·梅尔的《达
尔和工业民主权》（*Robert Dahl and the right to workplace democracy*）和《工业
民主权？与罗伯特·梅尔的商榷》（*A right to workplace democracy? Response to
Robert Mayer*）、罗宾·布莱克本（Robin Blackburn）的《经济民主是否可欲和
可行？》（*Economic democracy：meaningful，desirable，feasible?*）等。

　　此外，本书还重点参考了一些国内研究相对容易忽视的政治思想家和民主
理论家的译著，如马克思、Ota silk、John Rauls、Carole Pateman、David Held、
道格拉斯·拉米斯、Takis Potopooulos 等。这些素材为经济民主理论的深入研
究提供了比较系统的理论资料。

第一章　经济民主思想的历史沿革

从西方思想史来看，思想界大多从政治民主意义上探索民主思想的发展历程，把民主思想的发展史当做一部政治民主思想的发展史。事实上，在西方民主发展的历史长河中，经济民主思想同样源远流长。在西方，经济民主思想最早的理论源头可以追溯到柏拉图、亚里士多德的古希腊城邦政治时代。近代经济民主思想是在传统共和主义民主和自由主义民主理论分歧与争论中产生和发展的。现代以来，以新自由主义、社会民主主义（民主社会主义）、马克思主义为代表的西方主流政治理论都在一定程度上倡导经济民主，他们的经济民主思想对当代经济民主思想的发展影响重大。近代中国经济民主思想的兴起在一定程度上受西方多元化政治思潮的影响，而由于立足的时代背景、政治经济环境不同，现代中国经济民主思想的发展呈现出不同的特点。

一、西方经济民主思想的历史发展：民主理论发展的视角

要明确西方经济民主思想的演变历程，就必须把经济民主思想放在西方民主理论发展的历史长河中，揭示其发展演变规律。西方经济民主思想源远流长，依其产生的时间，经济民主思想的发展历程可以粗略地划分为"四个阶段"。这四个阶段是：（1）古希腊时期经济民主思想的理论源头；（2）17 世纪、18 世纪，资本主义发展初期在"自由、平等"理念基础上产生的以"经济平等"为特征的近代经济民主思想的萌芽；（3）19 世纪末 20 世纪初自由资本主义向国家垄断资本主义过渡时期现代经济民主思想的形成；（4）第二次世界大战（以下简称二战）以来特别是 20 世纪 70 年代后，资本主义全球化背景下当代经济民主思想的新发展，经济民主思想呈现发展的高潮。

（一）大众化经济权利理念：古典共和民主的经济意蕴

从思想史的角度来看，西方经济民主思想传统是由柏拉图和亚里士多德确立的，虽然他们都没有使用"经济民主"这个词汇，但柏拉图的《理想国》、亚里士多德的《政治学》中无不闪耀着经济民主思想的火花。在古代希腊城邦时代，城邦是这一时期社会的基本组织形式，也是希腊人生活的轴心。人们建立城邦的目的是为了一起过更好、更优良的生活，城邦的制度安排必须能够

提升城邦公民的总体福祉，而符合这种要求的城邦就叫正义的城邦。在城邦中，经济与政治是不分的，城邦的政治安排中就包含经济安排。因此，所谓正义的城邦同时包括政治和经济领域，城邦同时是独立自主的经济单位和自治的政治单位，以全体公民的最大幸福为城邦最高利益。无论是柏拉图还是亚里士多德，在经济领域首要关注的都是公平：反对贫富差距过大。在柏拉图"理想国"的设计中，他提出了城邦正义的思想，只有城邦中的三个等级的人们各就其位、各司其职，作为个人以理智节制贪欲之心，才能确保城邦的秩序与和谐。而私有财产正是城邦贫富分化的根源所在。柏拉图更倾向于用公有制的方式来实现公平，主张实行共产主义。除了一些绝对必需品之外，不得有任何的私有财产，公民的报酬就是他们从人民手中得来的食物，一切财产都归集体和城邦共有，包括妇女和儿童，这样，他们就会因共同的利益而产生共同的情感态度和同甘共苦的行为选择。❶ 在财富分配上，柏拉图认为"财富和贫穷都是有害的"，他认为，为了避免一切灾祸中最大的灾祸——内战，就不应允许市民社会的任何部分出现贫富的过分悬殊，主张对财富分配差距进行有效的节制。

而亚里士多德与柏拉图不同，倾向于更多的私有产权，要求财产应该满足城邦公民的需要，符合城邦的公共利益。但他也认识到私有财产的弊端，主张用政治权利的平等来弥补经济权利的不平等。在巨著《政治学》中，亚里士多德认为："既然财产是家庭的一个部分，获得财产也应该是家务的一部分；人如果不具备必需的条件，他简直没法生活，更说不上优良的生活。……'财产'（所用物＝所有物）就可说是所有这些工具的总和，而每一笔财产（所有物）就都是谋生'所用的一件工具'……"❷ 随后，亚里士多德以奴隶社会的财产关系为出发点，把古希腊城邦政体分为民主政体与寡头政体，认为穷人的统治与民主政体是一致的。在亚氏看来，如果以大多数人的意志为民主的正义，多数就施行不义，没收少数富室财产，因此，民主政体是一种照顾多数穷人利益的变态政体，对富人的财产权利产生直接的威胁，民主并不是"好"东西。与之相比，共和政体才是正宗的政体，因为后者能够"混合贫富，兼顾资产阶级和自由出身的人们"❸ 亚里士多德虽然反对平均分配财产，但赞同法勒亚主张的节制财产以缩小公民之间贫富差距的观点，为使公民不致因参与政治生活而降低生活水平，激励公民参与公共事务，适当的财政补贴是必要的，财富"不仅足供每一个公民平时在国内的政治活动，还应当有余裕以应付外敌入侵

---

❶ ［古希腊］柏拉图：《理想国》，刘勉、郭永刚译，北京：华龄出版社 1996 年版，第 155 页。
❷ ［古希腊］亚里士多德：《政治学》，吴寿彭译，北京：商务印书馆 1996 年版，第 11 页。
❸ 同上，第 199 页。

时的军事活动"❶。

可以说，在古雅典时期，政治学诞生之初，柏拉图和亚里士多德等许多古希腊哲学家就发现了经济权利公平分配和经济生活的自主性对公民参与政治的重要性，经济民主思想的内涵古已有之，并且这种经济民主思想更多源于古典的共和主义。收入和财富再分配，以及为规范简单商品交换而设置的各种社会控制和对"公共"开支的补贴也成为古雅典时期城邦政治关注的问题。比如，到公元 4 世纪，雅典一些最重要的活动是以日计薪的，这就确保了任何雅典人都不会因为经济损失而不参与其中，而且还可以给某些雅典人一种直接的经济刺激以促使其参与公共事务。罗马共和国时期，西塞罗在理论和实践上进行了总结，认为相对于个人财产权利来说，公民权利应具有优先性，因为它更为重要而且应该是平等的，"要是公民们不愿意均等财富，要是人们的才能不可能完全一致，那么作为同一个国家的公民起码应该在权利方面是相互平等的"❷。公民权利既是对财产权利的限制，更是对它的保护。随着罗马共和国的衰亡，公民权利也逐步消亡，普通公民的财产权利也越来越得不到应有的保障。

但从历史实践上看，即使当直接民主被引入政治领域时，古典民主的经济内涵在古希腊民主时代也没有被广泛实践。古希腊人把家庭（household，oikos）和政治（politics，polis）分得很清楚，他们把一般的经济事务归入家庭管理的范围，城邦的经济职能非常微弱，在政治学中很少受到关注。乔纳逊·伯内斯在谈到亚里士多德的政治学说时就提道："亚里士多德的城邦不拥有生产资料，也不管理经济……城邦在经济事务中悄然无声。"❸ 亚里士多德明确地把"家政学"作为一个独立的学科，分别著有《政治学》与《家政学》。无论在《政治学》还是在《家政学》中，他都有意强调它们之间的区别。前者主要关注城邦事务，后者主要关注家庭问题，属于两个截然不同的领域。近代西方语言中的经济学概念，可以说就是从古希腊"家政学"衍化而来的。其原因在于，资本积累不是雅典民主的一个结构性特征。古希腊是以自然经济为主的农业社会，频繁的战争使城邦将活动重心集中在战争而不是财富的生产和经济生活的繁荣上，更不是发展生产或创造有利于工商业发展的环境，城邦所处的是一种物产丰富而疆域并不辽阔的环境，土地是城邦必争的生存条件，战争就是为了占领生存的客观条件。正如莫根斯·汉森所指出的那样，"古代雅典拥有一个复杂的政

---

❶ 何怀宏：《平等二十讲》，天津：天津人民出版社 2008 年版，第 16～19 页。

❷ ［古罗马］西塞罗：《论共和国 论法律》，王焕生译，北京：中国政法大学出版社 1997 年版，第 44 页。

❸ ［英］乔纳逊·伯内斯：《亚里士多德》，余继元译，北京：中国社会科学出版社 1989 年版，第 164 页。

治制度网络，但就我们所看到的材料而言，它并不存在与之并行的经济组织"❶。公民的商业经济活动服从于保卫城邦的需要，不允许为了追求商业经济利益而置城邦安危于不顾。公元前 7 世纪，在莱库古改革时，城邦禁止所有自由人从事追求财富的职业，并规定他们唯一的职责在于保卫城邦的自由。这样，"政治肥大症造成了经济萎缩症：民主越完美，公民越贫穷，由此导致了用政治手段解决经济问题的恶性循坏：为弥补财富生产之不足，就不得不去没收财富。于是看起来古代民主制注定了要毁于富人与穷人之间的阶级斗争，因为它在损害经济人时造就了一批政治动物"❷。据此，甚至有学者认为，正是雅典经济民主的局限性以及与之相结合的政治民主的局限性，最终导致了雅典的衰败，雅典民主失败主要是因为这种民主从未成熟到能够扩展到政治领域之外。❸

但不管怎样，自公元前 5 世纪"民主"一词产生以来，民主的古典定义即"人民的权力"或"人民进行统治和治理"。纵观西方民主政治思想史，民主的古典内涵从古希腊一直延续到 17 世纪。"民主"的古典定义蕴含大众化经济权力的理念，民主即人民的统治、人民当家做主，它不仅仅是一个政治概念，而是可以运用于整个社会的术语。正如罗伯特·费默尔所言，"民主什么也不是，就是大众化的权力"，"真正的民主意味着把实际的政治经济权力让给大众"❹。发源于古代雅典的民主开创了近现代共和主义民主思想的传统，也成为西方经济民主思想最早的理论源头。

（二）自由与平等的矛盾：近现代经济民主思想的兴起

古代雅典民主曙光之后，西方经历了漫长而黑暗的中世纪封建主义专制，欧洲人逐渐忽视了古典共和民主的经济内涵，经济生活更多地借助封建权贵或者宗教势力，依靠暴力和强制。从西方民主理论发展来看，共和主义民主和自由主义民主理论的分歧与争论成为民主理论演化和发展的主线，也是近代以来民主理论分化的两大基本流派。17 世纪西方资产阶级革命以来，自由主义作为一种政治理论和制度，开始在西方占据主导地位。自由主义的核心目标是把政治从宗教控制和封建专制政治中解放出来，构建市民社会。尽管自由主义与民主主义在坚持法律面前一律平等、反对一切法律特权上是一致的，但在立宪自由主义的早期发展阶段自由并未同民主联姻，自由与民主在西方的融合经历

---

❶ Mogens Hermen Hansen, The Athenian Democracy in the Age of Denomsthens, Oxford：Blackwell, 1991. p. 63.

❷ ［美］乔·萨托利：《民主新论》，冯克利、阎克文译，北京：东方出版社 1993 年版，第 317 页。

❸ Takis Fotopoulos, Towards an Inclusive Democracy（TID），London&New York：Cassell/Continuum, 1997，Chapter 5.

❹ 黄文扬：《国内外民主理论要览》，北京：中国人民大学出版社 1990 年版，第 471 页。

了长期的历史实践。自由主义者的捍卫者大多数出于对自己的财产权的担心而害怕民主，在他们看来，民主并不是个好东西，它可能导致"多数的暴政"，侵犯少数个人权利，而这恰恰是他们所要极力反对和防范的。18 世纪末，自由主义在为避免个人权利遭受国家权力侵害而寻求理想的政府形式的过程中，设计了作为国家形式的民主，并赋予"民主"一词新的含义，同时用"自由"为民主设置障碍，不仅对专制的权力进行制约，对民主的权力也实行制约。他们认为，民主的最大威胁来自公共权力的无限权威，因此，必须为公共权力规定一个明确的和固定的界限，把它限定在"公共领域"内，与此相适应，划分出一个不受政治权威与社会干预的私人生活领域，强调个人自由，崇尚个性，限制民主的无限权威，反对国家干预。早期资本主义国家一般把财产保护作为基本人权，用宪法来保护私人财产权利，防止国家对个人财产的侵犯，同时将财产权优先于公民权利，把财产排除在民主议题之外，自洛克以来，财产权就成为西方自由宪政国家的基石。而民主主义者不同，其主要关注国家所产生的规范和内容，希望行使权力而不是监督权力，主张国家权力干预经济，保护公民平等权利，实现财富的民主分配，平等是民主主义的主要关怀。两者的基本差异在于"自由主义以个人为枢纽，民主则以社会为中心"❶，尽管它们之间始终张力和冲突，但到 19 世纪，西方早期民主国家基本确立了代议制民主作为民主的实践形式，民主成为一种手段，"为民主而战，在历史上，就是为自由而战"。

这样，近代以来自由民主逐步成为民主的主流理论和主导模式，自由主义民主理论即代议制民主理论篡改了民主的古典定义，强调民主的形式和程序，民主被仅限于政治领域，在经济、社会、文化、生活领域忽视了"人民权力"的精神实质。而主张"人民的统治"的共和模式（激进民主、参与民主等）几乎成了一种单纯的理论思辨或假说❷，18 世纪法国的卢梭、雅各宾派等激进民主派，倡导民主不仅仅是一种政治意义上的自由平等，更意味着社会经济意义上的平等，正是这些观念假说对西方经济民主思想的产生有着不可磨灭的作用，并成为西方经济民主思想的重要渊源。

启蒙时期法国激进民主主义者卢梭从古典共和主义传统出发，倡导人民主权。与自由主义者洛克的绝对所有权观念不同，他更注重民主的经济和社会意义。早在 1760 年出版的《不平等的起源》中，卢梭就认为财产私有制的产生以及财富不平等的占有是社会一切不平等的根源，各种不平等最终必然"归结到财富上去"，表现为经济不平等，在这一点上他的看法比同时代思想家更

---

❶ ［美］乔·萨托利：《民主新论》，冯克利、阎克文译，北京：东方出版社1993 年版，第392 页。

❷ ［美］卡尔罗·佩特曼：《参与和民主理论》，陈尧译，上海：上海人民出版社2006 年版，第3 页。

深刻、更彻底。虽然与近代自由主义者一样，卢梭也认为财产权是不可侵犯的，"财产权的确是所有公民权中最神圣的权利，在某些方面甚至比自由更重要"❶，但是，他认为这是一种有限的权利，仅仅适合维持个人和思想独立所需要的财产数量。他并没有要求绝对的平等，清楚地意识到平等"这个名词绝不是指权力与财富的程度应当绝对相等"❷。"就财富而言，没有一个公民可以富裕得足以购买另一个人，也没有一个公民贫穷到不得不出卖自身"，通俗地说，就是"应该既没有乞丐，也没有富豪"❸。

　　与洛克强调法律对国家的限制不同，卢梭的国家观念没有法律基础，具有一种经济意义：国家有权在地租方面，也在工业利润方面进行干预；这样，工资就不再取决于竭力增加自己个人财富的主人，而取决于关心把财富扩大到所有公民的国家。民主国家的根本特征是"一切权力属于人民"，即人民主权。卢梭说："既然意志总是以希望者的幸福为依归，而特殊意志总是以特殊利益为对象，公意总是以公共利益为对象，那么可以说，最后一项才是或应该是社会实体的唯一真正的动力……因为特殊利益总是以偏私为依归，而公共利益总是以平等为依归。""公意永远是公正的，而且永远以公共利益为依归。"❹ "就国家对它的成员而言，国家由于有构成国家中一切权利的基础的社会契约，便成为他们全部财富的主人。"❺ 在政治民主中具有重要意义的政治权利应该与在社会经济民主中具有重要意义的经济权利结合起来。国家不仅保障公民具有同等的政治权利，也要保障公民具有同等的经济权利。因为无论法律上的政治权利如何平等，在面临财富和权力的巨大不平等时，这些法律上的政治权利也得不到保障。与孟德斯鸠在《论法的精神》里把民主看做一种政府形式的政治民主不同，从卢梭的《社会契约论》来看，民主更多包括国家的社会内容，意味着社会国家对公民经济社会权利的保护，是一种社会民主。卢梭的社会经济民主在一定程度上是古典民主的大众化权力理念的回归，它对法国大革命甚至后来的社会主义运动产生了重大影响。正如"新实证主义的马克思主义"的创始人和思想领袖德拉·沃尔佩所言，卢梭关于平等和自由的论述明显体现了与社会主义之间的历史联系，马克思的《黑格尔法哲学批判》是"一部自始至终渗透着典型的卢梭人民主权思想的著作"❻。

　　1789 年法国资产阶级大革命并没有兑现自由、平等、民主，所谓的自由、

---

❶　[法] 卢梭：《论政治经济学》，王运成译，北京：商务印书馆1962 年版，第 25 页。

❷　[法] 卢梭：《社会契约论》，何兆武译，北京：商务印书馆 2009 年版，第 66 页。

❸　同上。

❹　同上，第 35 页。

❺　同上，第 27 页。

❻　[意] 德拉·沃尔佩：《卢梭与马克思》，薛贵译，重庆：重庆出版社 1993 年版，第 136 页。

（法律上的）平等和私有制也没有产生博爱，而是产生了资本主义的剥削与压迫。法兰西共和国时期，以罗伯斯庇尔为代表的"雅各宾派"是卢梭政治学说的忠实实行者。他认为政治不平等的起源在于经济不平等，因此，革命的法律应该力求缩小这种经济不平等。罗伯斯庇尔与卢梭一样，认为不平等的起源不在于自然界，而在于私有制；民主具有政治价值，但更应该具有社会价值。1793 年 4 月 24 日，他在谈到人权时重申，财产的分配不均是许多弊端的根源，因此所有权不能被认为是一种不可剥夺的自然权利，而是一种由法律保障的社会制度。在罗伯斯庇尔看来，只有保障所有公民享有充分的"平等"权利，才能够"建立真正的民主"。法国 1793 年宪法明确规定，主权的人民是全体公民；平等权高于自由、安全和财产权等项权利；"在法律面前，人们生来就是平等的"。热月革命后，1796 年，格拉古·巴贝夫和其他参与"平等派的密谋"的代表把民主与人民革命联系起来，民主被看做革命向经济平等方向的一个发展。共和国不仅应该是享有平等民权的公民的政府，而且应该是实现以生活条件平等为基础的社会契约的政治机构，真正的民主应建立在确保所有公民的"共同利益"的基础之上。巴贝夫对卢梭的政治思想作出了极端平等主义的解释，认为只有革命才能实现真正的民主。曾参与 1796 年"平等派的密谋"并被判刑的菲力普·邦纳罗蒂在 1826 年出版了《为平等而密谋》一书，重申民主派的平等是协调一个国家的真正需要，是为社会建立一个自由、幸福、安宁、稳定的政治秩序的唯一解决方案。而社会灾难的原因在于财产和各种条件的不平等，"所有制是万恶之源"，立法者的任务正是取消土地的个人所有制，消灭这种不平等，完善的社会国家只能从"财产和劳动的共有"中产生。邦纳罗蒂重新提出了建立在劳动平等基础上的民主平等主义的政治设想："对于每一个公民来说，劳动是社会契约的根本条件"；民主就意味着"财产与劳动的共有，即平等地分配任务和利益"；一小群革命者可以以人民权利的名义发出起义的信号，以便推翻篡夺人民权利的政府。❶

由上可知，不管是激进民主主义者卢梭，还是法国大革命时期激进民主派，近代早期的经济民主观更多的是建立在"自由、平等"理念基础上的一种"经济平等"吁求，是针对当时政治民主的缺陷而产生的一种民主思想❷，也是古典共和主义在一定程度上的回归。在他们看来，民主不仅仅是一种政治意义上的自由平等，更意味着社会经济意义上的平等，主张公共利益高于私人

---

❶ ［意］萨尔沃·马斯泰罗内：《欧洲民主史：从孟德斯鸠到凯尔森》（第 2 版），黄华光译，北京：社会科学文献出版社 1998 年版，第 70 页。

❷ Seymour M. Lipset（ed.）, The Encyclopedia of Democracy, London：Routledge, 1995. p. 609. 转引自海清："经济民主：一种社会主义的分析框架"，载《当代世界社会主义问题》2005 年第 2 期。

利益，公民权高于财产权，国家社会的繁荣在于社会所有成员幸福。而激进革命者甚至认为只有通过革命消灭个人私有制、平均分配财富才能保障公民权和实现真正的民主。从历史来看，这种思想更多的是一种政治宣言，而不是现实。

18～19世纪，随着资本主义工业化的发展，农业、手工业被机器制造业所取代，劳动雇佣关系成为社会主要的经济关系，大多数人依靠自身劳动力获得生活资料。19世纪，随着机器大工业的迅速发展和工业制度的建立，欧洲资本主义生产越来越社会化，但生产资料仍然为私人所占有，而且越来越集中到大资本家手中。自由竞争资本主义开始转入垄断资本主义的历史阶段，加剧了资本主义的基本矛盾，并导致经济危机。工业革命催生了自由主义民主政治，但资本主义的发展不容辩驳地表明自由、平等、民主三者的一致关系发生了破裂：少数资本家享有财富和经济控制权，大多数劳动者却遭遇贫困、异化、不平等，被剥夺了基本政治权利。政治民主与经济专制之间的对立成为资本主义与民主的内在矛盾。如何摆脱经济枷锁和不平等特权，使人类获得真正的自由和平等，就成为西方仁人志士矢志不渝的奋斗目标。在批判西方自由民主政治的基础上，西方不少民主思想家纷纷提出经济民主和经济平等是实现全社会所有人真正平等和自由的前提和基础，倡导将民主扩展到经济领域和社会领域。

现代经济民主思想的发展受到自由主义和社会主义两大政治思潮的重要影响。尽管不同流派的社会主义思潮观点主张各异，但可以说每一种社会主义主张的背后都强调没有"经济民主"就不会有真正的"政治民主"。18世纪和19世纪的空想社会主义者、无政府社会主义者、合作社会主义者、李嘉图社会主义者、马克思和恩格斯的科学社会主义者、共产主义者、工团主义者和基尔特社会主义者，都曾对经济民主思想做过不同的阐述。除了科学社会主义和共产主义之外，其他社会主义我们笼统称为社会民主主义。"社会民主主义"是一个具有双重意义的政治概念。它说明关于一个政治民主和社会民主在其中与社会公正和参与相结合的社会的思想。同时，它也是献身于这一目标的政党的标准名称。"19世纪后半期由于对剥削和侮辱劳动阶级提出抗议而产生的社会民主主义政党，到20世纪70年代几乎在所有的欧洲国家都走过了一条令人难忘的道路：它们的信奉者和选民不断增多，它们的政治纲领对国家和社会的影响不断增加，它们的指导思想的文化辐射力不断加强。……可以说20世纪是一个社会民主主义的世纪。"❶ 社会民主主义的本源思想是一个自由和平等

---

❶　［德］托玛斯·迈尔：《社会民主主义的转型》，殷叙彝译，北京：中国社会科学出版社，第2页。

的社会理想，可以说是近代自由主义运动的延伸，同时受社会主义思潮的影响，主张在政治民主的基础上，进一步提出实现经济平等和社会民主的要求，以建立一个自由和平等的社会。其中以费边社会主义者韦伯夫妇、基尔特社会主义者科尔、德国社会民主党人纳福塔利为主要代表。受社会主义思潮的影响，自由主义内部不少思想家开始转向社会主义，在自由民主的框架内提出各自的经济民主主张，其中以密尔、霍布豪斯为主要代表，他们完成了自由主义向新自由主义的转变。维伯的"工业民主"、科尔的"工人自治"、密尔的"民主合作参与"等为当代西方经济民主思想的发展奠定了基础。

从词源上来看，作为正式术语的工业民主（industrial democracy），是19世纪后期费边社会主义重要倡导者、英国工党执政时期的重要政论家锡德尼·维伯（Sidney James Webb）在1897年与其夫人比阿特里斯·维伯（Beatrice Webb）合著的《工业民主》一书中率先提出的。该书主要从工业企业中工会的结构、功能、理论等方面论述了工会与民主的关系，他们认为工会的内部制度是建立在民主原则之上的，因此，其在历史演变中完成了一场"无声的革命"，达到了带有选举产生的代表大会的、能够任命和监督执委会的"典型的现代民主形式"，这种"工联民主"在结构上的发展将导致"工业民主"。根据其最初设计，工业民主代表着从工业基层民主到宏观政治民主在内的完整制度规划。但随着后来的发展，工业民主越来越被限制在工厂和企业内部，具体指工人参与企业组织、管理等事务，工人自治甚至成为工业民主的代名词。维伯夫妇早期的工业民主计划比较温和，认为只有在工业领域和全国范围内通过工会与资方合作建立集体协商关系，才能实现工业民主。后来，除集体协商外，维伯把工业民主与基础工业国有化联系起来，强调国家在工业民主中的作用，由国家向国有化企业指派工会代表，工人参与工厂的理事会和委员会，把一个比较温和的工业民主计划变成一个更为激进的工业关系模式。

在1923年《资本主义文明的衰亡》一书中，维伯夫妇从资本主义社会中工资劳动者的贫困、社会各阶层收入的不平等、个人自由的悬殊以及资本主义制度下道德与社会风气的败坏和战争的破坏等方面，分析批判了资本主义制度所带来的罪恶。"我们所谓的资本主义或资本主义制度，或则我们所乐于称道的资本主义文明，意思是指工业制度和法律制度发展中的一个特殊阶段，在这个阶段里，广大的工人群众被彻底剥夺了生产工具的所有权，以致沦为工资劳动者的地位，他们的生存、安全和个人自由，好像都取决于在国内占相当小的比例的一部分人的意志，这种少数人就是那些以谋取他们自己个人的私利为目

的，占有并通过合法占有来管理社会中土地、机器和劳动力的组织的人们。"❶
他们呼吁用工业民主代替工业寡头，并与社会主义联系起来，提出消灭富人对
穷人的专制是"社会主义者的主要目标"❷。他们指出，有三种趋势表明了现
实中经济民主在发展："第一，资本的利润逐渐被各种社会控制措施所削减；
第二，经济国有化趋势在不断发展，甚至国家已经是最大的雇主；第三，国家
对企业的监管趋势在发展。"❸ 可以说，"回顾历史，19 世纪的经济发展史几
乎是一部社会主义不断进步的记录"❹，"我们看到不可抵抗的改革趋势正在增
长；面对当代的工业发展，社会主义就在其中……在任何方面，社会的进化迫
使我们信奉集体主义的社会主义"❺。维伯主张用渐进的方式实行社会改革，
实现土地和产业资本国有化，这对英国工党的执政政策产生了很大影响。

英国基尔特社会主义者 G. D. H. 科尔专门针对工业社会经济集权和独裁对
工业民主的威胁提出了他的社会和政治理论，强调经济领域的基尔特自治对政
治民主的意义。在科尔看来，如果没有实质性的经济平等，政治权力的平等是
不可能的，"投票箱构成的抽象民主"并不能实现真正的政治平等，由普选权
所反映的公民之间的平等只是形式上的，它掩盖了政治权力实际上不平等分配
的事实。他讲道："那些理论上的民主主义者，忽视了财富和地位重大不平等
导致了教育、权力和对环境的控制方面的不平等的事实，这一事实对于任何一
个真正的民主体系而言都是非常致命的，不管是在政治领域还是在任何其他领
域。"❻ 科尔认为，民主原理"不仅或主要运用于社会行动的特殊领域如人们
所熟悉的'政治领域'，也应当运用于工业和经济领域"❼。"工业制度……在
很大程度上造成了政治民主的悖论。为什么许多人名义上享有至高无上的地
位，实际上却毫无权力？主要原因在于，他们所生活的环境使他们不习惯或不
适合行使权力和承担责任。工业领域的奴役制度不可避免地反映了政治领域的
奴役。"❽ 社会组织的目标不仅是物质方面的效率，也是所有成员的最充分的
自我表达，即要求"自我管理"。在经济得到保障和经济平等的条件下，利润
动机——"贪婪和恐惧的动机"——将被自愿服务的动机所取代，工人们将看

---

❶ ［英］锡德尼·维伯、比阿特里斯·维伯：《资本主义文明的衰亡》，秋水译，上海：上海世纪
出版集团、上海人民出版社 2001 年版，第 4 页。

❷ 同上。

❸ 张明贵：《费边社会主义思想》，台北：联经出版社 1983 年版，第 131～133 页。

❹ 同上，第 131~132 页。

❺ 同上，第 138 页。

❻ Cole，G. D. H.，Guild Socialism Restated，London：Leaonard Parsons，1920，p. 18.

❼ Ibid.，p. 12.

❽ Cole，G. D. H.，Labour in the Commonwealth，London：Headley Bros，1918，p. 35.

到他们的劳动是为了整个社会的利益。只有当个人在工作场所中获得自我管理的机会，只有当工业在一种参与的基础上组织起来，这种训练奴役的机制才能转化为对民主方法的教育，个人才能熟悉民主程序，逐渐形成适应有效的大规模民主政治所必需的"民主性格"❶。

与韦伯夫妇和他们的追随者强调国家的作用不同，科尔支持生产者最大限度的自主。他强调，在经济方面，生产和消费是不同的，真正被认为属于"基尔特"的实际上是生产领域的组织单位，生产者应实现最大限度的自主。在经济领域，科尔建议成立消费者的合作组织、公用事业委员会（如煤气的供应等）、公民基尔特（行会）等自治团体和由企业、工人组成的混合委员会，以便让工人参加管理和担负责任，各种行会或"基尔特"有权控制国有化工业的各个部门。科尔强调基尔特组织和国家地位的平等，但又无法抹杀国家的传统权威，因此，强调自治的基尔特和强调服从的国家自始至终都处于严重对立的局面，事实证明，它甚至从理论上也无法解决管理问题，最终归于失败。

德国社会民主党人在实践中逐步发现了经济民主化的必要性，只有各级都建立民主决策机构的混合经济，才有可能真正有效地把自由、平等和经济效率联系在一起。只有这样，才能把市场原则同计划原则、把受监督的私有制同国家对生产资料的管理结合起来，以争取实现社会主义经济政策的目标。德国社会民主党人弗里茨·纳福塔利1928年在《经济民主的性质、道路和目标》一书中对经济民主思想进行了阐述。"工业民主一方面是民主的一种，即不同于并补充政治民主的一种工业上的民主。另一方面，它是一种经济结构，即民主地组织经济，而不是实行经济上的集权。""但是，除了增加国家工业的权力以实现更大限度的民主之外，占有某种垄断地位的那些公司的管理机构中必须有劳动者的直接代表。""这就出现了一个问题……是否能够既完全取消生产资料的私有制，同时又保持一种由各个经济部门管理自己事务的经济管理制度。换句话说，建立公有制，但并不使经济官僚化，而要使各种经济力量在自治的体制内有效地发挥作用。进行这种改革时遇到的问题，是如何在消灭今天存在的生产资料私有制的时候，使经济管理机构继续像企业家那样起作用。"他认为，社会主义应该利用资本主义自己组织的体制，民主国家应设法影响资本主义的管理机构。工人及其工会应当在大公司及其分支机构中，以及在将要成立的新工业联合会中，逐渐扩大自己在决策过程中的影响，实现工业民主。在这样一种制度下，受监督的私有制可以适当地同公有制和合作社所有制联系

---

❶ ［美］卡尔罗·佩特曼：《参与和民主理论》，陈尧译，上海：上海人民出版社2006年版，第36页。

起来。1928 年在汉堡举行的德国工人联盟代表大会上，通过了关于"实现经济民主"的决议。弗里茨·纳福塔利作为代表对其意义做了阐发：经济民主的纲领是通过经济的民主化走向社会主义；经济民主的内涵要素是公有化、计划经济控制和参与决定制。在要求经济民主方面，有相互交叉的两条道路：一条道路是通过批评政治民主的不足而主张由经济民主补充政治民主；另一条道路是通过批判经济独裁而主张经济民主上升到经济宪法的形式，与经济独裁相对立。

对西方现代经济民主思想特别是参与民主主义者的经济民主观产生重大影响的是英国自由主义者约翰·斯图亚特·密尔。与其他自由民主思想家一样，密尔坚持个人自由至上的自由主义基本原则，主张在人们的社会生活中为个人自由划出一个范围。❶ 他强调个人自由，强调个性发展，并且认为完全的个人自由和充分的个性发展不仅是个人幸福所系，而且是社会进步的主要因素之一。❷ 与其他自由民主思想家不同，作为 19 世纪代议制民主理论的集大成者，他认为代议制民主的主要优势在于对公民参与的民主性格的培养和个人自由发展的促进，使民主与自由和谐一致。其在代表作《代议制政府》中，主要关注什么样的政府才是一个好政府。他认为，民主制度的最大危险之一在于"权力拥有者的邪恶利益：它就是阶级立法的危险……其中一个最重要的必须考虑的问题是……如何提供反对这一邪恶的有效保障"❸。密尔赞同最低限度国家的观点，认为国家和政府的存在是为了保障个人合法追求自我利益，但反对边沁把集体的最大幸福等同于最高的生产率。他在《论边沁》一文中指出，后者所做的，"只是揭示了在任何具有国家观念的国家中，社会的物质利益得到保护的方式……他所犯的错误就是假设人类事务中的商业活动就是人类活动的全部"❹。他认为，边沁的好政府观点只涉及问题的一部分，有以偏概全之嫌。他从功利原则出发，把"社会利益总和"作为检验政府好坏的标准。他对社会利益的内容进一步做了分类，认为判断政治制度好坏的标准主要是"这些制度促进社会中精神进步的程度，包括在人们的知识、品德、实践活动和效率方面的进步"❺，即政府活动对培养公民的公共精神以及促进人类发展的社会的积极作用，而不仅仅在于人们的物质利益方面。代议制民主不仅仅是多数派的，而且是包括少数人能够照顾全体人民利益的民主。密尔认为，理想

---

❶ 徐大同：《西方政治思想史》（第 4 卷），天津：天津人民出版社 2005 年版，第 206 页。

❷ ［英］密尔：《论自由》，许宝骙译，北京：商务印书馆 2000 年版，第 4 页。

❸ ［英］密尔：《代议制政府》，汪瑄译，北京：商务印书馆 1982 年版，前言。

❹ ［美］卡尔罗·佩特曼：《参与和民主理论》，陈尧译，上海：上海人民出版社 2006 年版，第 27 页。

❺ ［英］密尔：《代议制政府》，汪瑄译，北京：商务印书馆 1982 年版，第 29 页。

上最好的政府形式就是主权或作为最后手段的最高支配权属于社会整个集体的那种政府，就是代议制政府。密尔拒绝承认由市场决定人的价值，认为公民对决定自身生存条件的积极参与才是培养人类理性和道德发展的主要机制。公民如果没有机会参与有关自身利益事务的管理，就很难发现自己的需求，很难形成一种经过试验和检验的判断，很难在知识上、实践上和道德上发展精神的卓越。

他关注在人类的全部行为领域自由达到的程度，提出民主不仅限于政治领域，还应将民主和公民参与扩大到经济、工业、社会事务领域，强调工业领域的合作参与对公民发展和政治参与的意义，在一定程度上恢复了民主的"古典理论"。密尔提出了一种关于发展的"渐进模式"，在他看来，社会不应该是一个由消费者和占有者构成的、旨在追逐自己利益的、处于相互冲突之中的综合体，而应该成为一个有利于发展公民的能力、提高他们对管理活动的直接兴趣的共同体。密尔强调，地方层次的公民参与，特别是将参与进一步扩展到社会生活的一个全新领域——工业领域，能够发挥教育功能，使民主品质得到培养，公民自由得到发展，为代议制民主向经济领域扩展提供了制度前提和实践基础。他认为工人协会在国家生产体系中具有重要作用，1848 年成立的工人协会表明，个人的独立和自由是能够与共同生产所带来的道德上、经济上的益处结合起来的。工业组织中的合作组织将推动这些组织的参与者的"道德转变"，推动工人们"在追求一种对所有人具有共同益处的过程中形成友好竞争的氛围，有利于提升劳动者的尊严，在劳动阶级中形成一种新的保障感和独立感，将每个人的日常工作变成培养相互之间的社会支持和实践智慧的一所学校"❶。正如民主是现代社会所需的一样，他认为工业民主也是不可或缺的，从长远来看，雇主与雇员之间的关系将以民主合作关系代替等级权威关系。在《政治经济学》中，密尔认为人类合作如果不断发展，将形成一种联合体，"不是那种资本家作为主人，劳动者在管理活动中没有任何发言权的联合体，而是一种劳动者根据平等的条件建立起来的联合体，集体拥有资本并且共同使用资本，在他们所选举产生并可以罢免的管理者的领导下进行工作"❷。工人协会应该成为"合作社"，他们将变成对"劳动阶级"进行知识和社会教育的重要工具；只有"合作"才能保证社会的稳定。这种新型的劳资合作关系可以成为在全国层次政治参与的必要条件。

从这种对工人协会功能的肯定中可以窥见密尔的民主观，在他看来，为了

---

❶ 转引自〔美〕卡尔罗·佩特曼：《参与和民主理论》，陈尧译，上海：上海人民出版社 2006 年版，第 32 页。

❷ 同上。

使劳动阶级能够找到自己的代表，必须建立民主协会，通过资本集体所有并集体参与选举领导，使劳动者习惯于结社和参与活动，从而得到"民主公民身份"。他"以一种激进的方式"阐释"民主"和"参与"对当代参与民主的经济民主观产生了重大影响。与《论自由》认为实行自由市场和最低限度干预是保障个人自由的最佳手段不同，在1870年后的《政治经济学》中，密尔对自由放任的辩护有些犹豫了，认为自由放任应该有很多例外原则，提出需要在全体的社会成员之间公平地分配产品，取消出身特权，逐步以集体的精神取代个人的利己主义，建议国家对经济实行干预，保护公民的经济社会权利。晚年的密尔已经意识到收入、财富和权力的重大不平等遏制了大多数人——尤其是工人阶级的充分发展，他虽然还没有到信奉社会平等的程度，主张私有制仍然是也必然是主要的所有制形式，但是提倡在实践中实验不同的所有制类型，以有助于找到"对人类的进步"最有利的形式。综合起来，这些观点是民主的干预主义福利国家和混合经济思想的最早论述，无疑对"社会民主主义"政治观念产生了重大影响。正是基于此，晚年的密尔更多地把自己当做一名社会主义者而不是自由民主主义者。❶

英国自由主义政治学家伦纳德·霍布豪斯将自由主义与民主结合起来，完成了向新自由主义的转变。霍布豪斯吸收了自由主义者格林关于国家干预经济生活的思想，并把国家干预的范围加以扩大，实现了进一步的发展。在霍布豪斯看来，自由主义与社会主义不应该是绝对对立的，而应该在考虑到"民主的局限"同时，思考建立一种新型的自由主义，"从整个社会空间中产生出来的，旨在保障更充分的公正和更广泛的互助组织"，即他所说的"自由社会主义"或者"社会自由主义"。这种自由主义应该承认，民主可以适用于整体利益，它与自由不是敌对的，不是简单的多数人的政府，而是代表着作为一个整体的共同体的政府，这种民主可以把个人权利同社会组织协调起来。自由社会主义的政治模式应该从共同利益出发来考虑个人的权利，并且从"组成社会的所有个人的福利"出发来考虑共同利益。民主如果不能带来社会利益的扩大，就仍然是一个空洞无物的公式：社会利益的发展——这就是民主——不仅取决于投票的广泛性和选举法的至高无上，而且取决于把个人同整体连接起来的中间组织。这正是行政权力下放对于民主的进步具有根本意义的理由之一。

作为新自由主义的重要代表，霍布豪斯把19世纪以"社会福利"、"公平投票权"、"人民代表制"、"社会合作组织"等名义提出的所有民主要求纳入

---

❶ ［英］戴维·赫尔德：《民主的模式》，燕继荣等译，北京：中央编译出版社1998年版，第154页。

自由主义思想之中，使"自由民主成为自由主义的现代政治形式"❶。他主张扩大国家对经济领域的干预范围，特别关注经济福利的民主分配。霍布豪斯认为，国家有责任维护个人的劳动权利或工作权利，为个人能力的发挥创造良好的社会条件。国家有责任为公民创造条件，使他们能够依靠自身努力获得基本生活所需要的一切。但国家的义务不是为公民提供食物、住房或者衣物，而是创造经济条件，使身心正常的人能通过有用的劳动使他自己以及他的家庭有饭吃、有房住和有衣穿。他认为"基本生活工资"的权利和"工作权利"同人身权利或财产权利一样重要❷，但他并没有强调绝对的平均分配，"他有权利和义务充分利用他的经济机会，如果他失败了，他会正当地受到惩罚，被当作一个贫民看待，在极端情况下，甚至被当做一个罪犯对待"❸。霍布豪斯把社会财富和个人财富加以区分，主张社会财富由国家分配，以满足所有社会成员的基本需要。霍布豪斯强调经济机会和条件平等、经济公正，反对经济个人主义。经济个人主义虽然能创造巨大的物质财富，但牺牲了大多数民众的福利和幸福。霍布豪斯反对个人主义超过生活所需地过分积累财富，他说，一种个人主义"如果忽视财富的社会因素，就会耗尽国家的资源，使社会失去它在工业成果中应得的一份，结果就是造成财富单方面的、不公正的分配。经济公正是把不仅应该付给每个人，而且应该付给每一种履行有用服务的社会功能或个人功能的东西如数付给，而这种应该付给的东西是按照刺激和维持那种有用功能的有效运用所必需的数额来计算的。功能和生活资料之间的平衡是经济平等的真正含义"❹。与传统自由主义强调私有财产神圣不可侵犯不同，霍布豪斯强调国家为了保证所有公民都有公平获取自己那份财产的机会，有权和有责任对个人的财产权进行干预，反对超过生活所需地过分积累财富。

可见，霍布豪斯的经济民主思想试图调节自由与平等的矛盾，在保障自由的基础上向平等倾斜，主张扩大国家对经济领域的干预范围，特别关注经济福利的民主和公平分配，注重经济公平。这在 20 世纪 30～60 年代欧美国家占据主导地位，对当代资本主义经济和政治产生了重要影响，成为"福利国家"的理论基础。从此，"选举权更加扩大，义务教育更加普及，工会地位和工会运动合法化了，生产劳动条件改善了"❺。同时，这也在一定程度上推动了社会民主运动的发展，"毫无疑问，在霍布豪斯等人努力从社会主义吸取养分的

---

❶ ［意］萨尔沃·马斯泰罗内：《欧洲民主史：从孟德斯鸠到凯尔森》（第 2 版），黄华光译，北京：社会科学文献出版社 1998 年版，第 263 页。

❷ ［英］霍布豪斯：《自由主义》，朱曾汝译，北京：商务印书馆 2005 年版，第 80 页。

❸ 同上，第 83 页。

❹ 同上，第 97 页。

❺ 徐大同：《西方政治思想史》（第 4 卷），天津：天津人民出版社 2005 年版，第 353 页。

时候，他们的思想也不可能不对社会主义运动产生影响"❶。但是，正如马斯泰罗内评价的那样，这种资产阶级自由民主的弊端仍然很明显，资产阶级民主"在理性和具体方面，民主同自由的思想不可分割地联系在一起"，但是自由的职能是保障私人财产的占有，这就导致了政治与经济的矛盾。而无产阶级民主不同，它断言，"没有平等，民主是不可想象的，而且任何不打算实现社会、经济地位平等的制度都不是民主制度"❷。霍布豪斯关注经济平等，但只是关注经济机会的平等，始终没有把国家干预扩大到公民经济地位的平等方面，也就不可能扩大到生产领域。"这种自由主义解决不了市民社会中从地方自治到劳资冲突、从失业到残废、从儿童保护到老年保护等一系列问题。"因此，"民主为了根本改变自己的面貌，必须从狭隘的'政治'范畴转向更广阔的'社会'范畴，必须使工人运动卷入其中"❸。

（三）精英与大众的矛盾：当代西方经济民主思想的新发展

20世纪以来，社会经济在社会生活各个领域的基础作用广泛加强，政治与经济在社会发展的进程中越来越紧密地联系在一起，相互依存，彼此渗透。当代西方政治问题往往由经济问题引发，经济问题随时可能上升为政治问题，这种现象被欧美政治学家称为"非政治的政治"❹。由于20世纪30年代世界经济危机的爆发和社会经济结构的变化，特别是70年代后期日益严重的经济危机连同日益增长的大众失业，西方国家战后占主导地位的凯恩斯主义经济政策和福利国家"共识"面临困境，西方资本主义国家"民主的危机"特别是经济民主的危机❺更是暴露无遗。因此，无论在国内还是全球范围，民主理论面临的一个根本问题就是：在经济不平等的情况下，是否存在政治上的平等与民主？当代经济民主思想作为当代西方民主理论的新发展，有着鲜明的当代问题。它是弥补代议制民主特别是精英民主和多元民主理论和实践缺陷的产物，更是应对当今西方经济社会发展不平等特别是经济全球化危机的结果。

1. 代议制民主的危机

19世纪末20世纪初，帕累托、米歇尔斯等提出了精英理论和"寡头政治

---

❶ 殷叙彝："'自由社会主义'和'社会自由主义'——论霍布豪斯的新自由主义"，载《当代世界与社会主义》2005年第3期，第104页。

❷ ［意］萨沃尔·马斯泰罗内：《欧洲民主史》，黄华光译，北京：社会科学文献出版社1998年版，第419页。

❸ 同上，第265页。

❹ 徐大同：《当代西方政治思潮》，天津：天津人民出版社2001年版，第243页。

❺ Arman Arayik Grigoryan, New Approaches in the Theory of Economic Democracy, The International Journal of Applied Economics and Finance 1 (1), Issue1991 –0886, 2007, p. 1；［美］凯斯·孙斯坦：《自由市场与社会正义》，金朝武等译，北京：中国政法大学出版社2001年版，第439页。

铁律"。在他们看来，无论是什么样的政府形式，最终都是由一小撮精英分子支配。如果说代议制民主与其他政体有什么区别，那就是它是一种披上伪装的寡头政治。在这种情况下，有必要重新定义民主的概念。美籍奥地利学者约瑟夫·熊彼特在1942年出版的《资本主义、社会主义、民主》一书中对此进行了开创性研究。他批判了所谓的"古典民主观"，根据"人民意志"和"公益"来界定民主，"民主方法就是为实现共同福利作出政治决定的制度安排，其方式是使人民通过选举选出一些人，让他们集合在一起来执行它的意志"❶。他认为不存在全体人民能够同意或者用合理性论证的力量可使其同意的共同福利。熊彼特推翻了研究民主的这些着眼点，并提出所谓的"另一种民主理论"。在他看来，"民主政治并不意味也不能意味人民真正在统治——就'人民'和'统治'两词的任何明显意义而言——民主政治的意思只能是：人民有接受或拒绝将要来统治他们的人的机会"❷。民主政治的重心从公民（或人民）转向了政治家，用熊彼特的话来说，民主是一种政治方法，"即为达到政治—立法与行政—决定而作出的某种形式的制度安排"❸，"民主就是政治家的统治"❹。而达尔等多元民主理论家关注公民组织起来的种种利益团体及其在民主政治中的作用，使修正后的精英民主政治在西方得到了越来越广泛的认同。如，美国政治学家托马斯·R.戴伊和L.哈蒙·奇格勒在《美国民主的嘲讽》一书中对美国社会所谓的民主制进行了全面的批判和揭露，指出"统治美国的不是广大群众，而是杰出人物。我们的社会已进入工业和科学技术高度发达的原子时代，但在美国这样的民主国家里，人民的生活竟像在极权主义社会一样，由一小撮人来决定"❺。

20世纪资本主义市场经济发展的一个重要结果就是经济权利越来越集中在少数精英手中。经济资源信息占优势的少数精英人物或利益集团不仅由此获得巨大的经济利益，导致社会分配不公，而且在政治生活中占有"特权地位"，操纵着民主政治过程，影响到公民平等参与政治生活的机会。在美国，财产方面最大的悬殊不在贫富之间，更是在个人私有财产和集团所有财产之间。财产和权利集在大公司和政府机构中。一些人之所以能掌握权利和无数

---

❶ ［美］约瑟夫·熊彼特：《资本主义、社会主义与民主》，吴良健译，北京：商务印书馆1999年版，第370页。

❷ 同上，第415页。

❸ 同上，第359页。

❹ 同上，第357页。

❺ ［美］托马斯·R.戴伊、L.哈蒙·奇格勒：《美国民主的嘲讽》，张绍伦、金筑等译，石家庄：河北人民出版社1997年版，第1页。

财富，靠的是他们在这些机构中的高级职务而不是靠他们的私人财产或收入。❶ 在现代社会，技术及规划工作十分重要，因而工业集团越来越需要有技术专长和有组织才能的人。与 19 世纪不同，个人投资对资金积累不再起关键作用，所以也不会处于控制地位。因此，经济权利主要集中在大公司的经理和金融机构的管理层手中。特别是私人资本的巨大力量导致经济权力集中在少数人手中，剥夺了大多数民众的民主权利。而国家对资本的经济依赖性使国家的政治行动受制于经济上的利益集团，经济不平等削弱了平等原则在政治生活中的运用。资本主义民主实质是代表了特权阶层利益而非大众阶层利益的"少数人的民主"❷。多元民主主义者林德布洛姆深刻意识到在当代所有多头政体中实业家们占据了"特权地位"，对西方国家政府决策形成了制约。他指出："由于市场制度的公共职能掌握在实业家手中，就业、物价、生产、增长、生活标准、个人的经济保障全都掌握在他们手中。因此，政府官员不能对实业家如何发挥职能漠不关心。衰退、通货膨胀或其他的经济危机都可以推翻一个政府，所以政府的一个主要职能就是照看实业家们履行他们的职能。"❸ 公司和其他商业企业已进入政治生活，扭曲了民主政治生活。"在任何私有企业制度下，一系列主要的决策被转移到实业家手上，不论是小的决定还是大的政策。它们取代了政府的议事日程。……实业家们已成为一种公共官员，并行使着公共的职能。对于多头政治，这一情形的重要逻辑结果在于，公共决策的一大片领域已从多头政治的控制下挣脱。在现实世界所有多头政治中，某种实质性的决策范畴已不再受多头政治的控制。"❹

代议制民主政府在实践中并不能有效地满足公民的多样化需求，履行为公民提供良好公共服务的承诺。这样，"传统上以国家为核心的自由主义民主政治的有效性与合法性日益受到质疑"❺。政治权利逐步从议会向行政部门集中，"行政主导"取代"议会至上"成为主要的国家权力形式，政府不仅仅满足于消极行政功能，而是发挥了干预经济社会生活的积极行政功能，甚至有学者认为现代国家就是行政国家。20 世纪 70 年代末期日益严重的经济危机连同日益

---

❶ ［美］托马斯·R. 戴伊、L. 哈蒙·奇格勒：《美国民主的嘲讽》，张绍伦、金筑等译，石家庄：河北人民出版社 1997 年版，第 118 页。

❷ ［美］迈克尔·帕伦蒂：《少数人的民主》（第 8 版），张萌译，北京：北京大学出版社 2009 年版，第 43 页。

❸ ［美］查尔斯·林德布洛姆：《政治与市场：世界的政治经济制度》，王逸舟译，上海：上海三联书店 1992 年版，第 250 页。

❹ 同上，第 249 页。

❺ Paul Hirst, "Democracy and Civil Society", in Paul Hirst and Sunil Khilnani（ed.）, Reinventing democracy, Oxford, OX, UK；Cambridge, MA, USA：Blackwell Publishers, 1996, p. 97.

增长的大众失业，使西方国家战后占主导地位的凯恩斯主义经济政策和福利国家"共识"面临困境。政府职能和规模的扩张、公共服务范围的扩大、公共财政的危机、责任的复杂性以及技术性困难使传统福利国家难以为继。民主政治的外延必然要向政府治理领域延伸，当政府治理介入经济领域成为普遍现象时，政治领域的民主必然突破政治界限而进入经济领域。

同时，政治上的民主与微观工厂或企业内的独裁形成了鲜明对比：现代民主被"工厂"拒之门外，"民主在工厂门口前停住了脚步"，公民一旦跨入工作场所的大门，他们的生活就被公司权威控制和决定，公民的选举权等政治权利无法扩展到工作场所和公司内部。在私有企业的市场制度中，公司决策者决定着一个国家的工业技术、劳动组织的形式、产业的结构、市场的结构、资源的配置、以及他们自身的酬劳和地位。甚至有关生产什么、生产多少等也主要不是由消费者控制而是由实业家决定。但这些决策具有公共后果和政治性，不仅影响企业内部公民的利益，而且对整个社会的公民都有重大影响。"在如此集权的却又与我们生活息息相关的工厂里，如果我们大多数人对随时可能影响我们切身利益的决策没有参与权，那么我们很难感到是在真正统治我们自己。"❶ 这忽视了社会领域特别是经济领域公民民主参与能力的培养以及相应经济社会条件的创造，扼杀了公民个人参与的积极性和创造性，进一步加深了富人和穷人在政治上的不平等。

经济精英是否会同政治精英一样受到民主控制？控制企业的人是否对社会负责？其是否是社会公共利益的代言人？民主是否需要扩展到经济领域？这些成为20世纪民主理论家关注的重要话题。自由主义民主论者为了维护资本的利益而主张把民主严格限制在政治领域，划清政治活动与经济活动的界限，在经济生活中忽视"人民的权力"，但资本的权力必然会侵入政治过程，从而腐化和侵蚀政治民主。这种资本权力的侵蚀过程，使西方代议制民主不断退化和衰落，并面临越来越大的政治合法性危机。"代议制民主对现代国家来说是一种变得较为安全的民主：民主由难以驾驭的、思想多变的主人，转变为驯服的、可靠的奴仆。在雅典人看来，民主的这种转变与其说是被'驯服'了，不如说是被阉割了——被改变了本性，被剥夺了它自己的、所有的、有生命力的精神和力量。"❷

面对代议制民主理论和实践的困境，当代西方民主理论家纷纷提出用参与民主或直接民主来替代或补充代议制民主。他们继承了卢梭、密尔等思想家的民主传统，支持经济民主，代表如道格拉斯·拉米斯、塔基斯·福托鲍洛斯、

---

❶ Raymond Williams, Toward 2000, London, Chatto/Hogarth, 1983, p. 36.

❷ ［英］约翰·邓恩：《民主的历程》，林猛译，长春：吉林人民出版社2003年版，第249页。

本杰明·巴伯、卡罗尔·佩特曼等。当代社群民主理论从不同方面论证了经济民主的合理性和可行性，如科恩和罗杰斯、保罗·赫斯特、迈克尔·沃尔泽、C. B. 麦克弗森。面对多元民主理论和实践发展的困境，连查尔斯·林德布洛姆、罗伯特·达尔等传统多元民主主义者也注重强调经济平等和经济民主对实现政治民主和政治平等的意义。关于他们的经济民主思想，本书在后文会详细探讨。

2. 当代西方经济全球化危机

20世纪90年代东欧剧变、苏联解体等事件使西方学者对资本主义自由民主的发展重振信心。福山甚至宣布："自由民主制度也许是'人类意识形态发展的终点'和'人类最后一种统治形式'，并因此构成'历史的终结'。"❶ 然而资本主义在全球的扩展并没有如期地带来整个世界的繁荣与和谐，"冷战"结束的"红利"并没有惠及所有民众。相反，一系列问题在发达国家内部、发达国家与不发达国家之间、南方发展中国家中经济、社会等领域更加明显地暴露出来。经济全球化使资本、商品、服务的跨国界自由流动不断增加，给跨国经济组织尤其是银行和大型股份公司提供了更强的讨价还价的权力，民族国家很难对经济实行有效的控制，面临如何保持民主自主性和有效性的问题。全球化时代，自由民主更退化为"西方跨国公司支配下的民主"，由资本和利润所主导，跨国公司的无限权力成为通向民主的最大障碍。❷

全球财富以及与此紧密相连的权力以前所未有的速度集中在某些发达国家及其各种精英手中。这不仅拉大了南北差距，而且使各个国家内部的贫富不均达到一个新的水平，并造成了大规模的失业和低薪雇用。当今世界资本主义经济全球化造成了收入、财富的分配不公以及经济权利向少数精英手中的巨大集中，这不仅体现在国家层面，也体现在国际层面。根据联合国公布的官方数据，世界上居住在最富裕国家的1/5人口与居住在最贫穷国家的1/5人口，在全球化之前的1960年收入差距是30：1，在1990年则变成了60：1，到了1997年是74：1。因此，到20世纪90年代后期，世界最富裕的20%的人口占有世界国内生产总值的86%，而与此相对应的是最贫穷的20%人口只占1%。当然，这种财富的集中也意味着与此相应的经济权利的集中。有数据显示，同样的20%的富人控制着当今世界82%的出口市场和68%的国外直接投资。难怪从1994年到1999年世界上最富裕的人在5年内净资产增长了一倍多。结果

---

❶ ［美］弗朗西斯·福山：《历史的终结及最后一人》，黄胜强、许铭原译，北京：中国社会科学出版社2003年版，第1页。

❷ ［美］克尔·哈特等：《控诉帝国》，肖维青等译，桂林：广西师范大学出版社2004年版，第252～253页。

是，200 多个亿富翁的综合资产在 1999 年达到了 11350 亿美元，而所有发展中国家的 5.82 亿人的总收入只有 1460 亿美元，大约是富翁们总资产的 1/10。就民族国家而言，英国，根据被布莱尔政府任命的一个智囊团的报告："在 1979 年到 1998～1999 年间，位于收入分配底层 10%的人的真实收入增加了 6%，而那些位于顶部 10%的人的真实收入却增加了 82%，平均收入增长了 55%。" 同样，美国国内的不平等的程度与拉丁美洲相似，而且超过了任何一个欧洲国家。1980～1990 年这段时期，1%的人口得到了 60%的收入，而与此同时，最贫困的 25%的人口的真实收入却 30 年保持不变。1995 年，不到 1%的人口拥有的财产比 90%的下层人员拥有的财产还要多。❶ 用一位经济学家的话来说，这是"一群侏儒和几个巨人的游行队伍"。由市场化导致的经济权利集中，社会内部以及社会之间的经济发展不均衡，不仅增加了少数特权阶层的经济特权，同时造成贫富群体利益对立严重，各种类型的不安全感不仅笼罩着社会的中下层，也弥漫于社会的上层阶级，加剧了社会的进一步对立，进而威胁到政治稳定。保罗·赫斯特指出，占社会多数的"下层阶级"是当代西方社会动荡和不稳定的根源，如果不能解决这部分人福利实质增长的问题，必然造成新的社会冲突和斗争的升级。"经济和社会的不平等主要被归于经济的和社会的，同时也必定是政治的。经济和社会的不平等将政治利益给予某些集团并相应地将不利条件给予了其他人，同时，政治平等的民主原则作为一种原则应当意味着不仅是在投票站的平等，而且是在进入政治决策制定层的平等，以及在影响整个社会制定的政策和方针中的平等机会，因此，前者和后者之间存在紧张关系。"❷

正如吉登斯所言："现在，民主正在全球范围内传播，民主的扩张正是全球化的结果。"❸ 吉登斯倡导的"第三条道路"旨在"复兴"社会民主主义，以超越"老派的社会民主主义和新自由主义"❹。英国著名民主理论家戴维·赫尔德于 1995 年推出的《民主与全球秩序》、美国政治经济学家 J. W. 史密斯所著的《经济民主：21 世纪的政治斗争》和《经济民主：世界和平与繁荣的伟大战略》、新加坡学者 Dhanjoo N. Ghista 的《社会经济民主及世界治理》等均在全球化背景下从世界主义民主视角主张将民主扩展到经济领域，以扩展"全球化进程中的民主"（globalizing democracy）。

---

❶ J. W. Smith, Economic democracy: the political struggle of the twenty-first century, Armonk, New York: M. E. Sharpe, Inc., 2000, Foreword p. X.

❷ ［英］安东尼·阿伯拉斯特：《民主》，孙荣飞等译，长春：吉林人民出版社 2005 年版，第 113 页。

❸ ［英］安东尼·吉登斯：《失控的世界：全球化如何重塑我们的生活》，周红云译，南昌：江西人民出版社 2001 年版，第 5 页。

❹ ［英］安东尼·吉登斯：《第三条道路——社会民主主义的复兴》，郑戈译，北京：北京大学出版社 2001 年版，第 27 页。

二、马克思主义经济民主思想的历史发展

马克思主义经济民主思想是一个历史发展的过程，在不同历史阶段呈现不同的特点。第一阶段：马克思主义经济民主思想在提出和确立的阶段主要体现在《黑格尔法哲学批判》和《德法年鉴》中，马克思通过对黑格尔法哲学的批判，开始认识到民主主体是现实的"社会化了的人"，而不是抽象化的国家，第一次鲜明地提出了真正民主制的理想；第二阶段：在《德意志意识形态》和《共产党宣言》时期，马克思、恩格斯经济民主思想进一步深化和发展，他们强调历史唯物主义和政治解放的作用，提出了作为超越政治解放的"人类解放"的概念，把真正民主制的实现与人类解放联系起来，认为经济民主是实现人类的经济解放的政治形式，主张从根本上解决资本主义条件下仍未能解决的国家与社会之间的矛盾，以建立无国家政治、平等自由人的社会联合体，最终实现人类解放。马克思、恩格斯、列宁都强调通过无产阶级政治革命，消灭资产阶级私有制，建立公有制，通过新型国家政权逐步走上经济民主之路。

（一）经济解放的政治形式：马克思、恩格斯的经济民主思想

马克思、恩格斯的经济民主思想是随着资本主义经济发展、资本主义基本矛盾充分显露、无产阶级革命斗争而产生的。19 世纪 40 年代，资本主义在欧洲很多国家已经经历了简单协作和工场手工业阶段而进入了大机器工业阶段。以蒸汽机为动力的大机器代替了手工劳动，工厂制度代替了手工工场制度，生产力得到了迅速的发展。英、法、德等国先后完成工业革命。随着机器大工业的迅速发展和工业制度的建立，欧洲资本主义生产越来越社会化，但生产资料仍然为私人所占有，而且越来越集中到大资本家手中。自由竞争资本主义开始转入垄断资本主义的历史阶段，这加剧了资本主义的基本矛盾，并导致了经济危机。1825 年，第一次经济危机在英国爆发之后，每隔 8～10 年就周期性地爆发一次。1847 年的经济危机席卷了所有资本主义国家，形成了资本主义世界危机。资本主义经济危机使社会生产力遭到极大破坏，给无产阶级和劳动人民带来了深重灾难。资产阶级在政治上通过民主获得了经济利益，进而又违背了自由和民主原则。马克思、恩格斯揭露了资产阶级民主的本质及其虚伪性，提出了"社会经济民主"是实现"经济的社会解放"的政治形式，要从根本上解决资本主义条件下仍未能解决的国家与社会之间的矛盾，就必须通过"社会经济民主"从"政治解放"走向彻底的"社会解放"，最终实现人自我的全面自由发展的人类解放。

马克思主义经济民主思想的诞生和发展是一个历史的过程，《黑格尔法哲

学批判》和《德法年鉴》是马克思主义经济民主思想提出和确立的阶段。马克思通过对黑格尔法哲学的批判，开始认识到民主主体是现实的"社会化了的人"，而不是抽象化的国家，第一次鲜明地提出了真正民主制的理想；在《德意志意识形态》和《共产党宣言》时期，马克思、恩格斯经济民主思想进一步深化和发展，他们提出了"人类解放"的概念以超越政治解放，把真正民主制的实现与人类解放联系起来，把经济民主作为实现人类的经济解放的政治形式。他们以唯物辩证法和历史唯物论为武器，站在人类社会历史总体发展的高度，建起了关于无产阶级和全体劳动者解放的理论大厦。在他们看来，人类解放是一个漫长的历史过程，必须经历阶级的政治解放、经济的社会解放和人的自我解放三个既有联系又有区别的发展阶段。"阶级的政治解放"是实现社会主义的政治前提；"经济的社会解放"是创造社会主义的社会物质基础；"人的自我解放"是实现一切人的全面发展，实现人的全面社会化，使人从自我为中心的领域彻底获得解放。❶

黑格尔在《法哲学原理》中把家庭、市民社会和国家看做伦理精神存在。黑格尔认为，国家是绝对观念的体现，它在本质上是精神性的东西，所以国家是普遍利益的代表，而不是代表个人的私人目标和利益。马克思更加强调家庭和市民社会对于国家的基础性作用。马克思认为，国家不是建立在抽象普遍性或原子个人主义的基础之上，一切国家制度的实质都是结合成社会的人，是具有类本质、共同性和普遍性的人。而民主制则是最具有国家制度这个类一般特征的制度，更符合国家制度的实质。马克思鲜明地提出："民主制是作为类概念的国家制度。""民主制是一切国家制度的实质，是作为国家制度特殊形式的社会化了的人。它对国家制度其他一切形式的关系，正好像类对自己的各个种的关系一样。"❷ "在真正的民主制中政治国家就消失了。……因为在民主制中，政治国家本身，作为一个国家制度，已经不是一个整体了。"❸ 早在1843年，在《黑格尔法哲学批判》中马克思就曾指出，继资产阶级形式上的民主被真正的民主制（后来他曾清楚地用社会主义民主来代替"民主制"的提法）所取代之后，那时，"在民主制中，任何一个环节都不具有本身意义以外的意义。每一个环节都是全体民众的现实的环节"❹。民主制的任何一个环节，显然包括国家政治生活、社会经济生活等环节，都应该体现人民主权的民主原

---

❶ 刘德厚：《广义政治论——政治关系社会化分析原理》，武汉：武汉大学出版社2004年版，第313页。
❷ 《马克思恩格斯全集》（第1卷），北京：人民出版社1956年版，第281页。
❸ 同上，第282页。
❹ 同上，第280页。

则。在马克思看来，所谓真正的民主制，能够体现人民主权，使全体人民达到真正的自由和平等。在 1845 年，恩格斯也曾依据当时西欧各国无产阶级斗争的历史事实敏锐地指出：谈论无产阶级民主的时候，"绝不应该只就其政治意义上来理解"。在这一点上，恩格斯谈论英国民主制的出路时说得十分清楚。他说："英国的最近将来是民主制。然而哪一种民主制呢？不是过去那种同君主制和封建制度对立的法国大革命的民主制，而是现在这种同资产阶级和财产对立的民主制。以往的全部发展证明了这一点。资产阶级和财产统治着一切；穷人是无权的，他们备受压迫和凌辱，宪法不承认他们，法律压制他们；在英国，民主制反对贵族制的斗争就是穷人反对富人的斗争。英国所趋向的民主制是社会的民主制。"❶

马克思强调民主是"社会化了的人"的"自由产物"，这种自由的实现同时需要"自我规定能力"，所以社会化和自我规定能力同时作为民主主体的现实条件而存在，"只有现实的个人同时也是抽象的公民，并且作为个人，在自己的经验生活、自己的个人劳动、自己的个人关系中间，成为类存在物的时候，只有当人认识到自己的'原有力量'并把这种力量组织成为社会力量而不再把社会力量当做政治力量跟自己分开的时候，只有到了那个时候，人类解放才能完成"❷。所以，民主的实现与人自我自由的实现具有内在的一致性。

而在《德意志意识形态》和《共产党宣言》等著作中，马克思、恩格斯不仅仅明确了人作为民主主体的地位，而且从唯物史观和政治斗争中进一步赋予了民主具体的现实规定性，使得有关民主问题的研究更加具有现实性和可操作性，同时马克思也进一步强调民主的目的是为了全人类的最终解放。根据唯物史观，国家的直接基础是统治阶级的经济社会和政治权利，国家是在经济和社会关系基础上的上层建筑，主要为经济上占统治地位的阶级服务，资产阶级"在现代的代议制国家里夺得了独占的政治统治。现代的国家政权不过是管理整个资产阶级的共同事务的委员会罢了"❸，表面上以公众和普遍利益的名义维护的却是整个资产阶级的利益，国家实质上是一个"虚幻的共同体"。他们抨击了资本主义自由民主，认为由于人们的平等仅限于政治领域，并没有在经济领域即市民生活领域实现，结果政治领域的民主不可避免地陷入理论和实践的尖锐矛盾和冲突之中。他们认为，政治解放使人们在政治领域获得了平等的政治权利，实现政治民主是人类解放的"一大进步"。然而"政治解放本身还不是人类解放"，因为政治解放虽然以政治方式否定了私有财产，实现了人们

---

❶ 《马克思恩格斯全集》（第 1 卷），北京：人民出版社 1956 年版，第 705 页。

❷ 《马克思恩格斯选集》（第 2 卷），北京：人民出版社 1995 年版，第 443 页。

❸ 同上，第 274 页。

在政治领域的民主，但在政治国家适应市民社会过程中，政治民主依然是以私有财产为前提的。因此，政治解放所实现的政治民主还仅仅是形式上的民主，人们所获得的只是表面上的权利。这不是真正的民主，而是虚假民主。马克思质疑自由民主把市民社会和国家分开而把经济因素特别是财富分配排除在政治之外的观点。"经济被视为具有非政治性，据此，生产资料的拥有者和控制者与必须靠工资谋生者之间的巨大分裂，也就是被视为随意的个人比较的结果，而不是涉及国家的问题。但是，由于捍卫生产资料私有制，因此，国家不可能摆脱市民社会的权力关系，而只作为超越所有特殊利益的机构，即作为'公共权力'为'公众'服务。相反，它深深地陷在社会经济关系之中，并与特定的利益相结合在一起。"❶ 与古典共和民主思想家一样，他认为政治与经济是不可分的，经济也具有政治性。而现实中，由于少数人占有和支配大多数人的劳动，使劳动者与自己的劳动产品和过程"异化"，丧失了人之为人的最根本的价值。因此，只有彻底消灭"异化"，才能实现真正的民主。

对唯物史观的确立是马克思、恩格斯对民主实现可能的认识。随着对无产阶级作用的认识，他们找到了实现真正民主制的现实力量，认为只有通过无产阶级的政治革命消灭经济领域特别是生产领域的剥削关系，才能实现真正的民主，这标志着马克思主义经济民主思想的形成。马克思、恩格斯把无产阶级的人类解放的一般历史进程分为三个有联系的发展阶段，即阶级的政治解放——经济的社会解放——人的自我解放。这就是人类社会历史发展的总规律。资本主义社会制度是人类社会发展的一个暂时阶段，社会主义、共产主义是人类解放的必然结果。因此，经济的社会解放是革命后社会的主要矛盾和社会发展的主要历史任务所必然要发生的一种根本性的转变，或者说，是由以夺取国家政权为中心转为以经济社会建设为中心，由政治革命转为社会发展，由以解决阶级对立的政治权利关系为主转为以解决社会发展中的种种全局利益关系为主的过程。人的自我解放是社会解放的最高尺度，社会解放以政治解放和经济解放为根本前提，它们是人发展、进步的外在因素。可见，马克思主义的经济社会解放，成为实现共产主义目标的重要组成部分和中心环节。❷

马克思和恩格斯在揭开资产阶级民主的神秘面纱后，提出只有用暴力夺取国家并进行彻底改造，才能使它成为一个为整个社会利益服务的有效工具，建立社会主义国家无产阶级民主。但不能把无产阶级民主归结为"纯粹政治上

---

❶ ［英］戴维·赫尔德：《民主的模式》，燕继荣等译，北京：中央编译出版社 1998 年版，第 166～167 页。

❷ 刘德厚：《广义政治论——政治关系社会化分析原理》，武汉：武汉大学出版社 2004 年版，第 315 页。

的民主"，因为自 1893 年法国大革命以后，无产阶级争取的民主就不仅要求法律上、政治权利义务上的平等，而且最根本的是要求经济上的平等，要求消灭资本主义私有制，要求普遍的社会平等和自由。恩格斯指出："民主在今天就是共产主义"，"民主含着社会平等的要求"❶，"平等应当不仅是表面的，不仅在国家的领域中实行，它还应当是实际的，还应当在社会、经济领域实行"❷。恩格斯认为，政治民主不可能自然趋向社会民主，社会民主制的最终实现需要进行彻底的社会革命，政治民主仅为社会经济民主的实现即社会革命提供了一种手段。政治民主不仅意味着人们摆脱了人与人的从属关系，实现了在政治领域的平等，而且意味着通过这种政治民主，无产阶级完全有可能把阶级社会中的民主由极少数人享受的民主变为由绝大多数人享受的民主。因此，革命的过程是夺取、利用然后消灭政治国家。他说："单纯的民主制并不能治愈社会的痼疾。民主制的平等是空中楼阁，穷人反对富人的斗争不能在民主制或单是政治的基础上完成。因此，这个阶段只是一个过渡，只是作为最后一种纯粹政治的手段，这一手段还需要加以试验，但从其中马上就会发展出一种新的因素，一种超出现行政治范围的原则。这个原则就是社会主义原则。"❸

无产阶级夺取政权、争得民主后，迫切的任务就是要迅速发展社会生产力，改造社会经济基本结构，改善社会的管理，实行教育与生产劳动的结合，提高人的素质，实现"经济的社会解放"。通过革命废除的是集权的政治国家，而建立的是管理国家财产的经济国家，把土地和其他生产资料变为公共的财产、国家的财产，消灭私有制和资产阶级，由工人控制企业，彻底改变劳动和资本之间的对立关系。马克思在《土地国有化》一文中又指出："生产资料的全国性的集中将成为由自由平等的生产者的联合体所构成的社会的全国性基础，这些生产者将按照共同的、合理的计划自觉地从事社会劳动。"❹ 马克思废除的私有财产不是家庭个人所了解的那种私有财产，而是以私有财产的名义在生产过程中行使的权利，包括控制企业的权利，组织和运用生产资料的权利，从中取得收入的权利。无产阶级取得国家政权后，"首先把生产资料变成国家财产。但是，这样一来它就消灭了作为国家的国家"，"那时，国家政权对社会关系的干预将先后在各个领域成为多余的事情而自行停止下来。那时，对人的统治将由对物的管理和对生产过程的领导所代替"❺。历史辩证发展的

---

❶ 《马克思恩格斯选集》（第 2 卷），北京：人民出版社 1995 年版，第 664 页。

❷ 同上，第 663 页。

❸ 《马克思恩格斯全集》（第 1 卷），北京：人民出版社 1956 年版，第 705 页。

❹ 《马克思恩格斯全集》（第 3 卷），北京：人民出版社 1956 年版，第 130 页。

❺ ［德］恩格斯：《反杜林论》，中共中央马克思恩格斯列宁斯大林著作编译局译，北京：人民出版社 1999 年版，第 227 页。

必然决定了民主在自身发展过程中必然以社会民主为其最高形态，社会经济民主必然消灭和代替作为国家形态的政治民主。国家形态民主的消亡和社会民主实现的条件是共同的，即生产资料的社会占有和在这种占有下的生产力的高度发展。这种占有和发展将使"人终于成为自己的社会结合的主人，从而也就成为自然界的主人，成为自己本身的主人——自由的人"❶，这种以人的"自由劳动协作"为基础的"自由人的联合体"将代替国家对公共事务和共同利益实施政治治理。"共产主义社会高级阶段，在迫使个人奴隶般地服从分工的情形已经消失，从而脑力劳动和体力劳动的对立也随之消失之后；劳动已经不是谋生的手段，而且本身成了生活的第一需要之后；在随着个人的全面发展，他们的生产力也增长起来，而集体财富的一切源泉都充分涌现之后，——只有在那个时候，才能完全超越资产阶级权利的狭隘眼界，社会才能在自己的旗帜上写上：各尽所能，按需分配！"❷ 当社会的进步最终使"各尽所能、按需分配"和"每个人的自由发展为一切人自由发展的条件"的"自由人联合体"由理想成为现实的时候，人类的真正的、完全的自由和平等也就实现了，真正的、完全的民主也就实现了，共产主义社会也就实现了。

虽然马克思、恩格斯并没有用到"经济民主"这个概念，但他们与之相关的思想原则是很明确的。他们从历史唯物主义出发，把政治社会与政治国家区分开来，对自由主义民主进行了批判，它表明经济组织不能被看做非政治性的，经济具有政治社会性，源于资本主义私有者的生产关系是权利性质和分配的核心，少数人占有和支配大多数人的劳动使劳动者与自己的劳动产品和过程"异化"，丧失了人之为人的最根本的价值。因此，民主不只是狭义政治范畴，更具有社会经济的意义。马克思、恩格斯将"社会"与"民主"联系起来，认为真正民主的实现必须消灭社会领域特别是生产领域的剥削关系，人民自主代替阶级剥削，"自由人的民主"代替国家形式的民主；并把经济民主与人类的解放联系起来，认为经济民主是人类的经济解放的政治形式，是建立在生产资料公有制基础上的自由平等的生产者联合体，最终为了实现人的全面自由发展的人类解放。他们强调通过政治革命的手段，消灭私有制，实现公有制，并且通过国家集中统一行使经济权利，以达到财富分配的平均，走上经济民主之路，"套用卢梭的一句著名的话：在共产主义的国家里面，人民被迫而为民主"❸。这种方式在革命时期有一定合理性，但在后来的前苏联社会主义建设实践中被证明是不适合的。此外，马克思主义从阶级关系来理解经济民主，以

---

❶ 《马克思恩格斯选集》（第1卷），北京：人民出版社1995年版，第294页。

❷ 《马克思恩格斯选集》（第3卷），北京：人民出版社1995年版，第305~306页。

❸ 萧公权：《宪政与民主》，北京：清华大学出版社2006年版，第163页。

完全自由、平等的理想共和社会为实践基础，对于这种经济民主在现代复杂社会的适用性问题，当代西方许多学者也提出了质疑。

从思想发展的角度来看，马克思、恩格斯继承了古代民主的经济内涵，不过更多地继承了柏拉图的传统而不是亚里士多德的传统，认为有必要对经济进行公有化的改造，但必须在社会化大生产的基础上。同时，其思想深受空想社会主义者否定资本主义私有制，把私有制视为万恶之源，要求实现财富公平分配、平等地参与社会和国家的管理的影响。这里还要提到卢梭的人民主权思想对马克思主义的影响。马克思主义对于卢梭的思想给予了足够的关注和肯定，在《马克思恩格斯全集》中共有数十处提到卢梭，还多次大段引述卢梭的话。二战后出现的"新实证主义的马克思主义"学派更是强烈反对西方马克思主义把马克思主义黑格尔化的倾向，强调马克思政治理论与卢梭政治思想之间的联系。这一点，该学派创始人和核心人物德拉·沃尔佩在《卢梭与马克思》中有较详细的研究。德拉—沃尔佩认为，马克思的《黑格尔法哲学批判》这一著作"自始至终渗透着典型的卢梭人民主权思想"❶。卢梭着重从财产也就是从经济的角度来看待平等、自由、民主，认为私有财产是人类不平等的根源和基础，只有实现身份地位上与财富上的完全平等，权利和权威的平等才能长期维持。这些成为马克思主义经济民主思想的重要理论来源。

但不能因此断言，马克思主义就是卢梭主义，两者存在很大差异。马克思主义与卢梭关于人民主权的立论基础不同。马克思主义的人民主权思想以科学的唯物史观为立论基础，与卢梭虚构的自然状态和社会契约不同。马克思从现实的人出发，指出只有承认"社会化的人"是社会的主人和人民是历史的创造者，才能认同人民在经济生活以及政治生活中的主体地位，这是近代以来人类政治意识形态史上的一次质变。《社会契约论》提供了公民平等的政治形式，但没有保障平等实现的物质措施，马克思在政治平等的基础上强调经济社会平等，使平等进入了社会经济领域，并以生产资料公有制作为未来社会人类真正平等状态的保障，这是卢梭的政治理想无法比拟的。因此，可以说，一方面，卢梭的思想深深地影响了马克思、恩格斯；另一方面，他们也不断地实现了对卢梭思想的扬弃和超越。

（二）国家代表的集中治理：列宁的经济民主思想

马克思、恩格斯的经济民主观为社会民主主义运动和共产主义运动奠定了理论基础。列宁的共产主义和社会民主主义之间的差别在于：社会民主主义认为民主本身具有价值，社会主义的目的是将民主扩展到社会的一切领域，而永

---

❶　［意］德拉·沃尔佩：《卢梭与马克思》，薛贵译，重庆：重庆出版社1993年版，第136页。

远不取消民主。而列宁的共产主义却用马克思断言的社会主义的历史必然性来证明无产阶级专政是正确的。共产党人想建立这种专政来代替民主，直到建立起无阶级的社会。列宁领导的无产阶级政党在十月革命前不久就曾明确指出，社会主义民主同资产阶级民主的区别主要表现在经济上和政治上。列宁认为议会民主是资本家专政的一种特殊形式，在革命之后应加以摧毁，用无产阶级专政来取代。"专制是直接凭暴力而不受任何法律约束的政权。无产阶级的革命专政是由无产阶级对资产阶级采用暴力手段来获得和维持的政权，不受任何法律约束。"❶ 他说，同资产阶级那种写在纸上的、政治空谈中的平等和民主相反，社会主义民主是真正的平等和民主，是"达到实际生活中的而不是写在纸上的平等和民主，是经济现实中的而不是政治空谈中的平等和民主"❷。列宁认为经济民主有两层含义：一是生产资料必须实行公有制，经济和其他社会领域受国家的集中控制；二是生产资料必须实行民主管理。他还预言"在社会主义下，'原始民主'的许多东西都必然会复活起来"，又说"人民自己将来参加日常管理"❸，"必须对全体人民从资产阶级手里夺来的生产资料组织民主管理"❹，"所有的人将轮流来管理，因此很快就会习惯于不要任何人来管理"❺。

十月革命后，列宁坚持马克思、恩格斯的历史唯物观，提出新的政治就是经济建设方面的政治。当时的俄国，劳动者文化水平很低，文盲充斥全国，管理能力很差，因此，列宁慎重地指出，在这种情况下，虽然宪法和法律规定了国家是由人民来管理，但由于人民文化水平很低，必须经过党代表人民来管理的阶段；但是，随着人民群众文化水平的提高和管理能力的加强，应逐步使越来越多的人民群众参加到管理中来，"必须让越来越多的劳动者亲自参加经济管理和新的生产的建设"❻。列宁还指出，作为国家形态的民主的消亡是历史的必然，而同时以"自由人"为主体的社会民主才能实现。"只有在共产主义社会中，当资本家的反抗已经彻底粉碎，当资本家已经消失，当阶级已经不存在（即社会各个成员在对社会生产资料的关系上已经没有什么差别）的时候，——只有在那个时候，'国家才会消失，才有可能谈自由'。只有在那个时候，真正完全的、真正没有任何禁止的民主才有可能，才会实现。也只有在

---

❶ 《列宁全集》（第 3 卷），北京：人民出版社 1972 年版，第 623 页。

❷ 《列宁全集》（第 30 卷），北京：人民出版社 1972 年版，第 38 页。

❸ 《列宁全集》（第 25 卷），北京：人民出版社 1972 年版，第 474～475 页。

❹ 《列宁全集》（第 23 卷），北京：人民出版社 1972 年版，第 14 页。

❺ 《列宁全集》（第 25 卷），北京：人民出版社 1972 年版，第 475 页。

❻ 《列宁全集》（第 28 卷），北京：人民出版社 1972 年版，第 404 页。

那个时候，民主才开始消亡。"❶ 实现由党代表人民集中管理国家经济事务是列宁对马克思主义经济民主思想的发展，这种模式也被斯大林所实践，在当时曾经发挥过积极作用，也对社会主义国家产生了重要影响，但前苏联国家计划经济体制所带来的弊病更为后来经济民主思想家所批判。

三、中国经济民主思想的历史发展

近代以来，"经济民主"一度成为中国思想界关注的重要话题。中国经济民主思想主要是西方现代政治思潮催生下的产物，在自由主义、马克思主义或社会主义思潮以及前苏联计划经济模式与欧美自由市场模式的交互影响下，中国经济民主思想呈现多样性，但都强调缺乏经济民主就不会有真正的政治民主，主张将公平正义与民主扩展到经济领域，通过经济制度与政治制度的创新与选择实现真正的民主。社会主义新中国成立以后，以毛泽东、邓小平、江泽民为核心的中国共产党三代领导集体，立足于中国的实践，继承、丰富和发展了马克思主义创始人的经济民主思想，并使之具有当代意蕴，通过人民民主走上经济民主之路是马克思主义经济民主思想在中国条件下的运用和发展。中国经济民主思想的历史发展大体可以分为三个阶段：（1）在西方多元政治思潮的影响下，中国近代经济民主思想开始萌芽，其基本特征是对资本主义私有制导致的经济不平等的批判；（2）抗战前后，在对苏俄计划经济模式和欧美自由主义模式的反思中，中国现代经济民主思想正式形成并得到发展，强调真正民主的实现需要经济领域与政治领域民主的共同实现；（3）新中国成立以来特别是改革开放以来，思想界和理论界开始立足于中国政治经济体制改革实际，探索社会主义经济民主的制度化和法制化之路，中国经济民主思想的发展具有鲜明的时代特色。

（一）西方思潮的涌入：近代经济民主思想的萌芽

追本溯源，中国经济民主思想可能滥觞于 19 世纪晚期清朝末季。伴随着西学东渐，以卢梭、孟德斯鸠等为代表的资产阶级民主理论和自由主义、社会民主主义、马克思主义等西方各种政治思潮开始传入中国。在西方思潮的影响下，中国思想界开始思考政治制度与经济制度的关系问题。1907 年同盟会机关报——《民报》的临时增刊上曾刊载过一篇文章，其中一段写道：

"就是人人有选举权，但现在的地方上，有钱的少，没钱的多；有势力的少，没有势力的多。没钱的人，都是靠着有钱的人吃饭，或是种他的田，或是

---

❶ 《列宁全集》（第3卷），北京：人民出版社1972年版，第247页。

在他店里做店伙，或是在他家里做工；没有势力的人，都是靠着有势力的生活，或是供他使唤，或是替他赞扬，或是与他朋比为奸。到了选举的时候，没钱的人，如若不举有钱的，这有钱的人，就能够夺他的饭碗；没有势力的人，如若不举有势力的，日后办事，就要受他种种的肘，所以地权不平等，阶级不消灭，日后被选举的，一定是财主地棍土豪。"❶

这篇民主共和派与保皇派论战的文章虽然目的在于论证"平均地权"之必要性，但从选举权的角度讨论了土地权问题，与后来中国思想界从"真正民主"角度呼唤"经济民主"如出一辙，其思路是：如无经济上的平等，便无政治上的平等。这大致可以看做"经济民主"思想的萌芽。这种"有钱即有权"的担忧来自民国初年宪政实施过程中的混乱与腐败。不少人认为民初政局之乱并非民主宪政之过，相反，是对民主宪政实施得不够彻底，换言之，由于私有制度必然导致经济的不平等，而经济的不平等又必然导致政治的不平等，因此，私有制度与民主宪政是根本不相容的。若要实现真正的民主宪政，就必须打破私有制度。后来的"经济民主"思想实际上便由此推演而来。❷

当时中国几个主要政党大都接受"经济民主"的思想。如国民党人的节制资本、平均地权的民生主义、江亢虎的新社会主义等。孙中山"三民主义"的民生主义体现了国民党人对于经济民主的追求。"三民主义"是欧美民主思想中国化的产物。晚年的孙中山在关于民生主义的演讲中，对当时欧美的"经济进化"做了归纳，认为主要表现在"社会与工业之改良""运输与交通事业收归公有"、"直接征税"、"分配之社会化"等方面。❸ 由此，孙中山提出平均地权、节制资本、发展国家资本的主张。他特别注重土地问题，"盖酿成经济之不平均者，莫大于土地之为少数人所操纵"，并且"中国以农立国，而全国各阶级所受痛苦，以农民为甚"❹，主张以和平的手段实行土地改良。他认为，社会进化是社会上大多数经济利益相互调和的结果。他趋向强调生产资料的国有化、生产过程的社会化、财富分配的共同化来实现民生主义的理想。

❶ 楚元王：《谕立宪党》，《民报》临时增刊，1907－04－25；转引自黄岭峻："'经济民主'思潮考析——中国现代经济思想研究之三"，载《江汉论坛》2004年第1期。
❷ 黄岭峻："'经济民主'思潮考析——中国现代经济思想研究之三"，载《江汉论坛》2004年第1期。
❸ 孙中山：《三民主义·民生主义》，载《孙中山全集》（第9卷），中华书局1986年版，第366页。
❹ 荣孟源：《中国国民党历次代表大会及中央全会资料》（上册），北京：光明日报出版社1985年版，第17~18页。

五四时期，中国知识界由于受西方多元化思想源流的影响，对"经济民主"的理解是庞杂的，但对资本主义私有制的批判是共同的。一些学者受苏俄社会主义思潮的影响，把经济民主称为社会主义或共产主义。一湖称："所谓经济的'德莫克拉西'，就是废止资本主义的生产，用一般民众，造出大家是劳动者，大家做了大家用的一个平等的经济组织。"❶ 仲九说，有政治的德莫克拉西，有国际的德莫克拉西，"应用在经济上，就是集产主义或共产主义，可称为经济的德莫克拉西"❷。也有学者受基尔特社会主义经济民主观影响，强调经济领域的分权与分工自治是经济民主的灵魂。武育干认为，任何经济民主都具备三个要素："一为个性的经济自由；二为经济组织之平等化；三为分权与自治。"❸

近代以来，中国国民党民生主义的诉求、思想界庞杂多元的经济民主观以及 1919 年德国社会民主党人制定的《魏玛宪法》，均影响了近代中国宪法的制定。五五宪草关于经济方面的规定开中国经济制度与政策入宪的先河，反映了国家干涉的经济宪政主义理想，这些都在一定程度上孕育了经济民主思想的产生。

（二）苏俄模式的示范：现代经济民主思想的形成

"经济民主"思想的正式形成是在抗日战争前夕。这种思想的形成，与俄国十月革命后苏俄计划经济模式的影响直接相关。1929～1933 年世界性经济危机使欧美自由放任主义经济政策的弊端逐渐暴露，与此对比的是前苏联的"计划经济"模式却取得了惊人的成绩。西方国家纷纷效法前苏联经验，加强国家对经济的干预和调节。

正是在西方经济危机与苏俄五年计划所导致的"计划经济"浪潮中，中国思想界开始从"真正民主"的视角探讨"政治民主"与"经济民主"的关系。1937 年抗日战争爆发前夕发表于《北平晨报》的一篇名为"政治民主与经济民主"的社论，其中一段这样写道❹：

"真民主的主要条件是：既有政治的民主，又务必有经济的民主，否则任何民主制度势不免于虚伪而不足贵。……因为近代资本主义经济制度的发展，民主制度的自由平等逐渐变成不自由、不平等了。因生产事业的大规模化，资本逐渐集中，劳工与生产工具就逐渐分离了。分离的结果，大多数的劳工者，

---

❶　一湖："新时代之根本思想"，载《每周评论》第 8 号，1919 年 2 月 9 日。

❷　仲九："德莫克拉西的教育"，载《教育潮》第 1 卷 1 期，1919 年 4 月。

❸　武育干："由经济的帝国主义到经济的民主主义"，载《东方杂志》第 19 卷第 15 号，1922 年 8 月 10 日。

❹　《政治民主与经济民主》，载《北平晨报》1937 年 5 月 28 日。

只有受资本家剥削或饿死二者间任意选择的自由而无其他的自由；只有大家无产的平等而无其他的平等。"

从这段摘录来看，经济民主的内涵并不是很清楚，但其关注的重点是"真正的民主"，包含政治民主基于经济平等（即经济民主）这一主旨。从行文中我们似乎可以发现，经济民主要调节资本家与劳工的利益矛盾，追求自由和平等的统一，但这种自由不是"不服从，就饿死"的自由，这种平等也不是劳动者无产的平等。

20 世纪 40 年代，伴随着现代中国资本主义经济的发展，中国社会也开始出现了收入和财富的巨大不平等。由战争引起的物质资源短缺和通货膨胀、物价上涨触发的经济恶化使包括知识分子和普通公务员在内的绝大部分民众陷于贫困化。而上层利益集团却借助垄断权力，占据了社会大量的稀缺性资源，结构性腐败造成日趋严重的贫富悬殊，严重破坏了社会公正。在这种情形下，分配公正和经济平等凸显出来，成为与政治民主同等重要甚至更为重要的问题。

抗日战争结束之后在探讨中国何去何从的问题时，当时作为军事与经济强国的前苏联对中国思想界产生了更为强烈的示范效应。"经济民主"一度成为中国思想界关注的热点问题，在当时社会各派似乎达成了一种共识，即"中国型的民主"不仅包括政治民主和经济民主，并赋予了经济民主苏联式计划经济的内涵。这一点在 1945 年中国民盟全代会的政治报告中体现得非常明显：

"我们亦不忽视，更不否认，英美的议会政治与政党政治也有它们的缺点。但那些缺点不是从那制度本身发生出来的，而在其社会经济制度缺乏调整。社会上贫富阶级存在，人民间贫富有无的悬殊差别太大，因此，人民那些自由平等权利，在许多方面就落了空，就成了有名无实。调整社会经济制度，从政治上的自由平等扩展到经济上的自由平等，这就是所谓经济的民主。在这方面，苏联的 1917 年革命和苏联将近 30 年在这方面的努力，成绩特别多。……拿苏联的经济民主来充实英美的政治民主，拿各种民主生活中最优良的传统及其可能发展的制度，来创造一种中国型的民主，这就是中国目前需要的一种民主制度。"❶

其还在纲领中明确了经济民主之目的："民主经济之目的，在平均财富，消灭贫富阶级以保障人民经济上之平等，国家应承担社会福利责任，保障人民

---

❶ 《中国民主同盟临时全国代表大会的政治报告》，1945 年 10 月 11 日，转引自中国人民大学中共党史教研室编：《批判中国资产阶级中间路线参考资料》（第 4 辑），中国人民大学 1962 年内部交流本，第 75 页。

之生存权、劳动权及休息权，担负老弱残废者之抚养，着手分配领域的调节，依据能力担负原则以累进方法征收遗产税、所得税及利得税，并将计划经济与自由经济相结合，由国家制定全国统一经济计划，使私人企业得到自由竞争的平等机会。公有制的发展、经济管理上的民主化也是民主经济的应有之义。"❶除民盟外，其他几个党派观点也大同小异。如，民主促进会提出"人民有受教育及要求免于贫困、恐怖之权利"❷。这就从理论纲领高度将"国家计划"与"企业自由"相结合，既吸收了前苏联宏观计划和英美市场资源配置的优点，又从宏观上要求实现社会公平和民主，关注社会保障，在当时中国现代化进程中无疑具有重要意义。

在当时中国思想界，经济民主几乎成为一种社会共识，经济民主思想的发展出现高潮。共产党人潘梓年和进步人士樊弘均强调经济民主对政治民主的基础作用。潘梓年在《土地改革和民主运动》一文中指出："在今天的中国谈民主，最实际的问题就是土地问题。它是有关中国人民百分之八十五以上人口的利害问题，谁能把土地问题解决了，使占全人口百分之八十五以上的人民都翻了身，谁就实行了民主——他已帮助了百分之八十五以上的中国人'民'真正做了'主'人。谁不愿土地有所改革，不肯让农民翻身，而且还要借重外国武器去向农民已经翻身的地区进攻，硬要翻了身的农民仍旧翻回去，谁就是反民主……这不是最'实际'也是最简单明了的一个问题吗？愿意把民主问题当做实际问题来谈的先生们，请别再搬弄什么'政治民主与经济民主两者之间确有极显著重大的差异'的玄虚吧；谈'实际'还是把实际的东西拿出来切切实实地谈一谈吧。"❸ 他主张进行土地改革，让当时85%以上的中国人民真正当家做主，可以说，在他看来，经济民主就是使农民大众摆脱地主阶级束缚，实现"耕者有其田"，共产党人在广大的解放区实行土地改革，就是在切切实实贯彻民主。潘梓年还批评了那种把经济民主和政治民主分开来的说法，他指出："政治与经济绝对分割不开；经济上有了民主绝不会政治上还不民主，政治不民主绝不会在经济上民主起来。土地改革与政治民主化运动分割不开，就是这个道理。"❹

进步人士樊弘（当时尚未参加中国共产党）在一篇《两条路》的论文中回应了一些人对前苏联民主制的指责。樊弘指出，世界上的民主制有两种

---

❶ "中国民主同盟纲领"，载《民主星期刊》（特别增刊），1945年11月15日。

❷ "中国民主促进会拟提出于政治协商会议之行动公约及政治纲领"，载《中国民主促进会大事记》。

❸ 蔡尚思等：《中国现代思想史资料简编》（第5卷），杭州：浙江人民出版社1982年版，第412页。

❹ 同上，第413页

典型，一种是服务于资产阶级利益的民主制度，另一种是服务于劳动人民利益的民主制度；前者是违反广大人民利益的，后者则是进步的。他指出："苏俄在本质上，是一个以代表全俄劳动者阶级的利益为职志的民主制度。……这种民主制度值得我们效法。"尽管前苏联的民主制度还不够完善，还有"革新进步的余地"，但他认为我们不应该就此否定它，更不应该据此否定中国共产党未来的民主制度。樊弘指出："假如我们因为苏联的民主在枝节上还有些缺点，我们便以为苏联不是民主，甚至中国亦不要更进步的民主，而宁选择只拥护少数资产阶级利益的民主制度，这就未免过于感情用事了。"❶

追求"经济民主"也是抗战胜利后自称为中间派的"中间路线"或"自由主义者"们的突出思想特征。与早期自由主义者仅关注政治问题相比，20世纪40年代后期中国自由主义者在民主建国上大声疾呼反对一党专政，主张将前苏联的经济民主与英美的政治民主合而为一，实现资本主义与社会主义制度的折中。典型代表如张东荪、张君劢。正如张东荪所言："亦就是，在政治方面比较上多采取英美式的自由主义与民主主义；同时在经济方面比较上多采取苏联式的计划经济与社会主义。"❷吴世昌说："英美有政治民主而无或缺少经济民主，苏联有经济民主而无或缺少政治民主。"他认为，如果只有经济民主而无政治民主，就如同阔人的奴隶一样，虽然也丰衣足食，还能享受科学设备、听戏看画等，但问题就在听人指挥，不能管自己以至众人的事。他甚至用犬马作比喻，说："阔人家的犬马不是也能吃得饱饱，身披文绣？问题就在于敬不敬。……人……似乎不只是被人养得胖胖的就可以满足。自由意志，不受暴力压制而能自由发展的意志，似乎比丰衣足食更可贵些。"

在经济民主与政治民主的关系上，有人提倡以前苏联的"经济民主"补充欧美的"政治民主"，因为"英美的民主，在形式上很民主，而实际上并不民主……真的民主必须是在政治上和经济上全都充满民主措施"❸。也有人主张以欧美的"政治民主"补充前苏联的"经济民主"，在他们看来，"经济民主"所提供的是一碗饭，而"政治民主"所提供的是一张票，在人民"还没有得到一张票以前，千万不能放弃这一张票的要求，否则民主要和我们隔得更远"❹。但不管如何补充，他们都强调"政治民主"与"经济民主"两者不可偏废。

---

❶ 蔡尚思等：《中国现代思想史资料简编》（第5卷），杭州：浙江人民出版社1982年版，第586页。
❷ 张东荪："一个中间性的政治路线"，载《再生》1946年6月22日。
❸ 周鲸文："论中国多数人的政治路线"，载《时代评论》第4卷第86期，1947年7月1日。
❹ 杨人楩："再论自由主义的途径"，载《观察》第5卷第8期，1948年10月16日。

在经济民主的制度安排上，他们围绕所有制、计划与市场等话题展开了广泛的讨论，其主旨在于将公平与正义原则运用于经济领域，实现经济民主，并与政治民主并驾齐驱。自由主义学人关注的核心是经济制度的选择问题。其中所有制问题最为根本，他们反对私有制，赞同生产资料的公有制，但在公有制的实现程度上，学者们观点不一致。如施复亮提出"新资本主义"概念，其核心是所有制形式的多样化，即建立一种包括国营公有制、私人资本主义、小农业、小手工业多种经济成分共存的"混合性的过渡形态"经济体制。❶ 在生产资料公有制的前提下，自由主义学人争论更多、分歧较大的是与公有制相匹配的到底是计划经济体制还是市场价格体系。相当一部分学者强调计划经济的重要性。如中央干部学校政治学学者吴恩裕、北京大学青年经济学者陈振汉、著名学者张东荪等。另一部分学者以清华大学教授吴景超、刘大中、春生（笔名）以及北京大学教授蒋硕杰等为代表，则强调市场价格机制。他们认为社会主义的目标除了消灭私有财产以外，"还有'提高人民的生活程度'，'社会主义并不是要大家贫穷困苦，而是要铲除贫穷困苦，要给社会全体成员造成丰裕和文明的生活'"。

抗战胜利后中国自由主义者的经济民主思想，从思想渊源来说，主要受英国民主社会主义思潮影响，特别是当时英国工党著名理论家哈罗德·拉斯基（Harold J. Laski）。拉斯基试图在自由主义的基本框架内将社会主义的公平平等原则融合进来，实行一种既保留资本主义民主制又吸纳社会主义公有制的新制度，即他所称的"计划化民主社会"。其特征：一是主要生产资料"由全社会拥有和控制"并实施计划经济，提供社会福利；二是"把自由纳入平等"，使其符合平等的自由这一原则。拉斯基认为只有将自由纳入平等的范畴，自由与平等才能得到真实的体现。❷ 当时中国的自由主义者非常欣赏这种民主社会主义主张，普遍赞同生产资料公有制，并有不少学者主张国家统制下的计划经济，希望通过公有制和计划经济体制来达到经济平等的目的。而主张公有制与市场机制相结合的学者如吴景超、刘大中、蒋硕杰、春生等，其思想则受到当时西方以哈耶克为代表的自由保守主义的影响。他们接受了哈耶克关于全面的计划可能导致集权的思想，认为经济制度的选择与政治制度密切相关，只有在市场经济的前提下，真正意义的民主政治才能建立。

总之，中国近代以来兴起的经济民主思想主要受社会主义和自由主义政治思潮的影响，基于对前苏联计划经济模式与英美资本主义模式的反思，在经济制度与政治制度的选择与创新中强调真正民主的实现需要经济领域与政治领域

---

❶ 施复亮："废除剥削与增加生产"，载《观察》第4卷第4期，1948年3月20日，第8页。

❷ ［英］拉斯基：《论当代革命》，朱曾汶译，北京：商务印书馆1965年版，第340页、第396页。

民主的共同实现。经济民主是政治民主的基础，没有经济上的民主就没有政治上的民主。其主张将公平正义原则扩展到经济领域，通过国家干预，减少经济不平等，实现经济民主，并与政治民主并驾齐驱。

（三）政治经济的改革：当代经济民主思想的新发展

新中国成立以来，以毛泽东、邓小平、江泽民为核心的中国共产党三代领导集体立足于中国的实践，继承、丰富和发展了马克思主义创始人的经济民主思想，并使之更具有当代意蕴，通过人民民主走上经济民主之路是马克思主义经济民主思想在中国条件下的运用和发展。在理论界，针对中国政治经济体制改革的实际，学者们纷纷从各自的研究视角对经济民主进行了相关探索。

早在 1945 年，毛泽东就提出通过民主的方式来打破中国社会发展的"历史周期率"，在《新民主主义论》和《论人民民主专政》中都论述了人民民主的思想。毛泽东特别强调人民的主体性，反复强调："共产党人的一切言论行动，必须以合乎最广大人民群众的最大利益，为广大人民群众所拥护为最高标准"[1]，"人民，只有人民，才是创造世界历史的动力"。这集中代表了毛泽东的人民观、民主观的思想。新中国成立初期，党的工作重心转移到经济建设上来，完成了社会主义的改造和进行了社会主义现代化建设。在社会主义建设时期，毛泽东制定了《鞍钢宪法》，系统提出了"两参一改三结合"的思想，即干部参加劳动、工人参加管理、改革不合理的规章制度，在技术革新和技术革命中实行企业领导干部、技术人员和工人的三结合。《鞍钢宪法》是毛泽东探索国有企业经济民主建设的一种重要尝试，虽然由于历史的原因归于失败，但是在今天看来仍有重大的理论价值。毛泽东也十分重视让工人阶级和广大人民群众参加对国家、对公有制生产资料的管理，他指出，劳动者管理国家、管理军队、管理各种企业、管理文化教育的权利实际上是社会主义制度下劳动者最大的权利、最根本的权利；并且为实现这一原则，领导我国人民进行了有益的探索。但由于实施前苏联式高度集中的计划经济体制，政府成为包揽一切的"全能政府"，其权力触角延伸到社会每一个角落。所有的政治经济资源都被集中到中央政府手中，国家在整个社会制度中扮演着绝对支配的角色，成为整个社会经济政治生活的核心，在经济层面对社会实行全面的中央计划管制，政府通过具体的行政指令干预生产、交换、分配以至私人生活。地方、企业、劳动者的生产积极性退化，经济社会生活诸多矛盾的积累使计划经济难以为继，新的经济体制成了时代的呼唤。

---

[1] 《毛泽东选集》（第 3 卷），北京：人民出版社 1991 年版，第 1096 页。

"文革"结束以后，特别是党的十一届三中全会以来，中国改革开放的总设计师邓小平重新又把党的工作重心恢复到经济建设上来，并指出，社会主义现代化建设是我们当前最大的政治，经济工作是当前最大的政治，经济问题是压倒一切的政治问题，"所谓政治，就是四个现代化"。他明确地提出人民根本利益和国家的根本大局就是政治，把经济建设和现代化建设作为最大的政治，以解决人民群众日益增长的物质文化需要同落后的社会生产力之间的矛盾，解放和发展生产力不得不说是一种"现实主义的社会主义政治观"的创新。❶ 中国人民所需要的民主是中国特色的社会主义民主或人民民主，不仅包括政治民主，而且还包括经济民主、社会民主等范畴，是各个领域和各个方面民主的全面发展和协调统一。发展社会主义民主，要逐步实现"党和国家政治生活的民主化、经济管理的民主化、整个社会生活的民主化"❷。民主历来是邓小平坚持的重要原则，邓小平更提出了"没有民主就没有社会主义"。早在根据地、解放区的经济工作中，邓小平就提出"在我们的各项工作中，哪一项里面都有民主问题"❸，我们的经济政策要"照顾各阶层的利益"❹，非常重视人民民主的实现和保护。他多次强调"毛泽东同志历来提倡我们军队要实行政治、经济、军事三大民主"，"经济民主很值得注意"❺。针对我国传统计划经济体制存在的问题，邓小平在《解放思想，实事求是，团结一致向前看》的讲话中提出了经济民主的问题。他说："我想着重讲讲发扬经济民主的问题。现在我国的经济管理体制权力过于集中，应该有计划地大胆下放，否则不利于充分发挥国家、地方、企业和劳动者个人四个方面的积极性，也不利于实行现代化的经济管理和提高劳动生产率，应该让地方和企业、生产队有更多的经营管理自主权。"❻

邓小平经济民主思想产生于我国经济体制改革的伟大实践，反过来又为我国经济体制的进一步改革奠定了坚实的思想基础，指明了正确的发展方向。可以说，经济管理体制改革实质上就是从推行经济民主开始的。正如邓小平所指出的："改革的总方向，都是为了发扬和保证党内民主，发扬和保证人民民主。"❼ 邓小平提出"调动积极性是最大的民主"，"切实保障工人农民个人的

---

❶ 刘德厚：《广义政治论——政治关系社会化分析原理》，武汉：武汉大学出版社 2004 年版，第 70 页。

❷ 《邓小平文选》（第 2 卷），北京：人民出版社 1994 年版，第 336 页。

❸ 《邓小平文选》（第 1 卷），北京：人民出版社 1994 年版，第 9 页。

❹ 同上，第 83 页。

❺ 《邓小平文选》（第 2 卷），北京：人民出版社 1994 年版，第 83 页。

❻ 同上，第 145 页。

❼ 同上，第 372～373 页。

民主权利，包括民主选举、民主管理和民主监督"❶。经济民主的实现形式是宪法和法律。保障经济民主就要加强经济立法，使民主制度化、法制化。邓小平指出，"为保障人民民主，必须加强法制"❷，使这种制度和法律不因领导人的改变而改变，不因领导人的看法和注意力的改变而改变。并针对立法薄弱、法制不完备的现实谈道："应该集中力量制定刑法、民法、诉讼法和其他各种必要的法律，例如工厂法、人民公社法、森林法、草原法、环境保护法、劳动法、外国投资法等。"❸ 国家与企业、企业与企业、企业与个人等之间的关系也要用法律的形式来确定，他们之间矛盾要用法律来解决。

在实践中为了贯彻经济民主，他还及时研究新情况、解决新问题，特别是管理方法、管理制度、经济政策这三方面的问题。他认为，对于经济民主的实现，关键的制度安排是转变政府职能，简政放权，实现经济管理民主化。针对当时经济管理权力过于集中而企业、集体和个人缺乏经营自主权的现状，邓小平认为，首先要下放权力，进而要使人民能充分行使权力，因此，必须不断加大市场调节的力度和范围，改革所有制，取消"一大二公"，实行两权分离等。相应地，随着权力下放和市场的发展，必须减少计划控制，改革经济管理体制，改革行政型的命令式计划方式，促进经济管理民主化。邓小平在经济政策上提出："要允许一部分地区、一部分企业、一部分工人农民，由于努力成绩大而收入先多一些，生活先好起来。一部分生活先好起来，必然产生极大的示范作用，影响左邻右舍，带动其他地区、其他单位的人们向他们学习。这样，整个国民经济不断波浪式地向前发展，使全国各族人民都能比较快地富裕起来。"❹ 邓小平说："走社会主义道路，就是要逐步实现共同富裕……解决的办法之一，就是先富起来的地区多交点利税，支持贫困地区的发展……可以设想，在本世纪末达到小康水平的时候，就要突出地提出和解决这个问题。"

党的十三届四中全会以来，以江泽民同志为核心的中国共产党第三代中央领导集体，在领导改革开放和社会主义现代化建设的实践中，从社会主义初级阶段的基本国情出发，紧紧围绕建设中国特色社会主义这个主题，创造性地丰富和发展了马克思主义特别是毛泽东、邓小平的经济民主思想。江泽民同志曾多次指出，人民民主是社会主义的本质要求。这一重要论断体现了邓小平同志关于"没有民主就没有社会主义，就没有社会主义现代化"的重要思想，揭

---

❶ 《邓小平文选》（第 2 卷），北京：人民出版社 1994 年版，第 146 页。

❷ 同上。

❸ 同上。

❹ 同上，第 152 页。

示了民主是社会主义发展的政治目标。江泽民指出："社会主义是人民的事业，是人民群众自觉参加和实现自己利益的事业。人民是我国社会的主人，也是社会主义事业的主人。人民民主是社会主义的本质要求。这种民主是实现全体人民利益的民主，是和社会主义法制必然结合在一起，保障有领导、有秩序地进行社会主义建设的民主。没有人民民主和统一的法制就没有社会主义，就没有社会主义现代化。"❶ 对于经济民主的实现，他特别强调实行和坚持依法治国，广大人民在党的领导下，依照宪法和法律的规定，通过各种途径和形式，管理国家事务，管理经济文化事业，管理社会事务，逐步实现社会主义民主的制度化、法律化。

经过中国共产党人的伟大探索和几代中央领导集体的科学总结，他们把马克思主义经济民主思想与中国实践相结合，强调通过人民民主走上经济民主之路是马克思主义经济民主思想在中国条件下的运用和发展。党的领导人，无论是毛泽东、邓小平还是江泽民，都将人民民主看成社会主义的本质要求和核心，社会主义民主要求实现政治、经济等各个领域和各个方面民主的全面发展和协调统一。在新的历史时期，结合中国现代化建设实际，与马克思、恩格斯、列宁强调通过革命方式实现经济民主不同，要通过制度化、法制化形式实现经济民主，经济民主的实现形式也逐步多元化。

从理论界来看，尽管还存在异调杂音，但经济民主是社会主义民主的应有之义得到了学界的广泛认同。他们大都从各自的学术立场探索社会主义经济民主的实现之道。以蒋一苇、王慎之为代表的经济学家从经济体制改革的角度探索了经济民主建设之道，强调以经济民主建设推动政治体制改革。蒋一苇同志是"经济民主学派"的主要代表人物，早在20世纪80年代末90年代初就提出了"经济民主论"❷。他提出，建立社会主义的民主制度和社会主义的商品经济体制，都必须首先实行社会主义的经济民主。他一再强调指出："以商品经济取代的产品经济，在体制上引起一系列带根本性的变革。在经济的运行机制上，要以市场机制取代行政机制，当然不是完全不要行政机制；在经济的组织上，要实行经济民主，当然也不是不要集中，而是在高度民主的基础上，建立新的集中统一。"这里强调的是经济组织。他认为，社会主义公有制取代私有制，主要目的无非是两个方面：一是在宏观经济上，建立以公有制为基础的社会经济。这样才有可能克服生产社会化和生产资料私有性的矛盾，有计划地分配和利用资源，使社会经济得到协调发展。二是在微观经济上，使劳动者成为生产资料的主人，改变资本统治劳动、

---

❶ 江泽民："在毛泽东同志诞辰一百周年纪念大会上的讲话"，载《人民日报》1993年12月26日。

❷ 蒋一苇：《经济民主论》，载《改革》1989年第1期。

"物"统治"人"的反常现象，从而使生产力中最活跃的因素——人获得解放。"以上这两个目的，从经济组织的角度来看，实质就是实现经济民主，即把经济行为的主体由个体转化为群体。宏观经济依靠人民民主决策，使其符合劳动者的整体利益；微观经济更是依靠劳动者的自由联合、自主经营而充分调动劳动者的积极性和创造性。"❶ 他认为，经济民主包括劳动者个人的经济民主、企业的经济民主、社会的经济民主。在社会主义民主制度的建设上，经济民主是政治民主的基础。政治体制改革的核心问题是建设社会主义民主制度，使我国成为高度民主、高度文明的社会主义社会，这是一个复杂的历史进程。当前，应首先着力于社会主义经济民主建设，同时相应地解决与经济民主直接相关的关于党组织、政权组织、工会组织职能的政治问题。楼贤俊等把经济民主当成一种经济管理体制，包括宏观国家经济民主管理和微观企业民主管理。其较早地提出经济民主制的实现必须改革政府管理体制，确立国家与企业的正确关系，实行政企分开，扩大企业自主权。❷ 此外，王慎之也主要从经济学视角探讨如何通过经济体制改革来实现经济民主："我国经济体制改革从根本上说就是推进经济民主化，并以此逐步强化人民的民主意识，涤除封建专制的人身依附观念，最后达到政治改革的目标。这也是本书的立意。"❸ 他试图构建一个经济民主理论分析的基本框架，从公有制民主、企业民主、价格民主、工资民主、劳动民主和管理民主等几个方面进行了理论叙述和对策分析。他认为经济民主决定政治民主，因此，必须首先要加强经济民主建设，以经济改革推动政治改革。

王保树、王全兴、管斌等学者则从经济法视角探讨了经济民主的经济法意蕴，并提出如何在经济法的视阈构建经济民主，强调政府干预在经济民主实现中的作用。王保树把经济民主看成法治经济之本义所在，也是经济体制改革的必然要求，而追求以公正为核心、与经济集中和市场支配相对应的经济民主的实现方式是政府适当干预，在实行经济法治中实现经济民主。❹ 吴平魁也认为经济民主包括两种不同层次，就其内容而言存在逻辑上的联系。微观经济民主作为经济民主的初始形态，是宏观经济民主得以实现的基础；而宏观经济民主也就成为微观经济民主的必然归宿。只有微观经济民主扩展为宏观经济民主，经济民主才能体现其真正含义。而这种转化只有通过政府的调节才能实现。❺

---

❶ 蒋一苇：《从企业本位论到经济民主论》（中、英文全订），北京：北京周报出版社 1988 年版，第 67 页。

❷ 楼贤俊、胡关金："论经济民主"，载《马克思主义研究》1988 年 第 1 期。

❸ 王慎之：《经济民主论》，长春：吉林人民出版社 1994 年版，初版前言第 8 页。

❹ 王保树："市场经济与经济民主"，载《中国法学》1994 年第 2 期。

❺ 吴平魁："市场经济与经济民主"，载《当代经济科学》1996 年第 3 期。

也有学者提出加强制度和法制建设，发展经济民主。❶

政治学则提出用经济民主解决当前中国政治经济问题。王绍光教授从政治学的角度审视了中国社会公正问题和民主化道路，在效率与公平的关系上，他不赞成效率优先，也不赞成公平绝对优先，而赞成一种偏向于公平的折中。因此，经济发展是硬道理，社会公正也是硬道理。对于我国而言，实现社会公正需要强有力的政府，需要强有力的政府实施再分配职能，更需要民主的政治体制，并且把经济民主作为实现公平和效率统一的最佳途径。❷ 他在《民主四讲》一书中重申了"要超越政治民主，将民主的原则适用于更广泛的范围，尤其是经济领域"❸。在他看来，民主不需要修饰，修饰阉割了民主的真髓，真正的民主需要回归民主的本质，即人民当家做主，不仅在政治上当家做主，而且在经济和社会生活中也要当家做主。事实上，他认为以劳动雇用资本为核心内容的经济民主是更合理的制度安排，是社会主义民主的应有之义。中国要在社会主义制度的基础上建设民主，它应该是以最广大劳动人民利益为出发点的民主，是最广泛的民主，完全不必向有产者作出巨大让步，而对民主大打折扣。❹

留洋学者崔之元是当代中国经济民主的积极倡导者。他赞同经典马克思主义观点，认为只有当社会主义消除了人与人之间的严重的经济不平等之后，才谈得上真正的民主。如果不首先消除经济不平等，甚至以"让少数人先富起来"为名扩大经济不平等，政治民主或者是不可能的，或者是虚假的。因此，"政治民主与经济民主应该齐头并进"。他借鉴了西方经济民主特别是社会民主党关于经济民主的定义，并结合中国目前实际，从宏观和微观两个层次来阐明经济民主的含义及其对中国改革的意义。在宏观上，我国正处于建立"社会主义市场经济"的关键的制度选择与制度创新时期，我们应使各项经济制度安排依据大多数人民的利益来建立和调整，绝不应使少数人和特殊利益集团操纵我国的经济制度安排和经济政策。我国经济改革中的制度试验和宏观经济政策应成为全民关心讨论和监督的对象，这样才符合"人民主权"贯彻到经济领域的宏观的"经济民主"原则。从微观上看，目前我国公有制企业由于一些人侵吞公有财产而造成严峻的困难。有人提出"将错就错"的思路，索性进行大规模私有化。但这种思路只是在财产再分

---

❶ 罗华明："经济民主与基于自由的创造"，载《湖北行政学院学报》2005 年第 1 期。

❷ 王绍光：《安邦之道：国家转型的目标与途径》，北京：生活·读书·新知三联书店 2007 年版，第 44 页。

❸ 王绍光：《民主四讲》，北京：生活·读书·新知三联书店 2008 年版，第 251 页。

❹ 同上，第 256 页。

配上做文章，最多制造成一个新的资产阶级，并不能保证带来经济效率的提高。他提出的微观的"经济民主"实际上代表一种不同的思路。它反对"将错就错"的私有化，而是主张"知难而上"，还"公有制"以"经济民主"的本来面目。他提出通过先进的"后福特主义"生产方式和借鉴中国毛泽东时代的《鞍钢宪法》，实现劳动人民广泛的民主参与和监督，这样，我国的公有制企业将能够出现"社会化"、"民主化"的新面貌，我国人民40多年积累起来的财富将能造福于全体人民，而不为少数人和特殊利益集团所吞噬❶。

四、小结：经济民主思想伴随民主理论和实践的发展而发展

从以上对中西经济民主思想的历史沿革大体的回顾和梳理中可以发现，经济民主思想的产生和发展不是偶然的，它既是民主理论和实践发展的产物，又是特定历史时期社会经济现实的回应，具有一定的历史性、相对性。虽然经济民主思想在不同历史时期呈现不同的历史形态和观念主张，显得丰富多彩，但从异彩纷呈的思想样式背后仍然可以发现经济民主思想发展演变的内在逻辑。

（一）西方经济民主思想是民主理论自身发展的逻辑结果

在西方民主政治理念提出和实践的几千年中，民主理论可谓形形色色，并有各种不同称谓，如直接民主、代议民主、精英民主、多元民主、参与民主、自由主义民主、共和主义民主、马克思主义民主等，其中最具有典型意义的是古希腊时期的民主、共和主义民主和自由主义民主，它们在民主政治理论和实践发展中起了重要作用，当然也都不同程度地存在内在的局限性。共和主义民主和自由主义民主之间的分野与争论是民主理论演变的主线。前者包括直接民主、参与民主、激进民主等，后者即代议制民主、精英民主、多元民主等。西方经济民主思想正是不同民主政治理论的交融互动中产生的，旨在通过经济民主实现真正的民主，调和"自由"与"平等"的矛盾。

从理论渊源上来说，民主的经济意蕴可以追溯到古雅典城邦政治时期，政治学诞生之初，政治学家柏拉图和亚里士多德就发现了经济权力公平分配和经济生活的自主性对政治生活平等参与的重要性，他们的经济民主观尽管更多具有古典的共和主义内涵，但确立了西方经济民主思想的传统。民主的古典定义

---

❶ 崔之元："美国二十九个州公司法变革的理论背景及对我国的启发"，载《经济研究》1996年第4期。

即"人民的权力"或"人民的统治"，它不仅是一种政治制度，更是一种价值
理念，是可以运用于整个社会的术语。它孕育的大众化权力的理念成为经济民
主思想最早的理论源头。

　　17世纪西方资产阶级革命以来，自由主义作为一种政治理论和制度开始在
西方占据主导地位。自由主义在发展中与民主联姻，到19世纪，西方自由民主
特别是代议制民主在民主政治的理论和实践中处于主导地位。代议制民主作为
"现代的伟大发现"，解决了民主在大规模民族国家运用的问题，功不可没。但
自由民主论者为了维护资本的利益而主张财产权高于公民权，把民主严格限制在
政治领域，划清政治活动与经济活动的界限，使作为政治主体的公民不能以民主
程序威胁到资产阶级的财产权利，在经济生活中忽视"人民的权力"的精神实
质，代议制民主实质蜕变为资本民主或"宪政财主"。所谓的资本民主或"宪政
财主"是在西方国家对财产权实行宪政保护，从而限制了政府权力的前提下产
生的，由此通过政治安排在历史上确立了生产过程中资本所有权的权威和民主地
位，使经济权力向资方倾斜，而剥夺了广大无产者在生产过程中的主体地位和权
利，因为"财产是一种控制资产的权力；拒绝由他人使用，保持它们的完整，
或用光耗尽它们。因而财产权是对一些人或组织的权威的授予，不论是公共的
还是私人的，并且得到其他人和组织的认可。富人是指这样一些人，他们比大
多数人享有更大的授权"❶。这是主张人民主权的共和主义民主理论所极力反
对的。

　　文艺复兴以来，以卢梭为代表的共和主义民主理论确立了主权在民的思
想，与自由主义者洛克的绝对所有权观念不同，更注重民主的经济和社会意
义。与孟德斯鸠在《论法的精神》里把民主看做一种政府形式的政治民主不
同，从卢梭的《社会契约论》来看，民主更多包括国家的社会内容，意味着
社会国家对公民经济社会权利的保护，是一种社会经济民主。民主不仅仅是一
种政治意义上的自由平等，更意味着社会经济意义上的平等，主张公共利益高
于私人利益，公民权高于财产权，这些观念假说对西方经济民主思想的产生有
着不可磨灭的作用，并成为西方经济民主思想的重要渊源。正如"新实证主
义的马克思主义"的创始人和思想领袖德拉·沃尔佩所言，卢梭关于平等和
自由的论述明显体现着与社会主义之间的历史联系，马克思的《黑格尔法哲
学批判》是"一部自始至终渗透着典型的卢梭人民主权思想的著作"❷。但卢
梭的共和主义民主也是有局限的，"人民主权"可以轻易地摧毁"个人主权"；

---

❶　[美]查尔斯·林德布洛姆：《政治与市场：世界的政治经济制度》，王逸舟译，上海：上海三
联书店1992年版，第32页。

❷　[意]德拉·沃尔佩：《卢梭与马克思》，薛贵译，重庆：重庆出版社1993年版，第136页。

有不少人认为卢梭的思想是乌托邦，并且与现代状况没有关系。❶ 经济民主思想的发展必然要求面对这些挑战。

在对资本主义自由民主进行深刻批判的基础上，马克思、恩格斯把经济民主作为实现人类的经济解放的政治形式。他们继承了古代民主的经济内涵，不过，更多地继承了柏拉图的传统而不是亚里士多德的传统，认为有必要对经济进行公有化的改造，但必须在社会化大生产的基础上真正实现人民在经济上当家做主。马克思主义也继承了卢梭以来的共和主义民主观，同时用历史唯物史观对自由民主进行了深刻批判，不仅明确了人民作为经济民主主体是现实的"社会化了的人"，而且提出了作为超越政治解放的"人类解放"的概念，认为要从根本上解决资本主义条件下仍未能解决的国家与社会之间的矛盾，就必须通过"社会经济民主"从"政治解放"走向彻底的"社会解放"，实现人的全面自由发展。以人民自主代替阶级剥削，以"自由人的民主"代替国家形式的民主，这样就实现了真正的民主，也就是进入了共产主义社会。其把经济民主与社会主义价值联系了起来，对民主社会主义、共产主义、左翼马克思主义产生了重大影响。

20 世纪以来，以精英民主和多元民主为主流的代议制民主理论和实践同样面临新的困境。无论在国内还是全球范围，民主理论面临的一个根本问题就是：在经济不平等的情况下，是否存在政治上的平等与民主？经济权力集中的少数精英人物或"特权阶层"在政治生活中占有"特权地位"，操纵民主政治过程和制约国家政府决策，影响了公民平等参与政治生活的机会，造成"政治冷漠"，使代议制民主政府面临合法性危机。同时，政治上的民主治理与公司或经济企业内的独裁形成鲜明对比，公民政治权利无法扩展到公司或经济企业内部，忽视了公民民主参与能力的培养。当代西方民主理论家纷纷提出用参与民主或直接民主来替代或补充代议制民主。他们继承了卢梭、密尔、马克思等思想家的民主传统，支持经济民主。参与民主理论者一般要求将政治领域的民主扩展到经济领域，在工业生产领域消除资本家的独裁地位，建立工会、基尔特等工人代表组织，实现劳资集体协商谈判和平等参与，缓和劳资矛盾。当代参与民主提出公民只有不断地参与国家和社会的管理，个人发展和自由才能充分实现，提出了发展工业领域等基层直接民主能促进参与社会、积极公民的形成等主张。甚至罗伯特·达尔、查尔斯·林德布洛姆等传统多元民主主义者也转而强调经济平等、经济民主对实现政治民主的意义，以克服多元主义民主的困境。

---

❶ ［英］戴维·赫尔德：《民主的模式》，燕继荣等译，北京：中央编译出版社 1998 年版，第 77～78 页。

　　因此，西方经济民主思想自从产生起就同民主（政治民主）理论与实践不相分离，争取西方经济民主和经济平等同政治民主化过程齐头并进。经济民主思想的发展不断实现对自由主义民主理论与共和主义民主理论的超越，无论主张用经济民主来补充政治民主还是替代政治民主，都旨在实现真正的民主，不断丰富和发展了西方民主理论。从这个意义上来说，经济民主思想是民主理论的重要组成部分，其产生和发展是民主理论自身发展逻辑的产物。

（二）对经济不平等的现实批判是经济民主思想的逻辑线索

　　经济民主思想在不同历史时期呈现不同的历史形态和观念主张，但对经济不平等的经验批判是经济民主思想的内核和线索，其产生和发展也反映了政治与经济相互影响、相互渗透的过程。早在古希腊城邦政治时代，政治领域与经济领域还没有分开时，柏拉图和亚里士多德就发现了经济不平等对公民政治参与的影响，并主张通过城邦的政治安排来缩小贫富差距，实现经济公平。近代早期，卢梭认为私有制和财富占有不平等是一切不平等的根源，面对财富和权利的巨大不平等时，法律上的政治权利无法得到保障。因此，民主的政治意义和社会经济意义是融为一体的。早期经济民主更多是建立在"自由、平等"理念基础上的一种"经济平等"呼求，是对自由民主把民主严格限定在政治领域而忽视经济不平等影响的理论反驳。

　　18~19世纪，伴随着大规模工业生产的社会化，政治生活与经济生活相互渗透加强，政治民主与经济专制之间的对立成为资本主义难以调和的矛盾。"经济民主"是社会主义政治思潮向自由主义政治思潮发起挑战的核心概念。马克思主义从历史唯物主义高度，对经济生活做了政治分析，提出政治与经济是不可分的，经济具有政治性。他批判了资本主义生产领域的剥削关系，由于少数人（资本家）占有和支配大多数人（工人）的劳动，劳动者与自己的劳动产品和过程"异化"，丧失了人之为人的最根本的价值。因此，必须通过政治革命消灭私有制以及生产领域的剥削关系，实现劳动者自由平等联合协作和劳动成果共享。

　　费边社会主义者维伯夫妇最早提出了"工业民主"的术语，要求将政治领域的民主扩展到经济领域，在工业生产领域消除资本家的独裁地位，提倡用工业民主代替工业寡头，并与社会主义国有化联系起来，发挥国家在经济民主中的作用，提出消灭少数富人对广大穷人群众的专制是"社会主义者的主要目标"❶。在科尔看来，如果没有实质性的经济平等，政治权力的平等是不可能的，"投票箱构成的抽象民主"并不能实现真正的政治平等，由普选权所反映的公民之间的平等只是形式上的，它掩盖了政治权力实际上不平等分配的事实。他讲道："那些理论上的民主主义者，忽视了财富和地位重大不平等导致了教育、权力和对环境的控制方面的不平等的事实，这一事实对于任何一个真正的民主体系而言都是非常致命的，不管是在政治领域还是在任何其他领域。"❷ 德国社会民主党人甚至批判经济独裁而主张经济民主上升到经济宪法的形式，在1919年制定《魏玛宪法》时，首先在宪法中确立了"经济民主"的精神和原则。

19世纪末20世纪初，自由资本主义向垄断资本主义过渡，针对经济不平等日趋严重的问题，自由主义受到社会主义的影响，开始转向新自由主义。自由主义者密尔晚年更多地把自己当做一名社会主义者而不是自由民主主义者❸，已经意识到了收入、财富和权力的重大经济不平等遏制了大多数人尤其是工人阶级的充分发展，提出通过国家干预经济保障公民经济权利。霍布豪斯试图对自由主义和社会主义进行调和，主张扩大国家对经济领域的干预范围，特别是对经济福利民主分配的关注，重视国家在经济公平和平等中的作用，完成了自由主义向新自由主义的过渡。这种主张通过政治手段调节经济利益矛盾，以实现政治治理的目的。

20世纪，特别是20世纪中后期，随着资本主义市场经济的发展，经济在社会生活各个领域的基础作用广泛加强，经济不平等、经济全球化对代议制民主发出新的挑战，其合法性受到更大质疑。少数富人占有社会的多数财富，并由此控制着经济生活和政治过程，从而获得了更多的财富；大多数创造财富的劳动大众却在经济领域受到资本经济权力的限制和剥削，缺乏参与民主政治活动的机会和条件，被排斥在社会财富之外，经济不平等不仅仅表现为生产领域源于所有权不平等的资本与劳动者、雇主与雇员的矛盾，更表现为源于经济组织内部管理权与控制权不平等的管理者与被管理者之间、雇主与雇员之间，也表现为国家与民众之间经济权利的分配、贫富公民群体之间经济成果的分配甚至全球背景下穷国与富国之间经济资源的分配等，经济民主的内容和形式有了新的变化发展，经济民主不仅体现在生产领域，还扩展到投资、分配、消费等领域，更体现在工作场所、基层、地区、全国以至全球范围内的经济治理，经

---

❶ ［英］锡德尼·维伯、比阿特里斯·维伯：《资本主义文明的衰亡》，秋水译，上海：上海世纪出版集团、上海人民出版社2001年版，第4页。

❷ Cole, G. D. H., Guild Socialism Restated, London：Leeonard Parsons, 1920, p. 18.

❸ ［英］戴维·赫尔德：《民主的模式》，燕继荣等译，北京：中央编译出版社1998年版，第154页。

济民主思想的发展也面临新的挑战。但其核心主题仍是在国家与社会、政治与经济之间寻求和谐平衡。

（三）中西经济民主思想历史发展的逻辑和路径不同

从中西经济民主思想的历史演变比较来看，近代中国经济民主思想源于西方，西方多元性的历史渊源也对中国经济民主思想的产生和发展有着重要影响。中国经济民主思想的形成主要基于对前苏联社会主义模式与英美资本主义国家模式的反思，更加注重在探讨经济制度与政治制度的关系中强调真正民主的实现需要完成经济领域与政治领域民主的共同实现。中国在民主化进程中，更多地强调经济民主是政治民主的基础，没有经济上的民主就没有政治上的民主，希望通过不同经济制度模式的选择与创新实现经济民主，以期与政治民主并驾齐驱，达到真正民主的理想目标。因此，这段时期中国的经济民主思想更多地具有理想的设计论色彩，其历史发展遵循的逻辑是"理论—实践—理论"的路径。而当代中国立足于社会主义经济建设与民主建设的实际，把经济民主与政治民主看成民主化的共同目标，逐步形成了"实践—理论—实践"的发展路径。西方经济民主思想的演变建立在对现实经济生活不民主、不平等的批判基础上，更多的是西方民主思想传统自身发展的逻辑结果，是追求深度和广度民主的产物，更多强调经济民主对政治民主的补充。从经济民主思想的发展来看，一个基本特点就是从理论必然性到实践可行性，是在论证经济民主合理性的基础上构建经济民主实现的理想条件和程序。因此，它的路径和特点与中国不同，是遵循"理论—实践—理论"（结合时代特色应用理论）的发展路径。在实行社会主义公有制的中国，经济民主并不能自动实现，不同历史时期下人民内部仍然存在经济不平等的现实问题，西方经济民主思想可以为当代中国经济民主建设提供理论支持和思想启迪。

最后应当指出的是，经济民主思想如同其他任何事物一样，也是不断地处于发展之中的，而且这种发展具有交叉性、回复性的特点。所谓"交叉性"，也就是说其中某些主要代表人物是跨时代的，其经济民主思想是承前启后的。所谓"回复性"，就是指经济民主思想的发展不是绝对的取代，一种思想向另一种思想的演变绝不意味着前一种思想的消失。所以，在西方经济民主思想的历史发展问题上，对于各种经济民主思想流派及其代表人物的认识，我们不能过于机械地搞"一刀切"。与其他民主理论相比，经济民主研究尚缺乏统一的理论分析框架，其思想本身仍有待于进一步发展成熟。不管是民主社会主义还是新自由主义的经济民主思想，都不可能脱离自由主义这一西方政治思想传统，这是我们在理解西方经济民主思想时需要注意的。另外，从西方民主实践来看，发达国家经历了先政治民主后经济民主的历史发展，西方国家代议制民主和宪政法治相对完善，而我国代议制民主相对落后，如何吸收中西经济民主思想的合理内核，结合当前实际，实现创造性转换，是一项值得深入探究的课题。

第二章　经济民主概念内涵的思想

从国内外经济民主思想的研究现状来看，经济民主思想的理论体系还不够完善。但是无论作为一个分析概念，还是作为理论建构的基础，都必须首先建立在对经济民主最基本也是最抽象的概念界定上。经济民主的概念界定，影响着其后续的理论展开与逻辑体系。正如安东尼·阿伯拉斯特在其《西方自由主义的兴衰》中所指出的：任何一本从一般意义上讨论自由主义的书都是一本探究自由主义定义或概念的书。同样，对经济民主思想的研究首先要分析经济民主的概念。由于研究视角不同，经济民主论者在概念的文字表述、本质界定、内涵外延上都存在相当大的分歧甚至混乱，从而不利于经济民主思想的进一步研究和拓展以及构建具有现实解释力的经济民主理论框架。基于此，本章从经济民主的词源意义和中外思想界、理论界关于经济民主概念的界定两方面进行归纳、评述，以及对经济民主与经济专制、政治民主、工业民主、经济自由等概念进行含义辨析，最后试图从经济政治学视角总结和归纳对经济民主本质内涵的认识。

一、经济民主的词义溯源

当今世界，民主已成为人类社会共同的价值诉求。"经济民主"作为"经济"与"民主"两个概念的复合词，对它们各自的词源意义及其内在关联性的考察有助于理解经济民主概念的内涵。

（一）经济之源：人的正当需要的满足

何谓经济？在中国古代，"经济"一词出现较早。早在晋代，就有"识局经济"❶，"足下沈谶淹良，思综通练，起而明之，足以经济"❷。在古代汉语中，"经"作为动词意为"治"，作为名词意为"治理之常规"；"济"与"齐"相近。"经济"一词就是经邦济世、经世济民、经国济民，有国家合理理财、合理管理的意思，内容不仅涉及经济、财政，而且还广泛涉及政治、法

---

❶《晋书·纪瞻》。

❷《晋书·殷浩传》。

律、军事和教育等方面。❶ 古代中国的经济与政治是高度合一的，经济是国家的道德治理活动，是一种"治国平天下的艺术"。

在西方，"经济"一词源于古希腊文的 oikonomia，原意为家庭管理，最早见于古希腊著名哲学家色诺芬（公元前 430～355 年）所著的《经济论》。亚里士多德的著作《政治学》也沿用了"经济"一词，并赋予了它"谋生手段"的含义，是取得生活所必需的并且对家庭和国家有用的、具有使用价值的物品。❷ 色诺芬和亚里士多德认为："'经济'是正确理家的艺术：一方面，它包括履行有关婚姻、父母身份和奴役控制等共同体中的领导功能；另一方面，它也包括购置和管理财产（治产）。这里的领导功能不仅指组织生产过程，而且更重要的是指家庭共同体生活的广泛理想：家主应该把权利和义务告诉与家相关联的人们，并维护和执行这些权利和义务。而治产则应指出，为了满足自然的和日常的需要，必须如何创造和使用财产。"❸ 在此，"自然"不是生物学意义上的生存必需，而是指实现生活目的的需要。"根据古代的观念，并不是任何欲求都会导致经济的行为，只有被证明为是需要的欲求，即被社会认可的欲求才会导致经济的行为。"❹在古代思想家看来，经济应该意味着"这样组织生产，以使需要能够得到满足，而自然资源则不被过度消耗"，还意味着"交换应该是公正的"❺。也就是说，通过交换相互得到补充的只应是用于满足需要的和本身无法生产的。

尽管现代意义的"需要"与古代意义不同，但"经济"还是以尽可能广泛地满足需要（即欲求）为目的。"以自给自足为基准的古代欧洲的'家'失去了其作为经济行为在其中实现的机制框架的功能；以分工为基础的生产和普遍交换为指向的市场取代了这种'家'的位置。"❻亚当·斯密以理论概念的形式概括了这一发展。在斯密看来，市场经济内在地包含一种正义目的，具有一定的伦理道德倾向。当代经济学最流行的经济概念是由罗宾斯表述的定义，即把"经济"理解为"为满足需要而合理对待短缺的资源"❼。德国学者格贝尔认为："就纯形式而言，经济被理解为按理性原则行事的行为，始终按理性原则行事，就可以现有的稀缺资源来最佳地达到既定的目标。有时，理性原则

---

❶ 张卓元：《政治经济学大辞典》，北京：经济科学出版社 1998 年版，第 3 页。

❷ 同上。

❸ ［美］乔治·恩德勒等：《经济伦理学大辞典》，李兆荣、陈泽环译，上海：上海人民出版社 2001 年版，第 584 页。

❹ 同上。

❺ 同上。

❻ 同上。

❼ 同上，第 583 页。

在经济领域也局限于收益关系上，如节俭、盈利或生产率上。从物质上而言，经济被定义为'创造具有价值的事物'或者被定义为一切计划周密的，目的在于减少相对于人类需求而短缺的物品的人类行为总和。这个意义上的经济就是创造价值。"❶

在现实生活中，经济是一个多义的概念，但不管是经济行为还是具体生产、交换、分配活动，通过"经济"词源意义的考察可以发现，经济是以满足人的正当需要为出发点和目的，与经济利益的占有、获得、分配有关，体现了人的本性以及人与人之间的社会利益关系，人在经济生活中处于主体地位与享有主体权利，正当需要能够得到满足，那便是经济民主。

（二）民主之本：人民主权

在西方思想史上，"民主"作为一个古老的术语，一直占据着重要位置。民主的词源学定义很简单，它首先是个政治概念，由古希腊文"demos"（意为"人民"）与"kratia"（意为"权威"和"统治"）结合而成，自公元前5世纪以来，民主的经典定义即"人民的权力"或"人民进行统治"❷。自16世纪时由法语引入英语，民主在英语世界中的含义就一直是"人民统治"或"人民主权"（rule by the people）。更准确地说，民主最原始、最简单的含义就是由全体公民共享公共权力，平等参与国家治理。

民主作为一个古老的术语，看似语义明确，但实际上是政治思想史上最混乱和歧义的概念之一。因为"民主"这个术语对以下问题的回答是模糊不清的：谁才能被认为是"人民"？对统治的范围应当如何作广义的或狭义的解释？或者说，什么是民主活动的适当范围？如果说"统治"包含政治，那么它的含义是什么？它是否包含其他领域如经济或社会？……在西方民主思想的漫长历史中，人们根据自己的时代背景和时代精神对这些问题作出了自己不同的回答，造成纷繁复杂的民主景观，民主也从古希腊时期的"坏字眼"逐渐演变成现代社会的"好东西"，这无不让现代民主理论家感慨万分。正如英国学者Keith Graham所言："18世纪以前，每个人对民主是什么都有一个清晰的概念，但很少有人拥护它；而现在的情况正好相反：每个人都拥护它，而对民主到底是什么却不再有那样清晰的概念了。"❸ 美国著名民主理论家萨托利也指出："在20世纪40年代以前，人们一直知道什么是民主，或喜欢它，或反对它，

---

❶ ［德］格贝尔：《经济伦理学》，载《现代外国哲学社会科学文摘（沪）》1993年第6期，第43页。

❷ ［英］戴维·米勒等英文版主编：《布莱克维尔政治学百科全书》（修订版），邓正来中译版主编，北京：中国政法大学出版社2002年版，第200页。

❸ Keith Graham, The Battle of Democracy, Wheatsheaf Books Ltd., 1986, p. 1.

但后来大家虽然都声称喜欢民主，却不知道（理解、一致同意）什么是民主了。我们生活在一个民主观混乱的时代里。"❶ 萨托利甚至将雅典这个"民主圣地"视为"恐惧之国"："假如我们某个早晨醒来时已置身于古代雅典，我们可能会发现那里的民主是侵略成性（要远甚于我们的竞争性市场社会）、令人窒息和不安全的（就我们早已习惯的个人权利而言）；此外，我们肯定不会免于政治恐惧。"❷ 尽管如此，萨托利还是对民主的内涵做了明确的说明：（1）民主的理想不能够界定民主的现实，反过来说，现实中的民主不是也不可能会同理想的民主一样；（2）民主是从其理想和现实的相互作用中，并从应然的推动力和实然的抗拒力的相互作用中产生和形成的。❸ 民主具有理想性和现实性两方面的特性：从理想的角度来分析，民主是一种理念、一种价值；如，在《牛津英语词典》中，民主意味着"由人民统治"。从经验描述的角度来分析，民主是一种政府形式和程序，与专制政体或独裁政体相对。《布莱克维尔政治学百科全书》对"民主"的两方面含义作出了解释："古老的政治用词，意指民治的政府，源于古希腊语 demos（民众的）统治。在现代用法中，它可以指人民政府或人民主权，代议制政府及直接参与政府；甚至可以指（不太确切的）共和制或立宪制政府，也就是说法治政府。"❹

西方近代以来，"民主"概念的演变源于与"自由"的关联与冲突。自由主义的核心目标是把政治从宗教控制和封建专制政治中解放出来，构建市民社会。尽管自由主义与民主主义在坚持法律面前一律平等、反对一切法律特权上是一致的，但在立宪自由主义的早期发展阶段"自由"并未同"民主"联姻，自由与民主在西方的融合经历了长期的历史实践。自由主义者的捍卫者大多数出于对自己的财产权的担心而害怕民主，在他们看来，民主并不是个好东西，它可能导致"多数的暴政"，侵犯少数个人权利，而这恰恰是他们所要极力反对和防范的。18 世纪末，自由主义在为避免个人权利遭受国家权力侵害而寻求理想的政府形式过程中，设计了作为国家形式的民主，并赋予了"民主"一词新的含义，同时用"自由"为民主设置障碍，不仅对专制的权力进行制约，对民主的权力也实行制约。民主的最大威胁来自公共权力的无限权威，因此，必须为公共权力规定一个明确的和固定的界限，把它限定在"公共领域"内，与此相适应，划分出一个不受政治权威与社会干预的私人生活领域，强调

---

❶ ［美］乔·萨托利：《民主新论》，冯克利、阎克文译，北京：东方出版社 1998 年版，第 7 页。

❷ 同上，第 444 页。

❸ 同上，第 9 页。

❹ ［英］戴维·米勒等英文版主编：《布莱克维尔政治学百科全书》（修订版），邓正来中译版主编，北京：中国政法大学出版社 2002 年版，第 202 页。

个人自由，崇尚个性，限制民主的无限权威，反对国家干预经济，崇尚自由市场秩序。而民主主义者不同，其主要关注国家所产生的规范和内容，希望行使权力而不是监督权力，主张国家干预经济，保护公民的平等权，实现财富的平等分配，平等是民主主义的主要关怀。两者的基本差异在于"自由主义以个人为枢纽，民主则以社会为中心"❶，尽管它们之间始终存在张力和冲突，但到 19 世纪，西方早期民主国家基本确立了自由主义的宪政民主（或称代议制民主）作为民主的实践形式，民主成为一种实现自由的手段，"为民主而战，在历史上，就是为自由而战"。

古典民主在不知不觉中被置换为自由民主：民主不再被理解为民众的直接参与，而是通过选举的代表来治理；民主不是多数人的统治，而成为制约公共权力的方式，是一种不受独裁控制的制度。它不允许独裁累积权力、肆意横行，而是寻找一个限制国家权力的方法。❷民主甚至不是人民的统治，而是"政治家的统治"❸。正当西方自由民主宪政国家开始为"民主化浪潮"欢欣鼓舞时，资本主义经济社会不平等问题日益凸显，自由、平等、民主三者的一致关系发生破裂：少数有产者享有财富和经济控制权，大多数无产者却遭遇贫困、异化、不平等，威胁了民主的政治自由和政治平等原则。如何使人类摆脱经济枷锁和不平等，获得真正的自由和平等，就成为工业革命以来从社会民主主义到马克思主义西方先进思想流派的奋斗目标。在对西方自由政治民主进行批判的基础上，其纷纷提出经济民主和经济平等是实现全社会所有人真正平等和自由的前提和基础。直接结果是，在资本主义与社会主义意识形态之争中，民主自然地与社会主义结缘。20 世纪以平等为核心的民主主义或社会民主的吁求越来越高于自由主义民主，对公民社会经济权利的保障成为民主的重要内容。

从现代意义上说，民主概念的两种使用和解释都必不可少，但问题是，两种民主的含义承载在"民主"这个古老的术语下难道没有什么共同接受的核心内涵吗？回到民主的词源意义上，可以探寻这一词汇最朴素同时也是最核心的含义。正如安东尼·阿伯拉斯特所言，尽管民主的定义纷繁复杂，但所有"民主"定义的根基，不管是明确还是复杂的，都存在大众权力的理念，存在于权力以及可能也包括权威依赖于人民这样一种形势。权力或权威通常被认为

---

❶ ［美］乔·萨托利：《民主新论》，冯克利、阎克文译，北京：东方出版社 1998 年版，第 392 页。

❷ ［英］卡尔·波普尔："自由民主与开放社会"，转引自刘军宁：《民主二十讲》，北京：中国青年出版社 2008 年版，第 142 页。

❸ ［美］约瑟夫·熊彼特：《资本主义、社会主义与民主》，吴良健译，北京：商务印书馆 1999 年版，第 357 页。

是政治性的，因此，它经常采取人民主权的理念——人民是最终的政治权威。但是民主不是一个狭义的政治概念。民主并不总是象征政府的一种形式或者选择政府的一种形式：它可以是一个应用于整个社会的术语。❶ 他指出，在任何合理的"民主"概念中，人民是一个必要的关键因素。说一个国家或者政府或者社会确实是民主的或者"在最后分析意义上"是民主的，任何一种声明都必须包括这样一个含义，即关注中的政府、政体或国家在这个或那个角度上是服务于或代表人民的。❷ 激进民主理论家道格拉斯·拉米斯也认为民主是人民的统治，是人民的自我治理。它指的是人民拥有主宰自己生活的权利这样一种状态，但是逐渐被重新定义为一系列的方式、手段、制度、思想等，仅仅是因为这些内容帮助人民赢得和拥有了这一自我治理的目标。正如道格拉斯·拉米斯所言："我们应将这个词从那些行使国家权力的人手中夺回，将它归还给人民。我认为，不应该将民主看做一个已经建立的制度性的权力体系，而是应看做'一项还有待实现的承诺'。"❸ 民主不是一个"体系"，或者一揽子制度，而是一种存在状态，向民主的转变就不是一种制度创立，而是一种"状态转变"。爱德蒙·摩根（Edmund Morgan）也曾表明，"人民主权"是一个"动态的理想"，"它虽然永远不可能完全实现，但值得永远追求"❹，因为它能够激励人们不断改进现状，使各种现实的制度安排依据人民大众的利益来调整和变革。

因此，人民主权是民主最本源的意义，其精髓正如林肯所谓的"民有、民治、民享"（of the people，by the people，and for the people）。从经济上来说，人民主权必然挑战富人的财产权和经济不平等。可以说，民主之所以成为一种价值目的，无不与人的利益相关，从根本上来说，人民主权就是公意，是以公共利益为依归的永远公正的东西❺，它能够给大多数人带来"好处"。如果没有大众化权力的理念内涵，人民不能参与公共事务的治理，人民主权不能落实到人民利益和福祉方面，主权原则就会被架空、被抽空。不论是以权力制约权力还是以权利制约权力，民主本质上都是追求大多数人的利益，是实现社会经济正义的保障，没有民主就不可能有社会经济正义。正如同美国基督教现实主义神学家莱茵霍尔德·尼布尔（Reinhold Niebuhr）作出的深刻解析："人有一

---

❶ ［英］安东尼·阿伯拉斯特：《民主》，孙荣飞等译，长春：吉林人民出版社 2005 年版，第 13 页。

❷ 同上，第 14 页。

❸ ［美］道格拉斯·拉米斯：《激进民主》，刘元琪译，北京：中国人民大学出版社 2008 年版，第 143 页。

❹ Edmund Morgan. Inventing the people：The rise of popular sovereignty in England and America，w. w. norton，1988，p. 55.

❺ ［法］卢梭：《社会契约论》，何兆武译，北京：商务印书馆 2009 年版，第 35 页。

种不正义的倾向，所以民主是必要的，人有一种正义的倾向，所以民主是可能的。"❶ 只有把人与人的权利关系以及利益关系当做民主理论的出发点，并把制约公共权力、保障人民权利作为民主的内容，才能形成符合时代特色的人民主权理念并转化为民主的实践。

综上所述，无论是"民主"的古典逻辑还是历史现实，民主都蕴含大众化权力的理念，民主即人民主权、人民当家做主；但民主不是一个狭义的政治概念，而是可以运用于整个社会的术语。言下之意，民主不仅有政治的内涵，也有经济的内涵。正如罗伯特·费默尔所言，"民主什么也不是，就是大众的权力"，"真正的民主意味着把实际的政治经济权力让给大众"❷。因此，民主是一项正在进行的工程，而不是一项已然安全达成的成就；我们需要的不是捍卫民主，而是创造（扩展）民主。❸ 民主外延的扩展意味着可以被顺理成章地广泛运用于社会各个领域，不仅可以用来描述政治体制，而且还可以用来描述其他社会体系❹，由此衍化出"社会民主"、"经济民主"、"文化民主"、"家庭民主"等词所组成的一个庞大的民主家族概念体系。沿着民主的本源意义，我们可以推导出经济民主的一系列具有维特根斯坦所谓的"家族相似性"的价值内涵，其中人民主权、人民大众共享经济权利是其最基本的内涵。

（三）经济民主的词源意义：从工业民主到经济民主

从词源意义上来看，"经济民主"作为一种语言实践和术语在中西方都得到了认可和使用，但对经济民主概念内涵的解释有着巨大的差异。

学界一般认为西方经济民主的概念是在工业民主概念的基础上扩充和发展而来的。美国政治学家李普塞特主编的《民主百科全书》将工业民主界定为"民主在工人生活中的运用"，最早可以追溯到 18 世纪末法国大革命时期，它主要是针对当时政治民主的缺陷而产生的一种民主思想。❺ 从词源上来看，作为正式术语的工业民主（industrial democracy），是费边社会主义重要倡导者、英国工党执政时期的重要政论家锡德尼·维伯（Sidney James Webb）在 1897年与其夫人比阿特里斯·维伯（Beatrice Webb）合著的《工业民主》❻ 一书中率先提出的。《工业民主》是维伯夫妇撰写的有关工会运动的经典性分析著作，通过独立的、合法化的工会组织，工人对工业关系的影响能够得到最大限

---

❶ 刘梦溪：《中国现代文明秩序的苍凉与自信》，北京：中华书局 2007 年版，第 73 页。

❷ 黄文扬：《国内外民主理论要览》，北京：中国人民大学出版社 1990 年版，第 471 页。

❸ E. H. Carr, The New Society, London：Macmillan, 1951, p.76.

❹ Barry Holden：Understanding Liberal Democracy, Harvester Wheatsheaf, 1993, p.2.

❺ Seymour M. Lipset（ed.）, The Encyclopedia of Democracy, London：Routledge, 1995, p.603.

❻ Webb, S. and Webb, B., Industry Democracy, London：Logman, 1897.

度的发挥。维伯夫妇认为工业民主就是在工业领域和全国范围内通过由工人选举产生的代表组成的工会与资方合作建立集体协商制度参与决策，同时通过专业的职业代表组成经济委员会参与经济决策。后来，通过宏观上发挥国家的调控作用，消灭"比较小的富人阶级对广大穷人群众的专制"❶，实现真正的自由和平等。可见，早期工业民主代表着从工业基层民主到经济民主和宏观政治民主在内的自下而上的完整制度规划。

经济民主的概念是随着欧洲民主社会主义经济改良理论和实践的历史发展而形成的。早在 1919 年，德国社会民主党人制定的《魏玛宪法》中就确立了"经济民主"的原则。1951 年社会党国际第一次代表大会在通过的原则声明《民主社会主义的目标与任务》（也称《法兰克福声明》）中，明确地把经济民主作为民主社会主义的重要任务和目标之一。《简明不列颠百科全书》在作为正式收录的"民主"词条中就这样谈道"经济民主"："字面上的意思是人民当家做主，但现代使用这个词时，有以下几种不同含义：（1）由全体公民按多数裁决程序直接行使政治决定权的政府形式，通常称为直接民主；（2）公民不是亲自而是通过由他们选举并向他们负责的代表行使政治决定权的政府形式，称为代议制民主；（3）在以保障全体公民享有某些个人或集体权利（如言论自由和宗教信仰自由等）为目的的宪法约束范围内，行使多数人权力的政府形式（通常也是代议制民主），称为自由民主或立宪民主；（4）任何一种旨在缩小社会经济差别（特别是由于私人财产分配不均而产生的社会经济差别）的政治或社会体制。即使政治制度从前三种的任何一种含义看不是民主的，最后这种民主仍可称为社会民主或经济民主。"❷ 这把经济民主与直接民主、代议制民主、自由民主三种民主并列在一起，甚至与社会民主等同，经济民主作为一种语言实践和术语得到了承认和使用，并且指出了经济民主作为一种制度安排的内容和目标。

然而经济民主还没有成为一个规范的政治学概念。国内外介绍政治学理论和政治制度的权威百科全书——《布莱克维尔政治学百科全书》中还没有专门介绍"经济民主"的词条，但在"工业民主"❸ 词条中把"经济民主"、"工人自治"、"合作管理"等作为其相似的词义。工业民主具有相互冲突的含义，虽然几乎没有发生公开与民主唱反调的定义，但工业民主这样具有弹性的

❶ ［英］锡德尼·维伯、比阿特里斯·维伯：《资本主义文明的衰亡》，秋水译，上海：上海世纪出版社集团、上海人民出版社 2001 年版，第 4 页。

❷ 《简明不列颠百科全书》编辑部译编：《简明不列颠百科全书》（第 6 辑），北京：中国大百科全书出版社 2005 年版，第 5 页。

❸ ［英］戴维·米勒等英文版主编：《布莱克维尔政治学百科全书》（修订版），邓正来中译版主编，北京：中国政法大学出版社 2002 年版，第 378～379 页。

特定词汇所包含的内容是形形色色的，这一点可以清楚地见诸于下述事实，表示工业民主的众多概念或为工业民主的同义词，或为工业民主这个概念的组成部分。这些概念包括"联合管理"、"雇员参与"、"工人控制"、"自我管理"、"自治共同体活动"等。工业民主是一种用来调整劳资、雇主与雇员、管理者与被管理者权益关系的制度安排，把经济民主与微观的不同制度实现形式等同起来，显然与早期工业民主的概念内涵不同。

在中国，近代以来"经济民主"一度成为思想界关注的一个重要概念。就目前掌握的资料来看，"经济民主"这一概念在中国思想界最早出现在1937年抗日战争爆发前夕发表于《北平晨报》的一篇名为"政治民主与经济民主"的社论中。在抗日战争胜利之后，"经济民主"概念才开始频见报端，也成为学术界和理论界关注的重要话题。这在第一章对我国经济民主思想的历史发展的阐述中已有说明，这里不再赘述。

在领导中国新民主主义革命和社会主义建设中，党的领导人毛泽东、邓小平也多次提到"经济民主"，特别是邓小平在1978年12月13日中央工作会议上发表的《解放思想，实事求是，团结一致向前看》的讲话中，多次提到"经济民主"这个概念，指出"毛泽东同志历来提倡我们军队要实行政治、经济、军事三大民主"，"经济民主很值得注意"[1]。针对计划经济体制的弊端，他说："我想着重讲讲发扬经济民主的问题。现在我国的经济管理体制权力过于集中，应该有计划地大胆下放，否则不利于充分发挥国家、地方、企业和劳动者个人四个方面的积极性，也不利于实行现代化的经济管理和提高劳动生产率，应该让地方和企业、生产队有更多的经营管理自主权。"[2]

可能正是由于党的领导人重视，《辞海》中专列了"经济民主"辞条，沿用了毛泽东"三大民主"的说法，包括经济民主、政治民主、军事民主。"政治民主是官民政治平等，军官尊重士兵的民主权利，士兵可以对军官提出建议。经济民主是指连队军人委员会协助管理和业余农副生产，监督经济开支，防止贪污浪费。"[3]

1993年武汉大学出版社出版的《人权大辞典》对"经济民主化"[4]作了解释："经济民主化意指经济行为决策权的分散化。其包括三方面的内容：一是私人经济行为决策权的分散化；二是企业内部经济行为决策权的分散化；三是国家财政支配活动中地方财权和事权的扩大程度。"一国或一个地区的经济

---

❶　《邓小平文选》（第2卷），北京：人民出版社1994年版，第83页。

❷　同上，第145页。

❸　《辞海》（第6版），上海：上海辞书出版社2009年版，第1926页。

❹　刘复之：《人权大辞典》，武汉：武汉大学出版社1993年版，第167页。

民主化程度如何取决于多方面因素，既有上层建筑方面的影响，也有经济基础方面的约束。从总体上决定某国或某一地区的经济民主化程度主要有如下几点：一是该国或该地区的生产资料所有制结构；二是该国或该地区的政治民主化程度；三是该国或该地区社会分工的细化程度；四是该国或该地区的经济管理模式。经济民主化过高或过低都不利于促进生产力的发展，适度的经济民主化是一种理想模式。因为经济民主化过高，一方面容易使个人或企业的生产经营盲目性不断加剧，从而破坏宏观经济平衡发展格局；另一方面则会导致个别企业或个人在追求私利的过程中损害公众利益。而经济民主化过低，则会压抑个人或地方生产经营的积极性，使经济行为决策偏离最大限度地满足公众需要的轨道。这种对经济民主化的阐释主要针对当时中国的经济主体——个人、企业、地方自主权缺乏的实际，大致沿用了邓小平对经济民主的解释，从经济自由意义上对其进行了阐释，是经济民主在经济主体决策行为中的内容表现，但在外延和内涵上都还没有概括经济民主的本质内涵。

二、经济民主的概念界定

经济民主作为一个概念最早出现于何时，我们可能无从得知，因为历史无法还原，资料也无法穷尽，根据目前收集的文献，本书主要从语义学的角度即学术界和理论界是如何运用以及在什么背景下使用这一概念出发，对中外经济民主概念进行专门梳理，以求解思想界和学术界使用经济民主概念的历史背景，从中探求经济民主概念的本质内涵。国内外学界对经济民主的定义和内涵没有达成统一的认识，正如著名民主理论家萨托利所说："经济民主至今仍是一个内容过于含混的名称……成了一个放浪形骸的概念"，"它是一个多义的概念，因而最终成为一个无从捉摸的概念"❶。经济民主的内容过于含糊，本质模糊不清，形态多种多样。有的称为"工业民主"或"工厂民主"；有的把经济民主等同于各种形式的"雇员所有制"或"企业民主"；有的称"工人自治体制"或"经济民主社会主义"。经济民主概念源于西方，与西方思想界相比，我国对于经济民主的研究总体上相对滞后，关注不够；但在中国学界经济民主也得到了广泛运用，有学者从经济学视角把"社会主义公有制"等同于经济民主，从经济法视角把经济民主理解为"经济公平"等。下面将主要对经济民主概念的几种代表性观点进行阐释。

---

❶ ［美］乔·萨托利：《民主新论》，冯克利、阎克文译，北京：东方出版社1998年版，第10～11页。

（一）工业民主说或企业民主说

西方许多学者从工业民主意义上使用经济民主，将经济民主与工业民主、工厂民主等同。从上述对经济民主的词源分析来看，西方经济民主的概念是在早期工业民主基础上扩充和发展而来的。后来，工业民主的理论与实践普遍放弃了维伯夫妇设计的上层建筑，工业民主越来越被限制在工厂和企业内部，具体指工人参与企业组织、管理、决策等事务，工人自治甚至成为工业民主的代名词。萨托利也从管理形式的角度认为，从工业民主的意义上来说，经济民主"更多地指劳动者对经济的控制。在这方面可以说，经济民主是由经济生产过程的控制权的平等构成的"[1]。也有不少学者把经济民主等同于各种形式的"雇员所有制"或者"企业民主"[2]。

美国著名政治学家罗伯特·达尔也是从工业民主意义上定义经济民主概念的。达尔在 1985 年推出《经济民主理论的前言》，从政治学的角度对经济民主作出了最强有力的阐释。从整本书来看，虽然以"经济民主"（economic democracy）作为书名，但达尔并没有直接给经济民主下个明确定义，甚至很少直接提到这个概念。然而经济民主概念的内涵在他那里是非常明确的，他强调把政治民主程序和过程运用于经济领域特别是经济企业内部治理，通过经济民主实现经济领域自由、平等、民主的理想统一。"自治企业体制"（a system of self - governing enterprises）[3]是他提出的一个核心概念和术语，其内涵与已有的工人合作社（workers' cooperatives）、工业民主（industrial democracy）、工厂民主[4]（workplace democracy）等相似，意指"一种新型的集体所有和由经济企业内公民总体民主治理的企业制度"，通过民主自治，每个企业作出的决策将尽可能地符合民主程序和过程的标准，以保护企业公民的政治自由和基本政治权利，自治企业的一个重要特点是它满足了平等投票的原则即企业的雇员作为企业公民一人仅一票的原则，以取代现行的法人资本主义[5]（corporate capitalism）经济体制，是实现经济民主的制度形式。达尔对经济民主概念的定

❶　[美]乔·萨托利：《民主新论》，冯克利、阎克文译，北京：东方出版社 1998 年版，第 11 页。

❷　M. A. Lutz and K. Lux, Humanistic Economics, New York：Bootstrap, 1998；George Benello et al., Buiding Sustainable Communities, New York：Bootstrap, 1989.

❸　Robert A. Dahl, A Preface to Economic Democracy, Berkeley：University of California Press, 1985, p. 91.

❹　学界很多人认为"workplace democracy"（工厂民主）是达尔对经济民主的定义，甚至认为这个概念是他提出的，其实不然，它只是达尔对参与民主理论把民主扩展工作场所的描述。参见 Robert A. Dahl, A Preface to Economic Democracy, Berkeley：University of California Press, 1985, p. 88.

❺　Robert A. Dahl, A Preface to Economic Democracy, Berkeley：University of California Press, 1985, p. 91.

义遵循了他对民主概念定义的基本方法，强调"作为一种理想制度的民主与已被视为不完美的近似于一种理想的制度安排之间的区别"❶。而"经济民主"就是达尔使多头政体更加民主而提出的一个概念，更多地强调民主程序和过程在经济领域的运用，而经济民主的实现主要是通过微观领域的一种集体所有并由工人控制的"自治企业体制"。自治企业体制是达尔对经济民主实现形式的创新，它虽然不会消灭公民之间相互冲突的利益、目标、观点和意识形态，但可能减少企业公民的利益冲突，给予所有公民在治理国家时维持政治平等和民主体制更为平等的权利，并且促使公民在公平标准上达成一种更强有力的共识。❷

虽然现代意义上的工业民主是经济民主在微观领域的重要表现形态或存在方式，但如果将经济民主完全等同于工业民主，并仅仅限制为工厂和企业内部的工人参与企业组织、管理、决策等活动，把经济民主的客体范畴仅限于企业内部劳资之间工资与利润的矛盾，将广泛的社会经济利益关系排除在外，而忽视经济民主受资本所有制、财产权与劳动权等因素的广泛限制，就既不足以概括经济民主的本质，也不足以体现经济民主概念的外延，会大大限制经济民主概念的适用范围和现实解释力。

（二）经济权力（福利）共享说

这种观点认为，经济民主就是经济领域的"人民主权"，是一种致力于经济权力平等分配和经济福利共享的制度安排。不少学者从民主的词源意义即人民的权力出发，给经济民主下了定义。典型代表为塔基斯·福托鲍洛斯、Arman Arayik Grigoryan。

希腊激进民主理论家塔基斯·福托鲍洛斯在《当代多重危机与包容性民主》一书中，基于民主的古典含义对经济民主进行了明确而详细的定义。他坚信，在政治层面，民主只有一种形式，即由人民自己行使主权，这是一种排斥任何"统治"形式并使所有公民平等地分享政治权力制度化的社会制度。他认为现代的民主概念与古希腊的民主概念几乎没有任何关系，对"民主"这一术语添加形容词又进一步混淆了民主的含义。"有资格置于民主之前的形容词只能是那些将其经典含义扩展到经济或更广泛的社会领域的词汇"❸，他

---

❶ ［美］罗伯特·达尔：《多头政体——参与和反对》，谭君久、刘惠荣译，北京：商务印书馆2003年版，第18~19页。

❷ Robert A. Dahl, A Preface to Economic Democracy, Berkeley：University of California Press, 1985, p. 110.

❸ ［希］塔基斯·福托鲍洛斯：《当代多重危机与包容性民主》，李宏译，济南：山东大学出版社2008版，第163页。

提出了"包容性民主"概念，用来表明将民主的古典概念延伸到社会、经济和生态领域，经济民主是包容性民主的重要组成部分。

福托鲍洛斯批判了自由主义者、社会主义者和绿色经济学家对经济民主的定义，"要么过于笼统，要么过于特殊，要么两者兼有"，认为对经济民主的定义意味着要废除经济权力本身。"如果我们把政治民主界定为政治领域的人民主权——它意味着政治权力平等分配意义上的政治平等，那么经济民主就是经济领域的人民主权——它意味着经济权力平等分配意义上的经济平等。当然，我们所讨论的是人民，而不是国家，因为国家的存在意味着公民机构与政治和经济过程的分离。因此，经济民主与能够将社会与经济整合在一起并使之制度化的社会体制相关。""经济民主可以被理解为：通过公民直接参与经济决策和决策的实施过程，确保经济权力在公民中平等分配的一种经济结构和过程。这意味着在生产资料人民所有的制度框架中，经济过程最终由人民来控制"❶。其主要特征是"明确地以没有国家、没有金钱、没有市场的经济为前提，这种经济预先排除了私人财富的积累和某些部门特权的制度化，同时无须依赖一个虚构的、充裕的后短缺状态，也不必牺牲人们选择的自由"❷。它是一种致力于经济权力平等分配的制度框架：一是经济决策及其实施过程由人民直接参与和由人民平等控制，不存在制度化的具有寡头性质的经济过程；二是宏观经济体制应该是生产资料人民所有制，不存在孕育经济权力关系不平等的经济结构。福托鲍洛斯认为包容性民主意味着传统公共领域向政治领域之外的领域延伸，包括经济、生态和社会领域，市场经济的出现和民族国家的建立使得经济从私人领域向汉纳·阿伦特指称的"社会领域"转移，这种转移使得任何不涉及经济权力问题的民主讨论都变成了空话。"如果不以经济权力的平等拥有为条件，那么讨论如何平等地分享政治权力问题就是毫无意义的，是一种欺骗。"❸ 在这个意义上，经济民主是直接民主在经济领域的运用，与政治民主相互补充，是包容性民主（包括政治民主、经济民主、社会民主、生态民主）的基础。

由此可见，与经济民主的其他定义不同，他的定义把握了经济民主的本源意义，经济民主就是经济领域的人民主权，本质在于强调人民是经济民主的主体，人民平等享有经济权力，描绘了一幅经济民主的美好图景。但这一经济民主概念的周延性不强，把经济民主的实现建立在消除国家、市场、私人资本的

---

❶　[希] 塔基斯·福托鲍洛斯：《当代多重危机与包容性民主》，李宏译，济南：山东大学出版社2008版，第165页。

❷　同上，第168~169页。

❸　同上，第167页。

基础上，所有公民直接参与经济治理，这就否定了经济民主概念和实践的历史性和现实性，具有很大的乌托邦色彩。

如果说福托鲍洛斯主要从宏观和微观两个层面进行理想建构，那么亚美尼亚学者格雷格言（Arman Arayik Grigoryan）则更注重从中观现实层面对经济民主概念进行界定。在 2007 年发表的《经济民主理论的新进展》一文中，他基于民主就是人们之间权力配置的认识对经济民主概念进行了界定。在他看来，20 世纪经济民主实践的失败，如前苏联的计划经济、南斯拉夫的工人民主、英国煤铁重工业的国有化运动、法国社会民主银行国有化运动、瑞典的职工工资基金运动，传统意义上经济民主被看做"剥夺私人的经济权力转而由集体负责任地、民主地控制"，它是以牺牲效率为代价的。因此，"一种理论上可以接受、可欲的并在实践上可行的经济民主概念必须再次履行（效率）承诺，经济民主是能够与经济效率相容的"[1]。理想上来说，"如果一个经济共同体使每个人都拥有足够并且不多也不少的收入满足基本的需求，并且平等地分配收入，我们就说经济权力被民主地分配了"[2]。但现实中，达到效率和平等平衡的理想经济民主是不存在的。他把经济权力分为两种：一种是自主地决定自己生活的权力——自主权；另一种是影响他人决策的权力——支配权。根据收入和财富划分为富人、穷人、中产阶级三类人。富人由于巨额的财富，不仅拥有自主权，而且垄断控制权。穷人没有足够的经济资源自主决定经济生活，更没有控制权。中产阶级拥有满足自身需要的经济资源（收入、财产），能自主决定自己的生活，但财富没有剩余，还不够支配他人的生活，即没有控制权。针对这种经济权力不平等分配的现实，他把经济民主界定为"一种在人们之间重新分配经济权力以减少经济不平等的方式和手段，从而使民众不是通过选举代表而是直接分享经济权力"[3]。格雷格言从理想和现实两个方面把经济民主描述为经济权力的平等分配，在一定程度上涉及经济民主的本质内容。他认为经济民主是通过在穷人、中产阶级、富人之间重新分配经济权力来实现人民大众经济利益自主性的一种制度安排，其目的是使人民大众能够自主地决定经济事务，不受强势群体（富人）支配。

当代不少国外学者也开始关注全球化背景下发展中国家与发达国家的经济不平等问题，提出"经济民主"概念，反对大公司和大国经济控制。新加坡学者 Dhanjoo N. Ghista 在《社会经济民主与世界政府》一书中指出，民主意味

---

[1] Arman Arayik Grigoryan, The New Approaches in the Theory of Economic Democracy, The international journal of Applied Economics and Finance 1（1）：1，2007，p. 3.

[2] Ibid.

[3] Ibid. , p. 1.

着通过选举选择各种职业的代表参与政策制定，根据每个人对社会的贡献和价值公平分配经济福利。因此，"社会经济民主"意味着"普通民众能够参与经济发展并且共享社会经济福利，同时能够通过选举的代表实现社会经济治理的制度安排"❶。"社会经济民主"的实现是集体资本主义（collective capitalism，CCP）体制和公民职业性自治治理（civilian professional governance，CPG）体制两个部分的有机结合。由所有合作社成员参与收入创造和利润共享的集体资本主义体制不只是致力于物质财富的全面增长（基于知识为本的经济，而不只是资本和产品为本的经济），更致力于最大限度地发挥每个人的潜能和实现每个人的发展，有利于消除资本主义和社会主义的意识形态混乱和种族阶层歧视，实现真正的协调式"合作型经济发展"。而社会经济民主职业治理体制是一种真正以人为中心的民主治理体制，将消解政党和政治家的作用，从而使民主选举的政府及其治理者都能为社区及其成员福利服务，"经济利益应该根据个人对社会的贡献价值大小公平分配❷"。在微观制度上，它是一种经济和社会领域广泛合作的基层组织制度，由参与和共享利润的公司、不同工作场所的专业协会组织、社区成立的居民委员会三部分构成。共同体的公民通过这些组织参与公共决策，从而实现社会经济民主与政治民主齐头并进。从这个意义上来说，社会经济民主对政治民主有促进作用。此外，社会经济民主秩序还包括一个由（社会经济集团）SEBs、（社会经济区域）SEZs、（区域联合）RFD以及世界政府构成的新全球秩序，实施以人为本的新人道主义的社会经济政治体制。与许多西方学者不同，Dhanjoo N. Ghista从发展中国家的现实出发，认为经济民主的本质就是以人为本，普通民众在经济利益上具有自主性和主体性，具有参与经济发展创造社会财富和共享利润的平等机会，以实现每个人的全面发展。经济民主包括从微观工厂民主到中观公民职业性、"功能性"自治再到宏观与其相配合的政治民主甚至世界民主的完整制度构想。

美国政治经济学家J. W. 史密斯（1999年所著《经济民主：21世纪的政治斗争》英文版，到2005年为止已四次再版，另一本书《经济民主：世界和平与繁荣的伟大战略》英文版也发行几版）也是基于国际经济政治的视角，但与Dhanjoo N. Ghista关注的问题不一样，他把经济民主看成经济全球化背景下反对大公司和大国经济控制的"一种更多合作与民主的资本主义"，实质是

❶ Socio - economic democracy and the world government：collective capitalism，depovertization，human rights，template for sustainable peace，Singapore：World Scientific Publishing Co. Pte. Ltd. 2004，p. 163.

❷ Ibid.

"实现全世界普通大众的广泛人权和政策制定有利于广大民众而不是少数权贵"❶。因此，经济民主意味着消除经济权力的垄断，实现全世界生产者和消费者地位的平等，实行更公平的财富分配，以消除世界范围内贫困和不平等，其实质是保障平等人权，消除特权和垄断。

上述对经济民主概念的界定，尽管对经济民主的范围界定不同，包括从企业、地区、国家甚至到全球，但都在一定程度上涉及经济民主的本质内容，经济民主就是经济领域的人民主权，人民大众而不是少数特权者是经济民主的主体，经济权力、经济利益分配是经济民主的重要内容，经济民主是旨在实现经济权力平等分配和财富公平分配甚至经济权利（人权）平等保护的一系列制度安排，包括经济制度、政治制度、经济政策等。

（三）经济体制模式说

西方左翼马克思主义者或社会主义者一般持有这种观点，把经济民主看做一种特殊的政治经济体制模式，一种不同于前苏联国家主义体制或当前资本主义体制的未来经济体制模式。在美国，经济民主几乎成为社会主义或者社会主义运动的委婉说辞。

瑞士经济学家奥塔·锡克在《争取人道的经济民主》以及它的简缩本《一种未来的经济体制》两本书中，从利益差别和利益矛盾分析出发，关注资本主义社会中人民大众与经济精英控制的矛盾、工资利益和利润利益之间的矛盾、劳动与资本之间的冲突，试图寻求一种新的政治经济体制解决资本主义的经济社会问题。他虽然也没有给出一个准确的定义，但对经济民主的理解很深刻，即将政治民主扩展到经济中来，使经济决策和经济发展的责任与权力从少数精英手中转移到由工人所有并由工人管理的企业中，同时实行宏观经济计划民主化。"不但要维护政治民主，而且要使之扩展到经济中去，才能实现广泛阶层人民群众的真正利益和发挥他们的责任，这代表着一种决定性地深入每个人的生活的发展，这就是说，一小批精英人士不应当决定影响广大群众生活的一切事物，广大群众必须掌握切实的办法和手段来研讨可供选择的发展的可能性，其中应当包括全社会的广泛政治讨论。"❷ 他所理解的经济民主制是一个人民大众经济主权但又没有来自国家或经济精英对财富和权力进行控制的经济体制，坚决反对把指令性计划同市场机制相结合，而主张把宏观分配计划和市场机制相结合。"实施改革后的制度只能在大多数人民主决策的基础上完成。

---

❶ Smith，J. W. Economic democracy：the political struggle of the twenty‐first century，Armonk，New York：M. E. Sharpe，Inc.，2000，p. 9.

❷ ［捷］奥塔·锡克：《争取人道的经济民主》，高钴、叶林等译，北京：华夏出版社1989年版，第64~65页。

那些认为人民不成熟并主张由权力精英来行使决策的思想观念，归根结底是为维护少数权力集团的特权服务的，而且会使广大人民群众与社会的各种制度相异化。只有依靠民主化和成熟的经济民主制取得实际进展的力量，环境污染、社会堕落及其他方面的灾难才能予以制止，从而确保社会朝着更人道的方向发展。❶"

同锡克一样，美国左翼学者戴维·施韦卡特（David Schweickart）把经济民主看做介于当代资本主义或前苏联社会主义模式之间的一种未来新型社会经济体制。锡克试图通过经济民主制改良资本主义的现有体制，而施韦卡特则设计了一个未来社会主义的实施性蓝图，称为"经济民主社会主义"或"工人自我管理的社会主义"，以取代资本主义制度。他具体而详细地定义了经济民主，认为"相对于马克思本人，我们更有可能清晰地洞悉作为资本主义'取代制度'的社会主义的体制性形态，起码是关于它的一种理想类型。我们不妨称此种形态或类型为'经济民主'"❷；并明确地指出："我的主张是，这种模式的社会主义，即企业由工人管理、投资由社会调控的市场社会主义，是资本主义最合乎逻辑的替代性体制。当然，就像所有的经济模式，此模式是被程式化、被高度简单化了的，但它确实突出了一种在性质上既不同于中央集权，也不同于资本主义经济秩序的基本结构特征。我们称这种'理想模式'为'经济民主'。"❸他把经济民主社会主义模式同南斯拉夫模式和西方资本主义模式进行了比较，认为"我们的模式比南斯拉夫模式和西方资本主义更加具有民主性。在其古典形态，南斯拉夫社会主义在工厂里是民主的（从理论上讲），但它毕竟只有一个政党，是个专制国家。当代西方资本主义国家政治上是民主的（从理论上讲），但在工厂里是专制的。而我们的模式在这两个领域都是民主的"❹。在他看来，经济民主具有三大基本特征❺：一是每一个生产性企业都由工人民主管理。这是经济民主模式最基本的特征，目的在于打破劳动力的商品特性及其伴随而来的"异化"，取代资本主义的雇用劳动制度。二是日常经济是一种市场经济。市场是资源配置的基本方式，与集中计划相对应，有助于遏制权力过度集中和高度官僚化，旨在摆脱官僚主义低效率现象。三是

---

❶　［捷］奥塔·锡克：《争取人道的经济民主》，高钻、叶林等译，北京：华夏出版社1989年版，第334页。

❷　［美］戴维·施韦卡特："关于马克思主义与向社会主义过渡的十大论题"，载《马克思主义与现实》2003年第1期。

❸　同上。

❹　［美］戴维·施韦卡特：《反对资本主义》，李智等译，北京：中国人民大学出版社2002年版，第62页。

❺　同上，第62~67页。

新的投资是由社会控制，根据民主的、适应市场的计划进行分配。它是对市场缺陷的弥补，意在取代资本主义的资本市场，缓解资本主义生产的无政府状态。尽管经济民主社会主义模式主要是关于社会的经济结构，即工作场所和投资分配方面的民主化，但"后者包含一些政治民主的形式，因为配置投资基金的是政治制度"❶。

可见，锡克从经济学角度对经济民主的阐释是深刻的，较好地概括了经济民主的本质内涵，经济民主的本质在于人民大众而不是少数精英或特权者是经济民主的主体，人民大众享有经济决策权力和共享经济利益，更要承担主体的责任，参与经济发展决策并使经济社会朝人道的方向发展。锡克的经济民主体制包括宏观领域国家经济决策民主和微观领域企业工人所有并由工人管理，通过宏观经济分配计划与市场机制相结合，以协调国家与人民大众之间、精英与大众之间的经济利益矛盾，促进更加和谐人道的经济发展。因此，这不仅具有经济意义，也具有政治意义。施韦卡特也在工厂民主基础上，强调通过计划与市场的作用实现投资配置民主化，对经济民主体制作了比较全面的设计，这对认识经济民主的内涵启发很大。尽管他们都是针对资本主义社会出现的诸多矛盾和问题而提出经济民主概念的，但是两者存在根本的区别：锡克力图在现有资本主义的制度框架内，把政治民主扩展到经济领域，通过经济民主来解决资本主义的种种矛盾；而施韦卡特则跳出了这种窠臼，把资本主义的矛盾归咎于资本主义制度，认为要解决这些问题和矛盾，必须以一种非集中计划的工人自我管理的经济民主社会主义来取代资本主义制度。"经济民主社会主义"这一说法具有更多的意识形态色彩。他们尽管出发点相同，但解决问题的路径和手段不同，其逻辑结论也必然不同，因此分别赋予了经济民主不同的含义，但他们在把经济民主作为一种经济体制模式的内涵上具有一致性。

近年来中国不少经济学学者分析和借鉴了西方马克思主义的经济民主概念，对经济民主进行了定义。吴宇晖、张嘉昕在《经济民主：一种关于"劳动的政治经济学"》一文中认为，经济民主是一种新型的社会经济组织模式，是一种与资本主义性质的企业完全不同的企业制度，劳动而不是资本成为企业控制权、经济剩余索取权和生产、分配决策权的真正基础。因此，它通行的原则是劳动雇用资本，而不是资本雇用劳动。所谓"经济民主"是"指这样一个经济组织运行的模式：在这个模式中，作为行为主体的决策，来自每一个执行决策的人"。因此，与传统企业的等级制不同，经济民主制企业的控制权属于具有平等权利和同等重要性的全体劳动者，通过一人一票制的控制和管理将

---

❶ ［美］戴维·施韦卡特：《超越资本主义》，宋萌荣译，北京：社会科学文献出版社2006年版，第20页。

决策权力民主化。与资本主义企业制度相比，这种制度安排有两个基本特征：全体劳动者具有平等的权利和同等的重要性参与决策和管理；全体劳动者根据民主制定的原则分配企业的净收益。❶

（四）政治民主扩展说

西方不少民主理论家特别是自由民主的支持者一般反对把经济民主作为一种经济体制，更多的是把经济民主看成政治民主的扩展或运用，以实现经济机会、条件或财富分配的平等，强调政治民主是经济民主的前提和条件。

英国著名民主理论家科恩认为，政治民主指的是一个国家中也即整个社会中的民主，是"一种社会管理体制，在该体制中社会成员大体上能直接或间接地参与或可以参与影响全体成员的决策"❷。而经济民主不是与政治民主并列的民主类别，应该只是"政治民主"中重要的一部分。他说，"经济民主"这个词，充其量只能说是表意不清。"经济民主"既不是一种民主，也不是民主本身的条件，更不是特定的经济体制。经济领域的民主不要求任何限定为公有制或私有制的某种特定的经济体制。在他看来，如仅仅用来指经济领域民主过程的作用，至少也是可引起误解的。因为 economic（经济的）一词置于形容词的位置，使用经济民主这个词当然意味着至少还有另外一种民主或好几种民主，如"社会民主"、"文化民主"、"教育民主"、"家庭民主"。而实际上它们都不是民主的条件，而是民主的运用。"经济民主不是某种特殊的经济体制，而是社会选择它所需体制时的能力。""如果正确使用这个词，'经济民主'是指经济领域的民主。当社会成员有权力选择他们所要追求的经济目标及达到这些目标的经济手段时，就算有了经济民主。"❸科恩把经济民主看成政治民主在经济领域的运用，是整个社会管理体制的重要组成部分，强调经济民主是社会成员经济参与权利及其能力，社会成员有选择的权利意味着不受他人强制的自由和作为公民的平等经济权利，而能力意味着社会成员具备经济机会和条件进入经济领域以获得相应的经济资源和利益，在一定程度上涉及经济民主的内容。

美国著名学者萨托利在《民主新论》一书中对民主的概念进行了系统清理和深刻剖析，是迄今为止对经济民主概念下了比较明确定义的西方学者之一。萨托利认为，民主首先是政治意义上的民主，意味着政治民主，政治民主是统领性和主导性民主，"政治民主从这一概念 2500 年来一直得到公认的意义

---

❶ 吴宇晖、张嘉昕："经济民主：一种关于'劳动的政治经济学'"，载《当代经济研究》2008年第1期。

❷ ［美］科恩：《论民主》，聂崇信、朱秀贤译，北京：商务印书馆 1988 年版，第 10 页。

❸ 同上，第 117～118 页。

上说是主导的统领性民主"❶。他指出，"经济民主"一词虽然含混不清、不可捉摸，但经济民主概念建构的逻辑十分简单明了："既然政治民主主要局限于政治和法律上的平等，社会民主强调的是地位平等，那么经济民主所关心或所反映的便是财富的平等。"在这个意义上，经济民主与政治民主、社会民主相对应，是"指这样的民主，它的政策目标是重新分配财富并使经济机会与条件平等化。这样理解的经济民主可以是政治民主的一个补充，也可以是政治民主的简单扩大"❷。他尽管也承认经济民主的微观工业民主意义，但更强调政治民主是经济民主的必要条件和必要手段，"政治民主是我们可能珍视的无论什么民主或民主目标的必要条件、必要手段"，"优先者必须优先，作为一种方法、一种程序的政治民主，必须先于我们可以要求于民主的其他任何基本成就而存在"。经济民主被看成次级民主，正如他所言："政治民主是主导的统领性民主，其他民主（如社会民主、工业民主、经济民主）则必然是次级民主……如果一级实体政体不是民主政体，次级实体也绝少有机会以民主方式存在和繁荣。""如果统领性制度，即整个政治制度不是民主制度，社会民主便没有什么价值，工业民主便没有什么真实性，经济平等便可能同奴隶之间的平等没有什么两样。"❸

这种把经济民主看成政治民主在经济领域简单再现或扩展的观点，其出发点和假设是"现有的资本主义政治民主已经相对完善"，主张用政治民主的程序和规则来重组经济生活，而不是通过政治经济制度设计和经济运行机制的创新来促成政治民主和经济民主的完善，从而制约了民主理论和实践的纵深发展。

（五）人民的经济自主性说

通过经济解放实现人民在经济上当家做主是马克思主义经典作家对经济民主内涵最核心的阐释。马克思、恩格斯在谈到民主的主体时，特别强调民主是"社会化了的人"的"自由产物"，这种自由的实现同时需要"自我规定能力"，所以，社会化和自我规定能力同时作为民主主体的现实条件而存在。"只有现实的个人同时也是抽象的公民，并且作为个人，在自己的经验生活、自己的个人劳动、自己的个人关系中间，成为类存在物的时候，只有当人认识到自己的'原有力量'并把这种力量组织成为社会力量，因而不再把社会力量当做政治力量跟自己分开的时候，只有到了那个时候，人类解放才能完

---

❶ ［美］乔·萨托利：《民主新论》，冯克利、阎克文译，北京：东方出版社1998年版，第12页。

❷ 同上，第10～11页。

❸ 同上，第12页。

成。"❶ 恩格斯把民主同人类解放结合了起来，指出"民主在今天就是共产主义"，"民主含着社会平等的要求"❷，"平等应当不仅是表面的，不仅在国家领域实行，它还应当是实际的，还应当在社会、经济领域实行"❸。在《共产党宣言中》中，马克思、恩格斯对未来社会做了这样的论述："代替那存在着阶级和阶级对立的资产阶级旧社会的，将是这样一个联合体，在那里，每个人的自由发展是一切人的自由发展的条件"，这样，"人终于成为自己的社会结合的主人，从而也就成为自然界的主人，成为自己本身的主人——自由的人"❹。他们进一步提出，在自由平等的生产者的联合体中，通过成为生产资料的主人，劳动人民实现经济地位的平等，按照共同的、理性的计划自觉地从事社会劳动，通过"按需分配"、"按劳分配"、"各尽所能"实现人的全面自由发展。列宁认为经济民主有两层含义：一是生产资料必须实行公有制，经济和其他社会领域受国家的集中控制；二是生产资料必须实行民主管理，"必须让越来越多的劳动者亲自参加经济管理和新的生产的建设"❺。

早在领导新民主主义革命时，毛泽东就提出了政治民主、经济民主、文化民主三大民主，并对它们作出特定解释。毛泽东特别强调人民的主体性，反复强调："共产党人的一切言论行动，必须以合乎最广大人民群众的最大利益，为广大人民群众所拥护为最高标准。"❻ "人民，只有人民，才是创造世界历史的动力。" 在新中国着手制定第一部宪法时，他强调：劳动者管理国家、管理军队、管理各种企业、管理文化教育的权利实际上是社会主义制度下劳动者最大的权利、最根本的权利。后来，在社会主义建设中，他又提出《鞍钢宪法》，系统地提出"两参一改三结合"的思想，即干部参加劳动、工人参加管理、改革不合理的规章制度，在技术革新和技术革命中实行企业领导干部、技术人员和工人的三结合。毛泽东十分重视使工人阶级和广大人民群众参加对国家、对公有制生产资料的自主管理。

邓小平进一步发展了马克思主义经济民主思想。针对当时计划经济管理体制下经济主体没有经济利益自主性、不能调动积极性的弊端，邓小平在1978年中央工作会议上发表的《解放思想，实事求是，团结一致向前看》的讲话中着重强调了加强经济民主。"我想着重讲讲发扬经济民主的问题。现在我国的经济管理体制权力过于集中，应该有计划地大胆下放，否则不利于充分发挥

---

❶ 《马克思恩格斯选集》（第2卷），北京：人民出版社1995年版，第443页。

❷ 同上，第664页。

❸ 同上，第663页。

❹ 《马克思恩格斯选集》（第1卷），北京：人民出版社1995年版，第294页。

❺ 《列宁全集》（第28卷），北京：人民出版社1972年版，第404页。

❻ 《毛泽东选集》（第3卷），北京：人民出版社1991年版，第1096页。

国家、地方、企业和劳动者个人四个方面的积极性，也不利于实行现代化的经济管理和提高劳动生产率，应该让地方和企业、生产队有更多的经营管理的自主权"❶。如果不能调动各经济部门、地方各级政府和企业的积极性，劳动者个人工资收入也会比较低，劳动积极性也会受到压抑。邓小平说："有必要在统一认识、统一政策、统一计划、统一指挥、统一行动之下，在经济计划和财政、外贸等方面给予更多的自主权。"❷ 虽然邓小平没有给经济民主下定义，但经济民主的内涵是明确的：（1）经济民主是一种重新配置国家与社会之间经济权力、实现社会自主性的制度安排。（2）经济民主的核心内容是保障人民大众的经济主体地位和权益。"切实保障工人农民个人的民主权利，包括民主选举、民主管理和民主监督。不但应该使每个车间主任、生产队长对生产负责，而且定要使工人农民对生产负责、想办法"，"调动积极性就是最大的民主"❸。（3）经济民主的实现形式是法制。保障经济民主必须加强经济立法，使民主法制化、制度化。注重通过管理制度、管理方式、经济政策等形式实现经济民主，"从制度上保证党和国家政治生活的民主化、经济管理的民主化、整个社会生活的民主化"❹。

可见，马克思主义者虽然没有直接对经济民主予以明确的定义，但把民主概念扩展到政治领域以外的其他领域，如经济、文化和社会生活领域，形成了经济民主、文化民主和社会民主❺。他们对经济民主内涵的理解也是深刻的，经济民主作为经济权利的民主分配机制，与经济独裁相对，通过经济权利由少数特权向劳动大众转移，实现劳动者与生产资料的直接结合，成为生产资料的主人，在经济生活中处于主体地位，享受主体的经济权利和经济利益。一句话，经济民主就是人民在经济上当家做主，人民在经济活动中享有的民主权利，它包括人民拥有独立的经济自主地位，享有独立的经济管理权和经济利益权。其本质在于人民是经济活动的主体❻。

（六）社会主义公有制说

改革开放以来，我国较早探讨经济民主问题的是一批经济学家，他们从经济管理体制改革的背景出发，从社会主义公有制的本质层面探讨了经济民主的具体内容和实现形式，以著名经济学家蒋一苇、王慎之为主要代表人物，他们

---

❶ 《邓小平文选》（第2卷），北京：人民出版社1994年版，第145页。

❷ 同上，第146页。

❸ 同上。

❹ 同上，第296页。

❺ 李铁映：《论民主》，北京：中国社会科学院出版社2001年版，第5~6页。

❻ 章荣君："经济民主：从概念厘定到基础论证"，载《湖北经济学院学报》2005年第4期。

基本上把社会主义公有制等同于经济民主。

蒋一苇被称为当代中国"经济民主学派"创始人，在 1989 年最早提出了"经济民主论"❶。针对计划经济管理体制转轨中出现的问题，他一再强调指出："以商品经济取代产品经济，在体制上引起一系列带根本性的变革。在经济的运行机制上，要以市场机制取代行政机制，当然不是完全不要行政机制；在经济的组织上，要实行经济民主，当然也不是不要集中，而是在高度民主的基础上建立新的集中统一。"他认为经济管理体制改革的重要实质就是充分发扬社会主义经济民主，特别强调经济组织结构和组织体制的改革。社会主义以公有制取代私有制，主要目的无非是两个方面：一是在宏观经济上，建立以公有制为基础的社会经济，这样才有可能克服生产社会化和生产资料私有性的矛盾，有计划地分配和利用资源，使社会经济得到协调发展；二是在微观经济上，使劳动者成为生产资料的主人，改变资本统治劳动、"物"统治"人"的反常现象，从而使生产力中最活跃的因素——人的积极性获得解放。以上这两个目的，从经济组织的角度来看，实质就是实现经济民主，把经济行为的主体由个体转化为群体。宏观经济依靠人民民主决策，使其符合劳动者的整体利益；微观经济更是依靠劳动者的自由联合、自主经营而充分调动劳动者的积极性和创造性。公有制的本义是以经济民主取代经济专制，以公平分配取代剥削，但在群体的内部，民主和集中是相对并存的。从外延上，经济民主包括企业的经济民主、社会的经济民主、全国的经济民主，形成自下而上的经济民主的组织体系，强调企业的经济民主是经济民主的基础。可见，在蒋老看来，经济民主就是将民主集中制原则运用到经济领域，建立社会主义经济管理体制，改变过去经济组织强调集中、忽视民主而造成经济管理体制僵化的做法，实质还是通过经济民主调节国家对全民所有制行使权与劳动者对生产资料所有权、控制权关系，调动劳动者的积极性，实现劳动者在经济生活中当家做主。

20 世纪 80 年代末 90 年代初，著名经济学家王慎之也主要从经济学视角探讨了如何通过经济管理体制改革来实现经济民主。在王慎之看来，经济民主是与经济专制相对而言的，"人在经济运行机制中处于受动地位，通常称做'奴役'和'专制'；人在经济活动中处于主动地位，通常称做'自由'和'民主'。社会经济的进化过程，就是从奴役和专制经济向民主经济的转化过程"❷。他对经济民主下了明确的定义："所谓经济民主，不过是人们在一定的

---

❶　蒋一苇："经济民主论"，载《改革》1989 年第 1 期。

❷　王慎之：《经济民主论》，长春：吉林人民出版社 1994 年版，第 6 页。

经济关系中享有的某种自主的权利，是人处于主人的地位分享经济利益。"❶
他认为经济民主与经济自由的含义颇为相近❷："无论是经济自由，还是经济
民主，都在于强调经济主体能动性的发挥，都在于促进经济生活的效率。"❸
他构建了一个经济民主理论的基本分析框架，认为应该从公有制民主、企业民
主、价格民主、工资民主、劳动民主和管理民主等方面实行经济体制改革，实
现经济民主。"概言之，社会主义公有制就是经济民主制。"❹

我国经济学界最早从社会主义经济管理体制改革视角来探讨经济民主的本
质、内容、实现形式，思索如何从计划经济向市场经济转型，实现社会主义公
有制，在当时特殊历史背景下具有重要意义。尽管侧重点不同，但在他们对经
济民主概念的界定中，经济民主的出发点和落脚点都是人民大众在经济生活中
的主体地位和经济权益，这较好地把握了经济民主的本质内容，对学界启发很
大。由于关注的视角和所处的中国特殊的历史背景，他们主要针对计划经济体
制下国家经济管理权力过度集中，强调通过推行社会主义公有制实现经济民
主，调动人民群众的积极性和能动性，这种探讨在当时中国政治经济环境下具
有重大意义。但社会主义公有制只是经济民主的实现条件或实现形式，而不是
经济民主的本质内涵。在当今社会利益分化和贫富分化时代，单一公有制被以
公有制为主体的多种所有制所取代，经济民主的内容和实现形式必然发生
变化。

（七）经济公平说

20世纪90年代以来，我国不少学者从经济法的视角出发，将经济民主与
经济专制相对立，更多强调通过法治保障经济主体在市场活动中的自由权利，
同时限制国家对市场经济的过度干预。王保树在《市场经济与经济民主》一
文中指出："何谓经济民主？人们很难给予一个简要的定义。但有一点是清楚
的，即它是指发生在经济领域的民主，包括宏观经济管理中的经济民主和微观
经营中的民主，并且经济民主是相对于经济集中（包括经济管理中的集中和
市场中的集中）而言的，它所强调的是企业法人和自然人的合法权利的保
护。"❺ 经济法追逐的经济民主目标的核心内涵是社会公正，即经济机会均等
和经济条件平等。经济民主同经济力量过度集中和市场支配相对立，是以社会
利益为根据，以所有市场经营主体都享有的公平竞争条件为主要内容的经济民

---

❶ 王慎之：《经济民主论》，长春：吉林人民出版社1994年版，第9页。
❷ 同上，第356页。
❸ 同上，第4页。
❹ 同上，第29页。
❺ 王保树："市场经济与经济民主"，载《中国法学》1994年第2期，第41页。

主。这个意义上的经济民主是通过政府适当干预来实现的。

王全兴、管斌在《经济法与经济民主》一文中从民主的基本含义出发，对经济民主的概念和内涵进行了界定。他们认为，经济民主是经济民主化的产物。所谓经济民主化，是指由政治领域跨入经济领域或者说经济领域引入政治领域的民主机制。经济民主是作为经济高度集中或者"经济专制"的对立物而存在的，其基本含义是指"在充分尊重经济自由的基础上，通过公众平等参与、多数决定、保护少数的机制，在共同体内实现财富、机会、权力（利）的均衡"。基于民主的自由、平等和共生理念，经济民主的基本内涵至少应当包括以下要点：市场主体自主；利益共享；合作参与；结构均衡。有学者认为，经济民主的精神理念是开放和自由，其实现就是限制垄断、反对权力过分集中的过程，目的在于保障市场经营主体都有进入市场的均等机会，市场经济利益共享而非独占。"经济民主可准确概括为经济上的公平与公正。"❶ 日本经济法学家金泽良雄也认为，经济民主是"谋求在构成市场的事业者之间实现经济机会均等和经济（条件）平等"❷。

与经济学家主要针对经济管理权力集中不同，从经济法视角来看，经济民主主要针对市场经济中的集中（经济资源的垄断）和政府经济管理中的集中。经济民主是一种价值目标，其核心内涵就是市场经济条件下多元市场经营主体的自由权利平等和利益共享，强调政府依法干预在经济民主实现中的作用。这就从市场层面较好地界定了经济民主的本质内涵——经济公平，但作为经济民主的特征的公平，不仅仅是经济公平，更是社会公平。后者要求通过宏观宪政和社会保障制度对社会财富进行调节和分配。同时，这也忽视了经济民主的微观意义。另外，经济民主不只是一种理念、价值目标和原则，更是一种制度安排。它对经济利益关系的调节不仅体现在国家宪法和法律制度中，还体现在各种经济政策以及行政制度中，甚至微观企业治理制度中。

（八）多层面民主说

西方不少学者从微观和宏观两个层面来考察经济民主的内涵。萨托利详细界定了经济民主的范畴内容，描述了经济民主在宏观和微观两个层面的不同表现形态。第一个层面是从宏观经济政策民主的结果上来定义的，强调财富的平等；在这个意义上，经济民主与政治民主、社会民主相对应，是"指这样的民主，它的政策目标是重新分配财富并使经济机会与条件平等化。这样理解的

---

❶ 上海社会科学院民主政治研究中心：《中国政治发展进程（2004 年）》，北京：时事出版社2004 年版，第 204 页。

❷ ［日］金泽良雄：《经济法概论》，满达人译译，兰州：甘肃人民出版社 1985 年版，第 182 页。

经济民主可以是政治民主的一个补充，也可以是政治民主的简单扩大"❶。第二个层面则是从经济民主的微观生产过程上来定义的，强调控制权的平等。这个意义上的经济民主等同于工业民主。"这时它较少指财富的平等或接近平等的分配，而是更多地指劳动者对经济的控制。在这方面可以说经济民主是由经济生产过程的控制权的平等构成的。"❷ 经济民主作为某种政策，某种由政治民主在其结构内并通过各种程序实施的政策，涉及政府管理，即运用公共权力，通过民主程序谋求经济利益分配的公平。在这个意义上，经济民主是一种准政治民主。作为工业民主，经济民主清楚地指向可以明辨的结构，指向非政治的民主，因为它不涉及政体层面即国家范围和国家管理方面的民主问题。

民主社会主义者从宏观和微观方面对经济民主做了大量探讨并付诸社会实践。1951 年社会党国际第一次代表大会在通过的原则声明《民主社会主义的目标与任务》（也称《法兰克福声明》）中，明确地把经济民主作为民主社会主义的重要任务和目标之一。对社会民主党人来说，（1）经济民主意味着制定宏观经济计划的民主化。《法兰克福声明》明确规定：为了达到社会主义的直接经济目的——充分就业、增加生产、提高生活水平、实行社会保险与收入和财产的公平分配，生产必须是为全体人民的利益而计划的，这种计划生产同经济权力集中在少数人之手是不相容的。"经济民主的一个先决条件就是公民能有效地对各经济领域施加影响。政府经济领域的活动必须通过群众监督下的经济计划协调一致。"❸ 它需要对经济进行有效的民主管制。（2）经济民主在微观领域意味着"生产者和消费者及其组织对生产、销售、分配等过程和决策产生影响，与资方共享决定权"。不同国家的社会民主党对此的理解不同。对那些斯堪的纳维亚国家和中欧国家的社会民主党来说，经济民主主要意味着"工人以工会为代表参与经济政策的重要决策，参与企业、公司的管理，即使这些企业在私人手里。而对于像法国社会党人来说，这意味着在自治社会主义的意义上使经济自下而上进一步民主化"❹。可见，民主社会主义者对经济民主的定义着眼于宏观政府经济民主管理、民主分配以协调精英与大众利益关系和微观领域劳资共享决策权以协调劳资利益关系，强调人民大众是经济民主的主体，在生产过程中劳资享有参与权、发言权和决定权，从而要求在经济领域真正体现"民"做"主"的价值诉求。

---

❶ ［美］乔·萨托利：《民主新论》，冯克利、阎克文译，北京：东方出版社 1998 年版，第 10 ~ 11 页。

❷ 同上，第 11 页。

❸ 黄文扬：《国内外民主理论要览》，北京：中国人民大学出版社 1990 年版，第 341 页。

❹ 同上。

　　国内学者崔之元也从宏观和微观两个层次来阐明其含义。在宏观上，"经济民主"是民主理念从政治领域向经济领域扩展的结果，旨在将现代民主国家的理论原则——"人民主权"——贯彻到经济领域，使各项经济制度安排依据大多数人民的利益而建立和调整，反对少数特权集团操纵各种经济制度和经济政策。在微观上，"经济民主"旨在企业生产中贯彻后福特主义即"及时或无库存"原则，依靠劳动者的创造性来达到经济民主与经济效率的统一。崔之元将作为一种制度安排的宏观经济民主和一种企业管理形式的微观企业民主区分开来。

　　吴平魁也认为经济民主包括两种不同层次，微观层次上的经济民主是经济运行系统中的一种组织形式，强调经济主体在经济运行和具体的经济活动中的主人和主动地位，是经济民主的初始形态。这实际上是一种"营利最大化"的民主，也可以说是一种效率最大化的民主。宏观层次上的经济民主是一种社会管理体制，本质在于强调社会成员在整个社会系统中经济地位与权利的平等化。由此，社会财富的平等成为"经济民主"追求的基本价值目标，是经济民主的最高形态。它以全体社会成员为对象，反映了每一个社会成员在社会经济生活中对平等社会地位的追求，是人们获取生存、追求幸福等基本人权在经济领域的反映。就其内容而言，两者存在逻辑上的联系。微观经济民主作为经济民主的初始形态，是宏观经济民主得以实现的基础，而宏观经济民主也就成为微观经济民主的必然归宿。只有微观经济民主扩展为宏观经济民主，经济民主才能体现其真正含义。而这种转化只有通过政府的调节才能实现❶。

　　还有学者从宏观、中观、微观三个层面来界定经济民主：宏观意义上的经济民主是指国家宪法、法律和国家政策中规定的经济制度要体现大多数公民的利益和意志；中观意义上的经济民主是指介于国家与公司之间的中间层次的组织机构及其行为要体现该层次所涉及的大多数利益相关者的利益和意志；微观意义上的经济民主指公司和其他经济组织的制度设计、角色定位、运营和管理应当充分体现公司利害关系人的利益和意志。在以上三个层次的经济民主中，微观层次的经济民主尤其是公司民主居于基础地位。公司是社会经济的细胞，宏观经济和中观经济的好坏以微观经济的质量为基础。同样，宏观层次的经济民主和中观层次的经济民主都以微观层次的经济民主为依归。当然，微观意义上的经济民主建设和改革也需要宏观意义上的经济民主和中观意义上的经济民主的带动和制约❷。

　　此外，在全球化背景下，还有不少学者认为经济民主的范围应该扩展到民

---

❶　吴平魁："市场经济与经济民主"，载《当代经济科学》1996 年第 3 期。

❷　刘俊海：《公司的社会责任》，北京：法律出版社 1999 年版，第 10～11 页。

族国家外，在民族国家之间甚至不同区域之间实现经济民主。曾任世界银行副行长的 2001 年诺贝尔经济学奖获得者斯蒂格利茨认为，工人阶级不仅应该参与工作场所的民主管理，还应参与全国以至全球宏观经济的管理。为此，他大声疾呼，有必要摆脱主流范式的束缚，来一次思想大解放，在工作场所、基层、地区、全国乃至全球，工人阶级的代表都应该在决策过程中充分发挥作用。Dhanjoo N. Ghista、赫尔德等学者也持相似的观点。

以上从不同层面对经济民主进行的界定，表明这些思想家和学者们都认识到经济民主包含从宏观到微观层面的内容。在宏观上，经济民主是指经济制度、经济政策、经济计划和经济投资管理的民主；在微观上，经济民主是指工业民主或工厂民主，是劳动者在企业的民主参与和平等决策等民主活动。而前者更多包含政治民主的形式，因为宏观经济政策、经济计划、经济管理涉及国家政治制度，按萨托利的说法，是一种准政治民主。

三、经济民主的含义辨析

根据科学定义概念的一般要求，确定经济民主的内涵应该满足以下三方面的条件：一是经济民主这一范畴的周延性。周延性是范畴概况特定对象的一般特征。经济民主的定义必须涵盖它所定义的全部事物。二是经济民主这一范畴的确定性。经济民主的定义又不能超出这个范围和界定，应该能够从确切的含义上把经济民主与其对应词或反义词区别开来。三是经济民主这一范畴的本质性，而不仅仅是经济民主的某种实际形态、存在方式或主要内容。根据以上对经济民主概念界定的分析，本书进一步从中外学者关于经济民主与工业民主、经济专制、政治民主、经济自由的含义辨析中深入对经济民主的理解。

（一）经济民主与经济专制：截然对立

虽然对经济民主是什么众口不一，但在经济民主不是什么上，中外学者还是达成了一定程度的共识，即经济民主不是经济专制。正如亚里士多德所言："不公正即不平等，公正即平等。"经济专制本质上是一种经济上的极端不平等和不公平。不管是从经济民主概念的起源上，还是从中外学者对经济民主概念的认识上，"经济民主与极端的经济资源不平等和不公平是不相容的"得到了广泛认同。不管经济资源（权力、利益、权利和机会）是集中在代表国家的少数权贵还是经济精英的富人阶层（包括大公司、企业内部精英）甚至少数富国精英手中，只要依仗他们的财富或权势确立经济特权地位，剥夺普通民众的经济权益，控制他们的经济自主决定权，就是经济专制。不同学者强调的侧重点不一样，关注的视野从富国与穷国不平等，到国家与民众或经济精英与人民大众经济不平等，再到企业内部公民与公民之间经济不平等，对到底什么是经济不平等的界定也不统一。有些学者关注经济机会和条件的不平等对政治平等的影响，如科恩、萨托利、达尔。针对布赖斯所谓的政治平等与经济平等不相干的说法，"民主只是一种政治形式，并不考虑可能由政府加以贯彻的各种目标，因此它和经济平等毫无关系。……政治平等既可与财产平等同时存在，也可脱离财产平等而存在"❶。萨托利认为布赖斯就这种区别所推出的结论并不十分合理。首先，民主一旦作为统治形式得到确立，它的政策内容很可能大量着眼于经济平等化的问题。其次，政治平等能够脱离经济平等而存在，但是不能反过来认为财富和收入的不平等不会影响政治平等。❷ 科恩也强调，当经济不平等的情况严重时，也不适于民主。因为严重的不平等会使参与失真。少数富有而大多数贫困会给一些人的参与为另一些人所操纵乃至控制提供机会。有些强调经济地位的不平等，即收入或财富占有、分配的不平等，如马克思主义，特别是生产资料占有和利用不平等导致资本对劳动的支配与控制。其无不说明了经济专制是经济民主的对立物。经济民主与经济专制相对应，特别反对公权力和强势群体对弱势群体的经济专制。任何形式的经济专制都意味着普通民众往往被当做工具，是不折不扣的臣民。与经济专制相比，经济民主的这种关切是对人之为人的尊严的承认，这种优越性就更加突出。

（二）经济民主与政治民主：递进还是替代

从中外学者对经济民主概念的界定中可以看出，对经济民主与政治民主的含义有两种比较典型的认识：一种观点认为，经济民主是政治民主向经济领域扩展和深化的产物。民主首先是个政治概念，意味着政治民主。因此，经济民主并不是一种独立的民主形态，不是与政治民主对应的民主形态，而是政治民主在经济领域的运用的结果，是政治民主的重要组成部分。如，当代西方主流民主理论家萨托利、科恩等往往从政治民主与经济民主的对比关系出发，把经济民主看成政治民主的运用和扩展。按照这种逻辑，经济民主在制度上仅仅局限于：整个企业通过若干个不同协会的形式，如德国职工联合会以经济委员会的形式来共同参与经济决策；而在那些由各方利益代表经营的企业中，则由利益集团的代表（企业顾问、劳方代表、资方代表、股东代表等）集体协商作出决策，经济民主以不触犯资方的所有权和自立权为界限。自立权与民主的不同之处在于，看它是否能够获得合法予以保障的缔约自由。这种经济民主的特

---

❶　[英] 布赖斯：《现代民治政体》（第1卷），长春：吉林人民出版社2001年版，第67页。

❷　[美] 乔·萨托利：《民主新论》，冯克利、阎克文译，北京：东方出版社1998年版，第389页。

点体现了"来自上面的民主化趋势力"起着非政治化作用。❶这种把经济民主看成政治民主在经济领域简单再现或扩展的观点，其出发点和假设是民主仅指"西方资本主义代议制民主"，主张用政治民主的程序和规则来重组经济生活，更多强调政治民主是经济民主的保障和前提。"如果统领性制度，即整个政治制度不是民主制度，社会民主便没有什么价值，工业民主便没有什么真实性，经济平等便可能同奴隶之间的平等没有什么两样。"❷

另一种观点认为，经济民主是一个与政治民主相对应的概念，是一种相对独立的经济形式的民主形态。美国学者路易斯·凯尔萨和帕特里西亚·凯尔萨在《民主与经济力量——通过双因素经济开展雇员持股计划革命》一书中提出："民主意味着一个更为广阔的由所有公民参与社会力量的操作系统，政治民主本身只是半个民主，它分配给人民的只是全部社会力量的一半。""如果政治民主规定并要求所有公民具有参与政治过程的权力，那么经济民主则授予所有个人与家庭（消费者单位）参与经济过程的权力，即生产物品及提供服务并获取由此而挣得的收入。"社会力量的完整内涵应包括政治力量和经济力量，"只有政治力量和经济力量都实现民主化，我们才真正拥有民主——这一为人类而设计的社会结构"❸。激进民主理论家福托鲍洛斯也把经济民主与政治民主分别看成政治领域和经济领域的民主，认为经济民主是人民主权在经济领域的体现。"如果我们把政治民主界定为政治领域的人民主权——它意味着政治权力平等分配意义上的政治平等，那么经济民主就是经济领域的人民主权——它意味着经济权力平等分配意义上的经济平等。"❹马克思主义从历史唯物主义出发，往往把经济民主看成与政治民主对应的民主形态，政治民主和经济民主都是社会主义民主的重要组成部分，经济民主是政治民主的基础。在共产主义社会，随着政治国家的消亡，经济民主最终将成为国家形态的政治民主的替代物。这种观点的出发点和假设是民主意味着"人民主权"，强调真正的民主的实现离不开经济民主和经济平等的实现，并不否定通过政治安排先经济民主再政治民主的可能，或者用经济民主替代政治民主。

（三）经济民主与经济自由：相克还是相生

经济民主与经济自由概念的联系和区别最容易引起误解，这源于民主和自

---

❶ ［美］L. 基斯勒、U. 扎特尔、尹国其："经济民主的理论、策略和规划"，载《国外社会科学》1981 年第 2 期。

❷ ［美］乔·萨托利：《民主新论》，冯克利、阎克文译，北京：东方出版社 1998 年版，第 12 页。

❸ ［美］路易斯·凯尔萨、帕特里西亚·凯尔萨：《民主与经济力量——通过双因素经济开展雇员持股计划革命》，赵曙明译，南京：南京大学出版社 1996 年版，第 11～12 页。

❹ ［希］塔基斯·福托鲍洛斯：《当代多重危机与包容性民主》，李宏译，济南：山东大学出版社 2008 年版，第 165 页。

由之间的复杂关系。在西方思想界和理论界的话语中，古典自由主义者奉行效率至上的观点，把经济自由解释为"不需要任何外部干预的两个经济人的交易或行为"，而民主仅是一种政治制度或程序规则，主张把民主严格限制在政治领域，划清政治领域与经济领域的界限，防止把私人领域非法地加以政治化，即"经济活动的非政治化"❶，从而避免造成效率上的损失。北京大学政治学教授燕继荣也认为："民主和自由是两个不同性质的问题，分别属于不同的社会领域。因此，绝不能以民主的名义和方式来取消自由，更不能以经济民主来取代经济自由。政治要民主，经济要自由，这是再平常浅显、再老生常谈不过的议题，应该把民主严格地限定在政治事务的范围内，把自由首先还诸于经济事务。"❷ 在这种意义上，他们从根本上反对"经济民主"这种说法，认为经济民主与经济自由相互对立，相互矛盾。

　　而另外一些学者认为，民主不仅是一种政治制度和权力运行机制程序，更是一种孕育平等和自由的理念。我国学者秦晖认为："至少在现代意义上'自由'与'民主'都有个共同的基础，即公民的个人权利。"❸ 陈赤军、叶焕庭认为经济民主源于政治民主，并没有否定作为经济自由基石的公民个人价值，而是更加丰富了其内涵。❹ 从宏观层次上，可以将它视为社会给予个人或经济组织平等的机会和创造这种平等的过程和规则，如社会保障制度、义务教育、反垄断法规等。很显然，这些做法为自然人和经济人提供了基本的保障，使他们在参与决策的过程中能自由地发表见解、维护自身权益，而不必害怕得罪某一利益集团或个人而失去生存和发展所依赖的基本条件。从这个意义上说，经济民主是政治民主的基础，促进了社会民主的发展。而微观层次上的经济民主主要体现为经济组织内部——企业在经济决策过程中、利益分配过程中的参与和权益分享，以及在特定的所有权依存状态下利益相关人对自身利益的维护。他们一般把经济自由解释为"市场主体为了追求利润，按照自己的意志，独立自主地从事或者不从事市场交易或不受非法干涉和限制的权利"❺。其作为经济主体的一种权利，实际上是经济民主的结果，在这个意义上，经济自由是经济民主的重要内容。达尔也特别批驳了将政治民主与经济自由对立起来的观

---

　　❶　[美]詹姆斯·布坎南："经济自由与联邦主义：新世纪的展望"，布公译，载《经济民主与经济自由》，北京：生活·读书·新知三联书店1997年版，第33页。

　　❷　燕继荣："民主政治与经济自由——论现代民主对市场的依赖关系"，载《经济社会体制比较》1994年第1期。

　　❸　秦晖："相生亦相克"，载《经济民主与经济自由》，北京：生活·读书·新知三联书店1997年版，第19页。

　　❹　陈赤军、叶焕庭："经济民主与经济自由"，载《读书》1997年第9期，第110页。

　　❺　胡代光、高鸿业：《西方经济学大辞典》，北京：经济科学出版社2000年版，第128页。

点，提出经济民主既保证了经济领域的自由、平等，更促进了政治民主和平等，是解决民主、政治平等与经济自由的古老难题的途径，可以与经济自由、政治自由实现良好的平衡。王慎之也认为经济民主与经济自由的含义颇为相近❶，"无论是经济自由，还是经济民主，都在于强调经济主体能动性的发挥，都在于促进经济生活的效率"❷。在这个意义上，经济民主与经济自由是可以融通的，并不存在彼此对立的关系，而是既相生又相克。"一般来说，经济民主的缺乏，并非经济自由的过剩；反过来说，经济自由的缺乏，也不是经济民主的过剩。两者总是相生相长，互相制约。"❸

但经济自由首要关注的还是个人主义意义上的个体权利，资本主义自由放任的历史已经表明，无限的经济资源积累的经济自由必然危害真正的民主和自由。由于现实经济生活中"群己权界"或者说公共领域与私人领域的划分难以精确，经济民主与经济自由的矛盾不可避免。经济民主意味着在经济领域贯彻"人民主权"的原则，民主地限制资本的无限积累以及防止资本对民主政治的侵蚀，促进真正民主的发展。而经济自由则更强调自由市场、宪政民主的意义。两者之间虽然不是截然对立，但是也有着难以调和的矛盾。

（四）经济民主与工业民主：等同还是涵盖

工业民主（industrial democracy）一般与产业民主或企业民主、工厂民主（workplace democracy）几个概念互用。工业民主与经济民主有着密切的关系，不少学者从工业民主意义上来定义经济民主，把经济民主等同于各种形式的"雇员所有制"或者"企业民主"❹。在密尔、科尔、佩特曼、达尔等经济民主思想家看来，工业民主是实现经济民主乃至政治社会民主的基础和形式，一般也是从这个意义上使用经济民主的。也有不少学者认为经济民主与工业民主是一种涵盖关系，经济民主比工业民主的外延更加广泛，内涵也更加丰富，可以涵盖工业民主的内容。挪威前首相曾在奥斯陆举行的产业民主学术会议上指出："在经济民主和工业民主之间作出区分也许是有用的。'经济民主'概念可以指更广泛的社会经济或社会的经济；而'产业民主'可与更窄的概念如

---

❶ 王慎之：《经济民主论》，长春：吉林人民出版社 1994 年版，第 356 页。

❷ 同上，第 4 页。

❸ 秦晖："相生亦相克"载《经济民主与经济自由》，北京：生活·读书·新知三联书店 1997 年版，第 16~21 页。

❹ M. A. Lutz and K. Lux，Humanistic Economics，New York：Bootstrap，1998；George Benello et al.，Buiding Sustainable Communities，New York：Bootstrap，1989.

个别企业或劳动场所相关。"❶也就是说，经济民主更具有宏观性、整体性和理论性，工业民主则具有中观性、微观性和实践性。这个意义上，工业民主从属于经济民主，是经济民主的核心部分之一，是经济民主在微观领域的具体表现形态或存在方式。

（五）经济民主与社会民主：并列还是隶属

对经济民主与社会民主的认识也有不同见解。西方不少学者（如托克维尔、布赖斯）更多地将社会民主看成一种自由平等的精神和社会生活方式，将社会民主看成相对于政治民主和经济民主而言的人们在公民社会中参与社会事务的民主事项。萨托利把它定义为"其民族精神要求它的成员认为自己有平等社会地位的社会❷"，是一种自下而上的生活方式，不但是它在社会层面上运行，更在于它的自发性和内在性，具有超政治性，即不涉及政体层面关于国家范围和国家管理的民主。政治民主局限于政治和法律上的平等，经济民主反映的是财富平等，而社会民主强调的是地位平等。也有人将社会民主看成政治民主以外的民主内容，其包括的范围相当广泛，诸如经济民主、学术民主、家庭民主以及道德民主的一部分等。❸ 在这个意义上，经济民主是社会民主的重要组成部分。❹ 经济民主是社会民主的基础，同时经济民主也需要社会民主的保障和促进。❺

四、小结：经济民主是政治与经济互动而形成的通过利益公平分配实现人民大众经济利益自主性的治理理念和方式

综上所述，无论从词源意义上还是学界观点来看，经济民主作为一种语言实践和术语在中西方都得到了广泛认可和使用，但对于对经济民主概念内涵的解释莫衷一是、纷繁复杂。基于不同的政治生态环境和学术立场，对经济民主的主体、内容、目标、实现形式等方面的界定各不相同，放在各自的视阈都有其合理性，反映了学术界和思想界关于什么是经济民主的认识程度。除了学术视角和研究问题不同之外，这种混乱与民主概念本身的混乱以及政治意识形态

---

❶ F. E. Emery and E. Thorsrud, 2001, Form and Content in Industrial Democracy: Some Experiences from Norway and other European Countries, first punished in 1969 by Tavistock Publication Limited, reprinted by Routeledge, London, Great Britain, p. 6.

❷ ［美］乔·萨托利：《民主新论》，冯克利、阎克文译，北京：东方出版社1998年版，第10页。

❸ 杜宇："市场经济与社会民主"，载《社会主义研究》1995年第2期。

❹ 刘俊祥："中国式社会民主建设"，载《和谐社会的政治文明建设》，北京：国家行政学院出版社2008年版。

❺ 楼贤俊、胡关金："论经济民主"，载《马克思主义研究》1988年第1期，第229~230页。

之争也无不相关。

首先，经济民主概念的复杂性源于民主概念的混乱。从词源学上看，民主的经典定义即"人民的权力"。从民主概念发展的历史来看，从古代到现代，无论是民主的制度还是民主的观念，都发生了沧海桑田的变化。达尔指出："差别如此之大，以至于如果我们假想的雅典式公民以某种方式出现在我们中间，他必定会认为，现代民主根本就不是民主。"❶ 在现代多元化社会里，民主形式纷繁复杂，按照巴里·霍尔登的观点，民主理论可分为激进民主论（古典直接民主）、新激进民主论（参与民主理论）、多元民主论、精英民主论和自由民主论。❷ 种种不同的民主理论必然对民主概念作出不同的阐释，其中直接民主与间接民主、古典民主与现代民主之间的区别无疑最明显。古典民主主要是一种价值理念，更多地表现为直接民主。而现代民主主要是一种制度形式，表现为间接民主。依据这种区别，上述学者对经济民主概念的界定大致可以分为三类：第一类是主要基于现代民主的定义，强调经济民主是将民主程序和过程运用于经济领域，通过民主选举、协商等形式，在经济政策的制定和实施中体现民主程序，实现民主治理。第二类是基于民主的古典定义，更多地从民主的词源意义出发界定经济民主的概念，认为经济民主是经济领域的人民主权、人民权力平等共享、经济利益公平分配、工人自治、公民直接参与经济决策、管理等。第三类是介于古典民主与现代民主之间的折中类。对民主概念的认识混乱无疑造成了经济民主概念的混乱。

其次，经济民主概念的混乱源于资本主义和社会主义的意识形态之争。部分学者基于对当前资本主义和前苏联社会主义经济模式的批判和反思提出了经济民主的概念，试图将经济民主作为理想的经济体制模式，以改变或取代资本主义经济制度。典型代表如经济民主社会主义者施韦卡特等。对此，有学者坚决反对，认为把经济民主与某种理想的经济制度（如国家所有制、公有制、社会所有制）等同起来往往会造成经济民主概念的混乱。正如科恩指出，把某种经济制度与经济民主混为一谈，会带来三重损失❸：第一，真心寻求普遍改善经济福利的马克思主义者与非马克思主义者之间本来存在的一致性，会由于争执谁是谁不是"经济民主"的支持者而被冲淡。第二，坚持不休地争论谁家的经济模式是真正民主的，阻碍了在确定什么形式的经济所有制与管理将实际促进共有的目标方面取得重大进展。第三，实际目标与理想的程序到处都

---

❶　［美］罗伯特·达尔：《民主及其批评者》，曹海军、佟德志译，长春：吉林人民出版社 2006 年版，第 3 页。

❷　［美］乔·萨托利：《民主新论》，冯克利、阎克文译，北京：东方出版社 1998 年版，第 15 页。

❸　［美］科恩：《论民主》，聂崇信、朱秀贤译，北京：商务印书馆 1988 年版，第 117 页。

不愉快地混淆在一起。如果某一形态（如公有制）对他们来说是民主的，结论便会是全然不同的经济形态（"资本主义"或"自由企业"）对我们来说一定是非民主的。所有注意力都集中在被维护或被攻击的经济制度上，批评者看不到对方真正民主的所在，支持者看不到各自在保护参与的深度与广度上有何缺陷。这种评价有一定的道理，把经济民主等同于某种经济制度，就犯了把经济民主的表现形式和实现形式同其本质内涵混淆的错误。同时，经济民主概念要在理论上和实践中更具有可操作性和适用性，就应该避免资本主义和社会主义的意识形态之争，只有揭开经济民主的意识形态面纱，才能正确理解经济民主概念的内涵和本质。

　　与西方思想界相比，我国对"什么是经济民主"论述的角度不同、出发点各异，但总体上形成了三种基本认识：其一，从政治与经济的关系中认识经济民主，本质在于强调人民大众的经济主体地位与平等权益。其二，从经济组织和企业管理的角度认识经济民主，把经济民主看做一种管理手段或者组织形态，旨在调动劳动人民的积极性，实现经济效率与经济民主的统一。其三，从经济法视角认识经济民主，把经济民主看成一种旨在实现经济主体的自由平等权利和社会公正的价值目标。虽然把经济基础和上层建筑的简单关联容易误解为政治民主与经济民主的关系，而把经济民主与企业生产管理等经济民主的实现形式等同起来则容易忽视民主的制度特征，但这些研究都有助于深入理解经济民主的本质内涵。

　　在对经济民主概念内涵进行综合梳理的基础上，以下主要从经济政治学视角对经济民主的本质内涵进行归纳和总结。早在 20 世纪 80 年代，武汉大学刘德厚教授就倡导建立经济政治学，认为"经济政治"和"经济政治学"是要在一国内和世界范围内，以社会经济发展所直接引起的社会政治问题为主要研究对象，分析经济的政治功能形态、性质和特点，揭示经济政治化和政治经济化过程中政治发展的规律性，探讨解决社会经济政治问题的对策和手段的政治科学。[1]"经济政治"是在社会生活的经济生活与政治生活两者相互转化的过程中形成的。随着社会经济在社会生活各个领域的基础作用的广泛加强，政治与经济在社会发展的进程中越来越紧密地联系在一起，经济与政治相互依存，彼此渗透。经济在社会生活中开始发挥政治功能的作用，成为在一定范围内充当解决社会政治性矛盾与冲突的途径和手段。"经济政治"也就是经济的政治功能性，运用经济利益这个强有力的杠杆来调节社会政治方面的某些矛盾，以达到稳定社会、治理国家的目的。从经济政治学的视角来看，经济民主的科学

---

[1]　刘德厚："'经济政治'范畴分析"，载《经济评论》1994 年第 2 期。

内涵至少包括以下几点。

（1）经济民主不是政治民主的附属物，而是经济与民主结合而成的具有政治性的民主形式，它的显著特点是突破国家与社会的两分法，以经济生活政治化、政治与经济互动为主要形式，旨在扩展民主的深度与广度。

在西方思想界和理论界的话语中，明确反对"经济民主"概念的主要是主张放任主义经济的古典自由主义者。西方自由主义传统认为，国家与社会是分离的，公与私的界限是明确的。经济事务属于市民社会的"私人事务"，由市场来调节，国家应该实行最低限度的干预。他们把民主仅当做一种政治制度，主张把民主严格限制在政治领域，划清政治领域与经济领域的界限，在社会经济生活中忽视了"人民的权力"。按照他们的观点，经济民主这个概念说法似乎是一种谬论。它告诫人们要防止把私人领域非法地加以政治化，以及避免由于在非政治的经济体制中运用政治民主的原则和从权威的专家决策转为无知的不负责任的多数人的决策，从而造成效率上的损失。这种说法忽视了国家和社会的发展必然导致社会各组成部分尤其是经济的政治化，经济民主是大势所趋，不以人的意志为转移；同时忽视了经济民主与政治民主一样，在协调不同利益冲突和矛盾的基础上追求公共利益（关于这一点后面还将谈到）。

西方经济民主的支持者，不管是马克思主义者、参与民主主义者还是新多元主义者、激进民主主义者，都赞同广义的政治观和公民社会观，并将民主与这种政治观相结合，提出各自的经济民主观。马克思主义则直接把政治与经济联系起来，质疑自由主义把经济与政治相分离的观点，"经济被认为具有非政治性，据此，生产资料的拥有和控制者与必须靠工资谋生之间的巨大分裂，也就被视为随意的个人比较的结果，而不是涉及国家的问题。但是，由于捍卫生产资料私有制，因此，国家不可能脱离市民社会的权力关系，而只作为超越所有特殊利益的机构，即'公共权力'而为公众服务"❶。当代参与民主论者认为不能清楚地划分"国家"和"市民社会"的界限，那种声称国家是"独立权威"或"受约束的不偏不倚的力量"的说法应受到严重的质疑。正如佩特曼指出的，国家不可避免地要参与维持和复制日常生活的不平等。佩特曼采用了达尔关于政治的广泛定义，将政治体系界定为"在很大程度上涉及权力、法则和权威的人际关系的持续模式"❷，特别强调："参与性社会的观念要求'政治'的范围延伸至政府以外的领域。……这一广义的政治概念，以及它对政治理论产生的更重要的意义，一旦认识到工业领域本身就是一种政治体系，

---

❶ ［英］戴维·赫尔德：《民主的模式》，燕继荣等译，北京：中央编译出版社1998年版，第166～167页。

❷ ［美］罗伯特·达尔：《现代政治分析》，王沪宁译，上海：上海译文出版社1987年版，第6页。

就会消除许多关于工业领域民主（以及它与参与之间的关系）的观念混淆。"❶
新多元主义者也意识到，由于现代国家对经济领域的干预，经济和经济企业本
质上也是公共企业和政治系统，经济事务不再是纯粹的私人领域的活动；国家
活动也越来越受制于私人资本，这些表明国家与社会只是相对分离，公与私的
界限也并非恒定不变的，如果国家在常态下相对于社会既不是"分离的"也
不是"公正的"，那么很显然，公民不会被看做"自由和平等的"。赫尔德强
调，现代政治的定义不再局限于国家的活动，而是广泛涉及经济社会的权力关
系，政治的内容是权力，即社会代理人、机构和制度维护或改变它们的社会或
物质环境的能力。它涉及支撑这种能力的资源，涉及构成这种能力并影响其实
施的力量。"政治是一种建立在所有集团、制度、社会内部及其之间，并跨越
公共和私人生活的现象。它体现在资源的使用和分配上的协调、协商和斗争的
全部活动之中。它体现为社会生活的生产和在生产活动中蕴含的全部关系、制
度和结构。"❷ 因此，"经济在最基础的意义上是政治的：经济组织权力，分配
财产，并且统治人民。……通过经济过程……财富被转移，商品被分配，阶级
被形成，并且人民被支配"❸。

正是由于政治与经济相互影响、相互渗透，经济领域不再是纯粹的"私
人领域"，而是具有政治性与公共性，这是经济民主概念成立的前提。这种政
治是一种广义的政治观。但经济民主是民主理念、制度、程序在经济领域的运
用和扩展，并不意味着经济民主是政治民主的附属物，它们之间也不是一种简
单的扩展关系或对立关系。

政治民主首先是一种国家制度或国家形式，显然经济民主不是作为国家形
态的民主。如果说政治民主作为权力的配置和运作方式，那么当其涉及公权与
私权关系即政府经济治理过程中的经济民主时，特别是通过法治限制市场特
权、保障公民自由权利，公共权力通过公共经济政策的制定和执行积极保护公
民的经济权益时，它是一种准政治民主。在这个意义上，"政治民主与经济民
主不是'板块'结合的关系，而是相互渗透和相互依存的关系，特别是政府
干预经济过程中的民主，几乎是经济民主与政治民主的统一体"❹；同时，这
与现代经济自由关注的"社会个人主义"意义上的社会经济自由是契合的，
强调市场主体的自主地位和自由权利以及政府的有限干预。微观经济组织中的

---

❶ ［美］卡尔罗·佩特曼：《参与和民主理论》，陈尧译，上海：上海人民出版社 2006 年版，第
39 页。

❷ ［英］戴维·赫尔德：《民主的模式》，燕继荣等译，北京：中央编译出版社 1998 年版，第 389 页。

❸ ［美］道格拉斯·拉米斯：《激进民主》，北京：中国人民大学出版社 2002 年版，第 36~37 页。

❹ 王全兴：《经济法基础理论专题研究》，北京：中国检察出版社 2002 年版，第 238 页。

经济民主如工业民主或企业民主，意味着集体拥有平等的经济决策参与权和发言权，是一种自下而上的公民自治和参与的生活方式，是一种社会民主。从这个意义上来看，经济民主是一种非国家形态的民主政治现象，也是民主政治的重要组成部分。这个层面的经济民主可以为国家范围内的政治参与和民主奠定坚实的基础，促进代议制民主的运行并推动政治民主的纵深发展。

因此，经济民主是民主政治的重要组成部分，没有经济民主就不可能有真正的政治民主。基于这种认识，从经济政治学意义上探讨经济民主的政治功能和价值，可以实现政治民主与经济民主的相互促进，在政治民主相对成熟的西方民主国家将政治民主的创新形式（制度、程序、理念）向经济领域渗透以促进经济民主的发展，进而深化和扩展政治民主。但经济民主自身具有相对确定性，经济民主的实现也并不必然以政治民主为前提，而是可以通过经济民主推动政治民主，促使经济民主和政治民主在非西方民主政治生态的国家中齐头并进。

（2）经济民主不是经济专制，其本质内涵就是人民在经济上当家做主，意味着相对于公权力和精英群体的经济特权而言，人民大众具有经济利益上的自主性或者主体性。

从公权与私权的关系视角来看，经济民主意味着人民相对于公权力管制的经济利益上的自主性或主体性；从精英群体（或富强群体）与人民大众（贫弱群体）的关系视角来看，经济民主意味着人民相对于精英强势的经济利益的自主性或主体性。经济民主是人的自主性在经济领域的体现。"自主性"意味着人民大众自己决定自己的事情，而不受来自他之外的他人的或者其他力量的控制和支配……民主就是大众"自己"拥有主权；自主就是"自治"，即大众自我治理的原则。人的自主性在社会经济领域体现为主体在社会经济生活中当家做主，即人民在经济生活中处于主体地位和享有主体权益。归纳起来，经济民主的本质内容包括"经济民有""经济民治""经济民享"。

其一，"经济民有"。经济民主即经济领域的民主，也就是人民在经济生活中当家做主，可理解为"一切权力来自人民"在经济领域的体现。从理想意义上来说，人民是共同体经济权益的所有者，意味着在一个经济共同体内人民处于主体地位，共享经济权力，拥有平等资格占有和使用经济资源。显然，这里的"经济民有"意味着某种程度的"公有"。我国学界有不少人认为"社会主义公有制就是经济民主制"❶。但他们大多是在传统所有权的归属意义上使用公有制，即每一个成员又不是特定共有财产中某一部分的特定所有者，每

----

❶ 王慎之：《经济民主论》，长春：吉林人民出版社1994年版，第64页。

个人的财产权微不足道，这种公有制未必能实现人民大众在经济利益上的自主性。正如艾伦·布坎南所说："只要某些其他人或其他集团控制着生产资料，一个人就可能受到剥削，这种可能性在非市场中，在无生产资料私有制的市场体系中也都存在。"❶从本原所有制的角度来看，现实中的所有权其实只是一种占有和利用的权利，正如马克思所说："个别人对土地的私有权，和一个人对另一个人的私有权一样，是十分荒谬的。甚至整个社会，一个民族，以至一切同时存在的社会加在一起，都不是土地的所有者，他们只是土地的占有者，土地的利用者。"❷因此，经济上的"人民所有"，是指一个国家不同法律主体所拥有的所有财产，包括国家所有、集体所有、私人所有的财产都是该国公民共同所有的财产，只不过交给不同的主体具体地占有和使用，但占有和使用的行为要受该国法律的约束。❸这表明财产权并不是绝对的，同时受到法律的保护和限制，财产权的拥有者并不能危害他人生命、自由或财产，也不能剥夺绝大多数人获得、拥有和保护财产的权利。因此，"经济民有"更意味着作为公民拥有受到宪法和法律保护的平等的经济权利。当财产所有权和公民经济权利面临冲突时，公民经济权利优先于个人财产权，这是经济民主和社会公平的基石。只有在这个基本前提下，国家的全体国民才能成为享有经济所有权的平等公民，才能实现经济上"人民做主"，而不是"资本做主""财产做主"或者"国家做主"。

其二，"经济民治"。在科恩看来，民主意味着一个更为广阔的由所有公民参与社会管理的体制。参与在经济生活中不仅包含共同参与的权利，也包含共同参与的责任。美国学者路易斯·凯尔萨和帕特里西亚·凯尔萨也认为"政治民主只是半个民主，它分配给人民的只是全部社会力量的一半。社会力量的完整内涵还应包括经济力量，只有政治力量和经济力量都实现民主化，我们才真正拥有民主——这一为人类而设计的社会结构"❹。经济民治意味着应该将尽可能多的公民吸纳到经济共同体中来，使之能够平等参与经济活动和经济过程，扩大经济机会和条件的平等以最大限度地利用经济资源获得生存需要的收入；同时，参与经济共同体的公民不应该被任何形式的强制权力所支配，不管是经济强势群体还是共同体人格化身国家的公权力强制，也就是享有某种

---

❶　［美］艾伦·布坎南：《伦理学、效率与市场》，廖申白、谢大京译，北京：中国社会科学出版社1991年版，第132页。

❷　《马克思恩格斯全集》（第25卷），北京：人民出版社1974年版，第875页。

❸　储建国："经济共和主义——'人民共和国'的经济政治学"，载《探索与争鸣》2010年第3期。

❹　［美］路易斯·凯尔萨、帕特里西亚·凯尔萨：《民主与经济力量》，赵曙明译，南京：南京大学出版社1996年版，第11～12页。

不受支配的自主性。在这两种情况下，公民参与支配自己的经济生活及参与管理国家经济事务所实现的是同一原则，即自主性或主体性的原则。公民只有以民主方式参与经济生活时才能充分实现人与人相互关联的经济生活中的利益自主。在宏观层次上，公民或公民群体通过平等参与政府甚至全球经济治理，在政府经济决策和政策的制定中具有同等影响力，使公共政策更多地反映民众的利益需求，同时监督政府的经济权力，使政府权力不偏离公共利益的方向。人民大众作为市场主体，拥有自由平等的权利以谋取经济利益，反对市场垄断或者政府过度干预。在企业内部，所有公民应该具有同等控制权，对影响共同体经济生活的重要事务拥有决定权、参与权。因此，参与是民主本身所固有的特征的反映，诚如民主理论家科恩（Carl Cohen）所言，民主决定于参与——即受政策影响的社会成员参与决策❶，不管是经济领域还是政治领域的决策。

其三，"经济民享"。社会财富是由劳动人民创造的，正如伯纳德·曼德维尔以嘲讽的风格说："很明显，在一个不允许有奴隶的自由国家里，最现实的财富必然是出自劳苦大众。"❷ 经济民享的一个基本共识就是在经济发展的同时，经济发展成果不能为少数人所垄断，而是收入和财富应该实行民主分配，使所有公民有同等机会共享经济发展的成果。人民群众既是先进生产力和先进文化的创造者，又是其成果的享有者，是经济民主的应有之义。经济共享不仅体现在生产领域资本所得不能剥夺劳动所得、剥夺他们具有生产能力的权力，以实现劳资利润共享；更体现在社会中的财富共享和经济权利共享，甚至代际共享，以实现经济可持续发展。总之，经济民享就是使特定范围的经济共同体成员享有平等的机会、财富、权力（利）的利益分配，为追求共同富裕、共同发展而相互合作。

（3）经济民主不仅是一种价值理念，更是一种调节公权与私权、精英与大众之间经济利益关系的制度安排，旨在通过政治经济安排实现国家治理的目的。

经济民主试图通过特定的制度安排对经济权力或经济权利进行重新配置，调节国家与公民、精英与大众之间的经济利益关系，实现人民大众经济利益上的自主性或者主体性。经济民主的制度形式和实现形式多种多样，不仅仅涉及宏观产权和所有权的经济制度安排、世界宪法或国家宪政、法律对公民经济权利的保护，以及中观政府行政制度、经济政策安排；还包括微观领域企业或工厂民主合作治理机制，所有实现公权与私权、贫富公民群体、劳资之间的合作

---

❶ ［美］科恩：《论民主》，聂崇信、朱秀贤译，北京：商务印书馆 1988 年版，第 12 页。

❷ ［英］安东尼·阿伯拉斯特：《民主》，孙荣飞等译，长春：吉林人民出版社 2005 年版，第 53 页。

博弈与利益均衡，以及保障绝大多数民众的经济权益的公平正义的制度安排。没有制度安排，经济民主就无从实现。

但不能像上述有些学者那样，把经济民主与某种理想的经济制度（比如国家所有制、公有制、社会所有制）等同起来。经济民主不是指资本主义或社会主义性质的经济制度，不等同于"社会主义公有制"，也不等同于微观上工业民主、企业管理民主、雇员所有制或者"后福特主义"方式等。它们仅仅是经济民主的重要实现形式，这些制度形式的创新可以促进政治民主的发展。同时，在现代多元化社会里，民主形式纷繁复杂，按照赫尔德的分类标准，有雅典民主、保护型民主、发展型民主、直接民主、竞争型精英民主、多元民主、合法民主和参与民主等❶；近年来又出现了新的民主形式，如协商民主、网络民主、电子民主等。政治领域的民主程序和制度方式可以为经济领域的公民自治和参与提供方法和制度保障，从而使经济民主表现为多种形式。在这个意义上，西方很多经济民主论者把经济民主看成民主程序和过程在经济领域的运用。

在对经济民主概念内涵进行界定的基础上，本书尝试对经济民主概念下个定义。萨托利认为"民主是什么同民主应该是什么是分不开的。民主只能在其理想与价值让它存在的范围内存在"❷。经济民主的概念也应该是一个集规范性和描述性为一体的概念，规范性体现为一种价值倡导，描述性是指经济民主概念受生产力发展，特定历史阶段受生产关系制约。规范性和描述性之间存在一定张力和冲突，人们在运用经济民主概念时往往容易产生两种倾向，即或者以它的描述性否定它的规范性，或者以它的规范性否定它的描述性。从经济政治学视角来看，经济民主是经济与政治互动而成的民主治理理念和方式。与把民主标榜为"政治家的统治"❸ 的精英民主不同，经济民主强调经济领域的"人民的统治"。经济民主就是旨在通过制度安排协调公权与私权、精英与大众的经济利益关系，实现人民大众经济利益上的自主性或者主体性的治理理念和方式。这个概念比较好地表达了经济民主概念的规范性和描述性，更适合当代世界的社会和经济现实，即经济民主是政治与经济互动的产物。经济民主概念的两个方面是一个有机统一体，作为一种理念，经济民主概念的意义在于它的理想性和批判性，可以用来对经济民主的治理形式进行检验；只要与经济民主理念不相符，经济民主问题就将存在，尽管不同时代的不同思想家对经济民

---

❶ ［英］戴维·赫尔德：《民主的模式》，燕继荣等译，北京：中央编译出版社1998年版，第2页。

❷ ［美］乔·萨托利：《民主新论》，冯克利、阎克文译，北京：东方出版社1998年版，第8页。

❸ ［美］约瑟夫·熊彼特：《资本主义、社会主义与民主》，吴良健译，北京：商务印书馆1999年版，第357页。

主的内容、实现形式、目标的理解不一样，但经济民主作为一种价值永远没有终点，值得我们不懈追求。作为一种治理方式，它的意义在于其现实性和操作性。作为制度形式，不同国家在不同历史时期可以相互借鉴，通过对经济民主不同制度形式的探索和实践，不断推动经济民主的发展。

第三章　经济民主要素功能的思想

经济民主要素功能的思想牵涉民主理论一系列有重大争论的问题：谁才能算做"民"？什么是民主最合适的领域？是否应该把经济事务列入民主政治的活动范围？经济民主的客体范畴是什么？经济民主在何种程度上具有正当性？……归纳起来，经济民主要素功能的思想反映了思想界和理论界对经济民主的正当性与合理性的论证。经济民主论者从不同视角倡导经济民主，对经济民主在何种程度上可欲的回答也不尽相同，本章主要从经济民主的主体、客体、价值三个要素❶分析和归纳他们对经济民主的功能和作用的看法。

一、经济民主的主体：人民大众和共同体公民

无论哪种民主，都是通过主体发挥作用的。从词义上看，"主体"一词既可以指事物的主要部分，又可以指与客体相对的认识和实践的能动主体，即有目的、有意识的人。基于对民主主体的不同看法，对经济民主的主体看法也不同，有些侧重于强调经济民主的主体是（劳动）人民（无产阶级、劳动者），而有的则强调经济民主的主体是共同体的所有公民（劳动者与资本家、雇主与雇员），有的甚至认为经济民主的主体是"企业法人"等。但他们都关注经济民主的主体，突出经济主体在经济生活中的主体地位和作用。自卢梭的人民主权学说以来，人民（people）一直具有整体划一的意蕴，是代表"公益"的整体意志。与此相比，大众（mass）则意指"多"。大众由内部的种种差异构成，这些差异绝不会简单缩减为整体划一的身份——不同的文化、种族、职业、性别取向，不同的生活方式，不同的利益需求。大众是所有这些个体差异的多样性集合。大众也可以想象为一个网络：一个开放、包容的网络，其中的所有差异都可以自由、平等地表达，这个网络提供了许多相遇的机会，使我们有可能共同地工作和生活。❷ 而"公民"概念乃是一个外延更为广泛的并可用

---

❶　本书对经济民主的主体、客体、价值要素的划分得益于佟德志对"资本民主"的相关阐述，参见佟德志：《现代西方民主的困境》，北京：人民出版社2008年版，第163～167页。

❷　［意］安东尼奥·奈格里："大众序言：共同的生活"，载罗岗编《帝国、都市与现代性》，南京：凤凰出版传媒集团、江苏人民出版社2006年版，第52页。

于表示"个人"单位的法律概念。人民、公民、大众都是人的展开形态，不仅是具有普遍意义上独立人格的"人"，更是处于一定社会利益关系中的从事实践活动的"人"。在西方政治思想史上，人民、大众、劳动人民这几个词汇通常是混用的，对经济民主主体的看法的不同主要源于共和主义和自由主义民主理论关于人民主权与个人权利的争论，无论是"人民主体说"还是"公民主体说"，都试图实现人民主权与公民权利的融合。

（一）人民主体说

从"民主"的词源意义分析来看，民主即人民的权利，既包括经济权利也包括政治权利。从一开始"民"的含义就不是明确无误的。古希腊时期亚里士多德所谓的"民"（demos）是由混杂的人群组成。它不但包括许多人，而且还包括穷人。古代雅典民主曙光之后，西方经历了漫长而黑暗的中世纪封建主义专制。直到近代文艺复兴后，民主才成为政治思想史上的主题。卢梭从古典共和主义传统出发，最早提出"人民主权"的概念，将"人民"（people）与"主权"结合起来，与君主专制相对应。而人民意志中普遍抽象的共同意志即"公意"，公意是主权的代表，公意是绝对的、不可分割的、不可让渡的，"公意永远是公正的，而且永远以公共利益为依归"❶。其强调人民主权或者主权在民，即一切权力属于人民，并赋予了民主"与所有人有关的事务应该由所有人来决定"的"直接民主"的内涵。卢梭虽然主张一种不可分割的人民的普遍意志，但也主张天赋人权，只不过认为人民主权优于个人权利。卢梭的人民主权观对近代以来民主主体理论有着重大影响。

青年马克思在《黑格尔法哲学批判》中对民主的理解受到卢梭的明显影响，他把民主制直接定义为"人民主权"，坚决驳斥黑格尔试图将人民主权和君主主权统一起来的荒谬说教，澄清了人民的民主主体地位。在他看来，"人民的主权不是从国王的主权中派生出来的，相反地，国王的主权倒是以人民的主权为基础的"❷。马克思进一步指出，"主权"这个概念是不可能具有双重规定性的，"不是君主的主权，就是人民的主权——问题就在这里"❸。人民的主体性与民主有内在的本质关系，因为民主制是"人的自由的产物"❹，本质上是人民的主体性创造的产物。"在民主制中，国家制度、法律、国家本身，就国家是政治制度来说，都只是人民的自我规定和人民的特定内容。"❺ 他还认

---

❶ ［法］卢梭：《社会契约论》，何兆武译，北京：商务印书馆2009年版，第35页。
❷ 《马克思恩格斯全集》（第1卷），北京：人民出版社1956年版，第279页。
❸ 同上。
❹ 同上，第281页。
❺ 《马克思恩格斯选集》（第3卷），北京：人民出版社1995年版，第41页。

为人是一种社会的存在，"人的本质不是单个人所固有的抽象物，在其现实上，它是一切社会关系的总和"❶。"只有现实的个人同时也是抽象的公民，并且作为个人，在自己的经验生活、自己的个人劳动、自己的个人关系中间，成为类存在物的时候，只有当人认识到自己的'原有力量'并把这种力量组织成为社会力量，因而不再把社会力量当做政治力量跟自己分开的时候，只有到了那个时候，人类解放才能完成。"❷ 所以，民主的实现与人自我自由的实现具有内在的一致性。在《德意志意识形态》中，马克思进一步从唯物史观角度发现了实现人的社会性与自我规定性的统一力量。民主的实现最终要靠现实的人来完成，而现实的人又是历史性、具体性的存在，所以民主也是由一定生产力水平上的经济基础决定的，是一个历史的、具体的过程。他提出无产阶级必须首先夺取政权，即通过政治解放实现人类解放，使民主逐步从低级阶段上升为高级阶段。马克思所谓的阶级首先是一个经济的范畴，根据人们对生产资料的占有关系不同划分为不同的阶级。无产阶级作为"资产阶级的掘墓人"完全有可能把阶级社会中的民主，由以极少数资本家为主体的民主变为以绝大多数劳动人民为主体的民主。马克思从现实的人出发指出，只有承认"社会化的人"是社会的主人和人民是社会历史的真正创造者，才能认同劳动人民在经济生活以及政治生活中的主体地位，也才能表明马克思民主观在走向成熟。在《共产党宣言中》中，马克思、恩格斯对未来共产主义社会做了这样的论述："代替那存在着阶级和阶级对立的资产阶级旧社会的，将是这样一个联合体，在那里，每个人的自由发展是一切人的自由发展的条件。"❸ 其认为"自由平等的生产者联合体"便是经济民主的主体，特别强调每个人的自由发展和全面发展，社会发展是以人为根本和终极目的的，"是人的本质的现实生成，是人的本质对人来说的真正实现"，即"向人自身、向社会的人（即人）的真正复归"❹。毛泽东也一直强调人民的主体性，他说："共产党人的一切言论行动，必须以合乎最广大人民群众的最大利益，为广大人民群众所拥护为最高标准"❺，"人民，只有人民，才是创造世界历史的动力"❻。因此，马克思主义者认为人民是民主的最高主体，并在不同历史时期赋予了人民具体的内涵。人民概念的内涵也是不断变化发展的，但有一点是肯定的，即人民是"人口中的大多数人"，即人民大众或者劳动人民，"人民"不仅仅是整体意义

---

❶ 《马克思恩格斯选集》（第 1 卷），北京：人民出版社 1972 年版，第 18 页。
❷ 《马克思恩格斯选集》（第 2 卷），北京：人民出版社 1972 年版，第 443 页。
❸ 《马克思恩格斯选集》（第 1 卷），北京：人民出版社 1995 年版，第 294 页。
❹ 《马克思恩格斯全集》（第 42 卷），北京：人民出版社 1979 年版，第 120 页。
❺ 《毛泽东选集》（第 3 卷），北京：人民出版社 1991 年版，第 1096 页。
❻ 同上，第 1034 页。

上的人民，更是个体意义上的人民，人民大众包括不属于经济特权阶级或阶层（富强群体）的所有"被排斥者"。只有把人民的权利落实在每个人的身上，人民的权利才不会被暗中抽空，人民才不致沦为"虚构的集体"。

在20世纪晚期的激进民主思潮中，道格拉斯·拉米斯对民主理论的批判和反思无疑是最为激进的。在这点上，拉米斯深受马克思民主理论的影响，他认为，马克思的《黑格尔法哲学批判》中关于民主的论述，可以说是"最接近于激进民主宣言的著作❶"，拉米斯将民主定义为人民的权力，民主就是人民和权力的复合体，"'民主'曾经是一个属于人民的词、一个批判的词、一个革命的词，现在它却被那些统治人民的人所盗用，以为他们的统治提供合法性"。拉米斯宣称，"是该收回它并恢复它的批判和激进力量的时候了，这样的复兴是可能的并且是必要的❷"，呼吁"回归到民主的原意——人民的权力上去❸"。他不再把民主看做一个制度性权力形式，而是看做"一项至今未被实现的承诺"。在《激进民主》一书中，拉米斯认为经济在最基础的意义上是政治的：经济组织权力，分配财产，并且统治人民。……通过经济过程……财富被转移，商品被分配，阶级被形成，并且人民被支配❹，"成为富人不意味着控制财富；成为富人意味着通过财富控制人民。或者，更确切地说，这种形式的财富的真正能力在于其控制人民的能力❺"。拉米斯反复强调，如果民主意味着人民的统治，人民一定要在社会的各个部分中都统治。民主将持续地只有很少的持续力量，除非民主运动成功地建立了一个民主的公民社会，并且特别地是使工作世界民主化了。❻

（二）公民主体说

从古希腊城邦开始，民主的主体是组成城邦共同体的民，这里的"民"同时具有作为经济共同体成员和政治共同体成员的双重资格。城邦本身就是一个公民自治共同体，柏拉图和亚里士多德时期的经济民主可以说就是共同体公民的经济民主。亚里士多德虽然否定柏拉图的极端整体主义精神，但还是没有跳出整体主义框架，他把城邦比做有机的整体，是"若干公民的组合"，公民个人的价值依赖于城邦。离开了城邦，就无主体地位可言。而且，古代的城邦

---

❶ ［美］道格拉斯·拉米斯：《激进民主》，刘元琪译，北京：中国人民大学出版社2002年版，第39页。

❷ 同上，第8页。

❸ 同上，第2页。

❹ 同上，第36~37页。

❺ 同上，第57页。

❻ 同上，第125页。

公民具有排他性，占人口绝大多数的妇女、奴隶、外邦人被排除在"民"之外。在这个意义上，古典共和主义同时具有精英主义倾向，公民"只是一个大的社会里一个享有特权的子集"。随着共同体结构及公共生活观的式微，古代的公民概念必然发生变化。

近代西方自文艺复兴以来，对个人主体性的高扬与人道主义的兴起逐步使自由与民主联合，自由主义民主者指责了人民作为民主主体的重大缺陷，认为它容易使普遍意志具体化，容易导致多数对个人权利的侵犯。在传统君主专制国家，国家是全能国家，变成了唯一的雇主和全部财富的控制者，国家对政治经济生活的全面控制使广大臣民隶属于国家。自由主义民主者分清了公民与臣民的本质区别，认为公民个人是自身利益最好的维护者，要求废除传统社会中的"臣民"意识和人身依附关系，划清国家与社会的界限，并且实现公民对公共事务的民主参与。自洛克以来，自由民主理论就将财产权作为个人应得的所有权，优于人民主权，强调私有财产神圣不可侵犯，确立了经济先于政治的逻辑，把作为市民社会的公民个人与作为国家的公民分开对待，鼓励经济领域的公民个人不受限制地自由创造财富和分配财富。经济权利被少数经济特权阶层操控，他们进而侵蚀民主政治，影响了公民政治参与的机会和能力，形成人权与公民权的冲突。自由主义民主的人性观事实上受制于一种依赖于社会契约论的独特逻辑所拥有的特殊力量的政治观念。正如斯宾诺莎与霍布斯所指出的，这种工具主义的逻辑强调人的条件不可避免地需要某种政治生活的形式。自由主义民主的政治立场是某种可以推导出其最后政治结论的激进个人形式的逻辑。它是戴着某种社会面具的原子论。❶ 它的一个前提基础是人是孤立的存在。诺齐克认为，人类生活最为显著的现实就是"我们都是孤立存在着的事实"。人类不过是一种抽象的概念，只有个人才是真实的存在。自由主义的人性论是通过剥夺人所具有的相互依存、合作与共存的潜在力量来对人进行定义的。精英民主理论的开创者熊彼特篡改了民主的古典意义。民主不再意味着人民在统治。"民主政治并不意味也不能意味人民真正在统治——就'人民'和'统治'两词的任何明显意义而言——民主政治的意思只能是：人民有接受或拒绝将要来统治他们的人的机会。"❷ 民主的主体从公民（或人民）转向了政治家，用熊彼特的话来说，"民主就是政治家的统治"❸。自由民主的捍卫者萨

❶ ［美］本杰明·巴伯：《强势民主》，彭斌、吴润洲译，长春：吉林人民出版社 2006 年版，第83 页。

❷ ［美］约瑟夫·熊彼特：《资本主义、社会主义与民主》，吴良健译，北京：商务印书馆 1999 年版，第 415 页。

❸ 同上，第 357 页。

托利认为："人民是有机整体的观点，很容易得出个人没有意义的结论；借政治之名可以把所有的人一下子压成一团，透过'整体就像一人样'这种说法，我们看到的不是民主制度的辩词，而是极权主义独裁制度的辩词。"❶

在当代主流民主理论中，人民主权不仅面临人民的主体地位被虚化、被架空的问题，而且被限定在"政治"的狭义领域内。因此，针对这种情况，经济民主论者把人民主权扩展到经济领域，并实现了人民主权的个人化，一方面继承了共和主义对人民主权的理解，即卢梭所主张的人民的共同意志，人民主权不仅具有政治意义，更具有经济意义；另一方面又吸收了自由民主对个人权利的保护，把人民当做现实中的人来对待，与"股东民主""资本民主""财产民主"强调少数精英的经济特权不同，它在保护所有公民个人财产权的基础上强调公民参与权、自治权高于财产权，追求共同体公民意义上的经济民主。

当代西方以佩特曼为代表的参与民主理论家批判自由民主理论的个人主义立场无法解决社会中的不平等，无法建立个人与国家或共同体的有机联系。当代民主政治体系的稳定运行，以少数精英的积极参与和投入政治生活与多数民众的政治冷漠和非参与为主要特征。民主理论不再关注"人民"的参与，不再关注普通人的参与活动，民主政治体系的主要优点也不再被认为是普通个人身上所体现出来的与政治有关的必要品质的发展。佩特曼认为，当代精英主义的民主理论实际上并不是充分的民主，而是仅仅描述了现实政治制度的运行逻辑。民主理论并不完全是经验的，也应该是规范的，有着特定的规范要求和取向。按照历史上卢梭、马克思、密尔以及科尔等人的观点，佩特曼总结指出，真正的民主应当是所有公民的直接的、充分参与公共事务的决策的民主，从政策议程的设定到政策的执行，都应该有公民的参与。只有在大众普遍参与的氛围中，才有可能实践民主所欲实现的基本价值如负责、妥协、个体的自由发展、人类的平等等。❷"参与性社会"能否实现，在很大程度上取决于经济领域特别是工厂内部的权威主义结构能否发生根本性改变，取决于能否实现工人对企业的直接参与。"像工业这样的领域本身就应该被看做政治体系，它提供了除国家层次上的参与以外最重要的参与领域。如果个人对他们自己的生活和环境施加最大限度的控制，那么在这些领域的权威结构必须按照他们可以参与决策的方式组织起来。工业在参与理论中的核心地位与实质性的平等有关，这种经济平等要求赋予个人（平等）参与所必需的独立和保障。工业权威结构

---

❶ ［美］乔·萨托利：《民主新论》，冯克利、阎克文译，北京：东方出版社1998年版，第25~26页。

❷ ［美］卡尔罗·佩特曼：《参与和民主理论》，陈尧译，上海：上海人民出版社2006年版，第8页。

中的民主化废除了'管理者'和'工人'之间固定的差异，意味着向满足这一条件迈出了一大步。"❶ 参与民主理论的另一位卓越代表——美国政治学家本杰明·巴伯（Benjamin R. Barber）在其代表作《强势民主》一书中批判了自由民主将经济优先于政治的逻辑，主张将自由主义与民主区别开来，建立强势民主。在他看来，尽管代议制能服务于责任与个人权利，然而它却破坏了参与和公民身份。在巴伯看来，以保护财产权为职能、追求自由为目的的自由主义民主更多地关注促进个人自由而不是保障公共正义，更多地关注增进利益而不是发现善，将人们安全地隔离开来，而不是使他们富有成效地聚合在一起，它能抵制针对个人的任何侵犯——对个人隐私、财产、利益和权利的侵犯——但是，它无法有效地抵御针对共同体、正义、公民性以及社会合作的侵犯。巴伯认定："自由民主赖以为基础的人性论、知识论与政治观在本质上是自由主义的，而不是民主主义的"❷，而"强势民主采取的逻辑前提是政治优先于经济，并且，民主一旦在政治和公共领域完全建立起来后，它可以确保多种经济体系共存状态能够具有充分的平等和正义，甚至在那些市场允许或滋生不平等的地方也是如此"❸。

新多元民主理论家达尔也认为，政治共同体的公民同时也是经济共同体的生产者、消费者、经营者。企业中的所有成员就是民主控制所需要的合适公民总体，在自治企业工作的人员也是"企业公民"❹（citizens of the enterprise），"在确定哪些随意的决策应恰当地列入特定公民议事日程的过程中，以下结论是无可避免的，即所有那些生活受到决策之最大影响的经济企业的所有雇员被包括在公民总体中；而且，为了满足民主的标准，公司的公民必须拥有平等的投票权"❺。公民作为经济民主的主体，意味着公民拥有平等的政治经济权利。科恩强调："'经济民主'是指经济领域的民主。当社会成员有权利选择他们所要追求的经济目标及达到这些目标的经济手段时，就算有了经济民主。"❻塞缪尔·鲍尔斯与赫伯特·金蒂斯认为，从民主政治思想史上来看，无论是自由主义还是马克思主义的民主理论都有明显缺陷，不适合作为民主行动的指

---

❶ [美] 卡尔罗·佩特曼：《参与和民主理论》，陈尧译，上海：上海人民出版社2006年版，第39页。

❷ [美] 本杰明·巴伯：《强势民主》，彭斌、吴润洲译，长春：吉林人民出版社2006年版，第4页。

❸ 同上。

❹ Robert A. Dahl, A Preface to Economic Democracy, Berkeley: University of California Press, 1985, p. 92.

❺ [美] 罗伯特·达尔：《多元主义民主的困境——自治与控制》，周军华译，长春：吉林人民出版社2006年版，第180页。

❻ [美] 科恩：《论民主》，聂崇信、朱秀贤译，北京：商务印书馆1988年版，第117～118页。

导,"民主理论在自由主义和马克思主义这两者传统里的匮乏也许应当归因于这些学说的先行性,而不是归因于这个任务令人畏惧的困难性。两者都没有使民主成为它们的首要目标:前者专注于自由权,后者专注于阶级消亡"❶。他们倡导"后自由主义民主",在经济方面承诺继续扩展公民个人权利,并因而使财产权和国家权力的行使变成民主地负责任,实现人民主权与公民个人权利的结合。它肯定了代议制民主和个人自由权这种传统的民主形式,强调在共同体和工作之中通过代表制和参与制组织起来对投资和生产的民主控制,弱化经济不平等。❷

二、经济民主的客体:劳资、贫富等权益关系

经济民主作为一种经济与民主结合而成的民主形式,内置在一个社会的政治经济体制内,将经济与民主之间的种种关系模式涵盖在内。在现代社会,经济民主内置在资本主义和社会主义两种不同性质的社会经济制度中,难以摆脱意识形态之争。在传统自由主义者看来,资本主义主张以资本为核心来分配经济权利、处理经济事务,这似乎是天经地义的事情,因此反对国家干预,主张"最弱意义"国家。而在前苏联国家主义者看来,只有国家变成唯一的雇主和全部财富的控制者,实现对政治经济生活的全面控制,平等分配财富,才能实现社会正义。"前者强调国家过度集权的危险性的人士,对刀剑的权力提心吊胆";而后者"强调国家更有权力的人士,对金钱的权力忧虑重重。"❸ 针对这些问题,经济民主思想家从各自研究视角出发,在对两种政治经济体制进行批判的基础上,提出通过经济民主来重新配置经济权利,反对资本特权和国家特权。国家与公民、富人与穷人、雇主与雇员之间的关系成为经济民主的客体范畴。具体来说,其主要表现在以下几个方面:生产领域的财产占有关系、对生产过程的财产控制关系、收入财富再分配关系以及经济权利配置关系等。

(一)财产占有关系说

与国家主义以国家权力为核心来分配经济权利,自由主义以资本为核心来分配经济权利、处理经济事务不同,经济民主思想家把生产领域的雇主与雇员、劳动与资本利益关系当做经济民主的重要客体对象,认为生产资料的占有权和控制权往往决定分配结果,通过对财产占有关系、对生产过程的财产控制

---

❶ [美]塞缪尔·鲍尔斯、赫伯特·金蒂斯:《民主与资本主义》,韩水法译,北京:商务印书馆2003年版,第27页。

❷ 同上,第28页。

❸ [美]乔·萨托利:《民主新论》,冯克利、阎克文译,北京:东方出版社1998年版,第486页。

关系的民主调节，实现劳苦大众在生产过程中的主体地位与主体权益。

马克思批判资本主义社会资本家占有生产资料并剥削劳动者，而广大群众被剥夺了基本的生产资料，沦为工资劳动者的地位。他把资本剥夺劳动现象称为劳动的异化、人的异化。马克思认为劳动异化表现为劳动者同自己的产品相异化、同自己的生产活动本身相异化、同自己的生活相异化，并最终表现为人与人的异化，"通过异化劳动，人不仅生产出他同作为异己的、敌对的力量的生产产品和生产行为的关系，而且生产出其他人同他的生产和他的产品的关系，以及他同这些人的关系"❶。私有制的发展又促进了异化劳动的不断再生产。他提出，只有消灭资本主义私有制本身，通过劳动者对生产资料的平等占有，并通过收入按劳分配和按需分配，才能实现经济民主，最终实现人的全面自由发展。

以约翰·罗默为代表的西方马克思主义者也认为资本主义不公正的根源主要是资本家与劳动者财产占有关系不平等。罗默在《在自由中丧失——马克思主义经济哲学导论》一书中指出，剥削即"与财产的不平等所有权相联系的结果的不平等"❷，"剥削存在的决定因素是财产的初始分配，从更一般的意义上讲，是生产资料私有权制度，这种制度允许财产分配被累积为代代相传的巨大的不平等。无论劳动市场还是剥削，都不是马克思主义所关注的不平等和不公正的来源"❸。他从财产占有关系状况来论证剥削和不平等产生的根源，进一步从道德上论证了以生产资料私有制为基础的资本主义制度的非正当性，强调通过生产资料公共所有制实现财产所有权的平等。"消灭那些由对外部世界不同所有权而产生的不平等的方法，不是平均这些财产的所有权，而是实行公共所有制，这就需要消灭特定类型的私有财产权。"❹可惜，对什么是公共所有制，罗默采取了不可知论的研究方法，即只坚持认为它需要为公众福利带来可靠的结果。

（二）财产控制关系说

而西方不少经济民主思想家认为资本主义不民主主要由于等级制权威的经济组织结构，导致生产过程中雇主对雇员的支配，因此，即使在生产资料私有制的制度下，只要能实现生产领域劳动者与资本家之间的民主合作关系，实现利润共享，就能实现经济民主的目标。以维伯、密尔、佩特曼、达尔等为代表

---

❶ 《马克思恩格斯全集》（第 42 卷），北京：人民出版社 1995 年版，第 100 页。

❷ ［美］罗默：《在自由中丧失——马克思主义经济哲学导论》，段忠桥、刘磊译，北京：经济科学出版社 2003 年版，译者序第 4 页。

❸ 同上，第 118 页。

❹ 同上，第 194 页。

的西方经济民主主义者强调生产领域的控制权的平等，经济民主意味着工人自我管理，通过一人一票制的控制和管理将决策权力民主化和分散化，根据民主制定的原则分配企业的净收益，实现利润共享，可以消灭或减少劳资利益冲突。在《政治经济学》中，密尔认为人类合作如果不断发展，将形成一种联合体，"不是那种资本家作为主人，劳动者在管理活动中没有任何发言权的联合体，而是一种劳动者根据平等的条件建立起来的联合体，集体拥有资本并且共同使用资本，在他们所选举产生并可以罢免的管理者的领导下进行工作"❶。也就是说，如果能够实现工作场所中的民主参与，那么工业活动中的雇主与雇员（管理者与员工）等级权威关系将被整体员工选举产生的管理者（领导）之间的平等或合作关系所取代。这样，工业领域的政治关系（在广义上使用"政治"一词）将逐步民主化，而且将可能进一步发展。❷

经济民主社会主义者戴维·施韦卡特认为，在"经济民主制"里，工人具有控制权，享有更多的参与自治。劳动并不是同土地和资本一样的"生产要素"，劳动对工人来说也不是商品，而是一种权利。工人加入一个公司，就成为其中有选举权的一员，有权享有特定净收益中特定的一份。罗宾·阿切尔（Robin Archer）在《经济民主——可行的社会主义的政治学》一书中指出，受企业决策影响较大的工人、股东和消费者中，如果只有股东在企业的决策过程中享有发言权，显然不利于个人自由的最大化发展。在阿切尔的经济民主社会主义模式中，企业决策的权力被赋予了工人。他认为，与股东提供的"资本"商品不同，劳动力"依附于"劳动者，只有劳动者才会受到企业权力的直接支配；"不是资本家而是工人应拥有对企业的决策控制权"❸。因此，与资本主义企业资本雇用劳动不同，经济民主社会主义性质的企业是劳动而不是资本成为企业控制权、经济剩余索取权和生产、分配决策权的真正基础。

霍尔瓦特对资本主义和前苏联社会主义两种经济制度进行了剖析，把后者概括为"国家主义"。霍尔瓦特指出，以斯大林主义为畸形表现的国家主义虽然具有一些社会主义的成分，但国家在社会经济制度中处于绝对支配和统治的地位，集中所有的政治经济权力，这样"一个强大的、集权的、权威的国家成了社会的轴心"❹。因此，国家主义与资本主义一样，都是社会经济权力分配

---

❶ ［美］卡尔罗·佩特曼：《参与和民主理论》，陈尧译，上海：上海人民出版社 2006 年版，第 32 页。

❷ 同上，第 42 页。

❸ Robin Archer, Toward Economic Democracy in Britain, London：Blackwell Publishers, 1996, p. 88.

❹ ［美］勃朗科·霍尔瓦特：《社会主义政治经济学——一种马克思主义的社会理论》，长春：吉林人民出版社 2001 年版，第 25 页。

不平等的社会。国家主义是按照权威等级制组织起来的典型的"金字塔"型的官僚结构，这一权力结构和配置使社会分裂成为不同的阶级和阶层，并直接造成了财富、收入分配以及社会声望的不平等。因此，经济民主社会必然要改变这种权威等级制的经济组织结构，实现工人的自我管理。

（三）收入财富再分配说

传统自由主义者一般强调自由创造财富和分配财富的重要性，认为人们有权利自由地处置自己的财产和劳动，反对过多干预市场，主张"最弱意义"国家，漠视自由市场所带来的社会经济不平等现象。少数富强群体依仗他们的财富或者特权剥夺广大民众的经济权益，控制大多数贫弱群体的经济生活，使他们丧失了经济自主权。针对这种情况，一些经济民主思想家更加注重收入和财富再分配，主张通过国家干预民主地分配财富，保护公民经济权益，以弥补市场失灵。

自霍布豪斯以来的新自由主义者主张扩大国家对经济领域的干预范围，特别是对经济福利民主分配的关注。霍布豪斯认为，国家应该在社会财富再分配中发挥作用，满足公民的基本生活需要，保护公民的基本经济权利。国家有责任维护个人的劳动权利或工作权利，为个人能力的发挥创造良好的社会条件。"国家的职责是为公民创造条件，使他们能够依靠本身努力获得充分公民效率所需要的一切。国家的义务不是为公民提供食物，给他们房子住或者衣服穿。国家的义务是创造这样一些经济条件，使身心没有缺陷的正常人能通过有用的劳动使他自己和他的家庭有食物吃、有房子住和有衣服穿。'工作权利'和'基本生活工资'权利就和人身权利或财产权利一样地有效。"❶ 但他并没有强调经济结果的平等，"他有权利和义务充分利用他的机会，如果他失败了，他会正当地受到惩罚，被当做一个贫民看待，在极端情况下，甚至被当做一个罪犯对待"❷。霍布豪斯还把社会财富和个人财富加以区分，主张社会财富由国家掌握，以保证满足社会成员的基本需要。但霍布豪斯只是关注经济机会的平等，始终没有把国家干预扩大到公民经济地位的平等，也就不可能扩大到生产领域。民主社会主义者则更重视国家在财富再分配中的作用，主张国家积极干预经济领域，提供公共物品，建设福利国家，以缓和劳资和贫富矛盾。

美国著名政治哲学家约翰·罗尔斯在 1971 年发表的《正义论》中提出了"作为公平的正义"理论，主张所有的社会基本价值（或者说基本善）——自由和机会、收入和财富、自尊的基础——都要平等地分配，除非对其中一种或

---

❶ ［英］霍布豪斯：《自由主义》，朱曾汶译，北京：商务印书馆 2005 年版，第 80 页。

❷ 同上，第 83 页。

所有价值的一种不平等分配合乎每一个人的利益。这包括两大正义原则："第一个原则：每个人对于其他所有人所拥有的与最广泛的基本自由体系相容的类似自由体系都应有一种平等的权利。第二个原则：对社会的和经济的不平等应这样安排，使它们：（1）被合理地期望适合于每一个人的利益；（2）依系于地位和职务向所有人开放。"❶ 第一个原则常被称为自由优先原则，第二个原则常被称为差别原则。第二个原则大致适用于收入和财富的分配，以及那些利用权力、责任方面的不相等或权力链条上的差距的组织结构的设计。财富和收入的分配虽然无法做到平等，但必须合乎每个人的利益，同时，权力地位和领导性职务也必须是所有人都能进入的。"一个社会体系的正义，本质上依赖于如何分配基本的权利义务，依赖于在社会的不同阶层中存在着的经济机会和社会条件。"❷ 经济民主的平等主要通过机会公平的原则和差别原则实现，机会公平的原则又优先于差别原则。一种民主公正的经济制度，通过一种特殊地位来消除效率原则的不确定性，当且仅当境遇较好者的较高期望是作为提高最少获利者的期望计划的一部分而发挥作用。罗尔斯赞同福利国家的再分配，主张调节贫富差距以保护弱势群体的经济权益。

（四）经济权利配置说

罗尔斯的经济正义观得到当代众多西方学者的支持，其中包括1998年诺贝尔经济学奖获得者、印度著名经济学家阿马蒂亚·森和美国当代最活跃的法理学家、政治哲学家德沃金。但与罗尔斯不同的是，森更强调经济权利能力的配置。森在《以自由看待发展》一书中认为，只有人的发展、人的福利才是发展的根本目标。在森看来，自由不是个抽象的概念，而是具有实质意义的定义，即指享受人们有理由珍视的那种生活的可行能力，包括免受困苦——如饥饿、营养不良、可避免的疾病、过早死亡等基本能力，以及能够识字算数、享受政治参与等自由。经济平等不仅仅指"物"（基本善如收入和财富等）的平等，而且指"人"（可行能力）的平等。在讨论公平分配时，罗尔斯往往只关注到基本善的分配，而忽视了人们对基本善的获取和分配与其"可行能力"是密切相关的。如果从"可行能力"的角度来看待不平等和贫困问题，社会成员之间"不均等的问题就变大了"❸。经济民主意义的不平等就会变成社会经济条件的不平等，而不仅仅是收入的不平等。森从可行能力的视角来看待贫

---

❶ ［美］约翰·罗尔斯：《正义论》，何怀宏、何包钢、廖申白译，北京：中国社会科学出版社2006年版，第60～61页。

❷ 同上，第7页。

❸ ［印］阿马蒂亚·森：《以自由看待发展》，任赜、于真译，北京：中国人民大学出版社2002年版，第118页。

困和不平等，就把经济民主的客体对象从手段（即基本善）转向人们有理由追求的目的（即自由和权利），这使不平等和贫困等问题有可能在更根本、更接近社会公平正义的层面得以解决。

美国著名学者路易斯·O. 凯尔萨与帕特里西亚·H. 凯尔萨在《民主与经济力量》一书中也强调，经济民主将更多地从基于再分配转变到更多地基于增长的产出和收入能力。其不仅保护拥有资本的人的权利，而且将那些还没有拥有资本的人们变为资本工人以提高他们的收入能力及经济的产出能力。"第三条道路政治"倡导者吉登斯反对老派的社会民主主义和新自由主义分别把财富分配和财富创造看成经济民主的主要客体内容。他们把工作和教育看成经济民主的机会条件。教育是"可行性"或机会再分配的一个重要基础。第三条道路的政治座右铭是"无责任即无权利"。政府对公民和其他人负有一系列责任，包括对弱者的保护。作为一项伦理原则，这不仅仅适用于福利的受益者，而且适用于每一个人。❶ 从伦理意义上讲，经济民主不仅意味着经济权利的平等，还意味着有义务和责任追求大多数人的幸福和快乐，而不仅仅是少数人的，不管这个少数人是富人还是穷人，如，领取失业救济金的人应当履行主动寻找工作的义务，而富人有捐赠的义务。

可见，经济民主调节的客体对象不仅仅是企业内部雇员与雇主之间的工资与利润关系，也是劳资所有权关系、生产资料的控制关系，还包括国家与贫富公民之间财富的再分配关系，更是经济社会共同体成员的经济权利和机会配置关系，这既包括所有权，又包括参与权和控制权，还包括公民的基本经济权利，如工作权、教育权、社会保障权。经济民主不单纯意味着企业内部劳资"利润分享"，也是经济权利（权力）的平等配置，更是对共同体内经济社会发展成果的共享。

三、经济民主的价值：内在价值与外在价值

所谓经济民主的价值，主要是探讨经济民主的正当性，即经济民主为什么、在何种意义上是值得我们提倡和追求的。经济领域为什么需要民主？这是经济民主的倡导者必须回答的问题。他们基于不同的理由提倡经济民主，对经济民主的正当性和合理性进行了论证：（1）从价值性角度论证经济民主的必然性，认为经济领域的民主自治是公民的一项基本的道德权利和政治的善，其本身就值得提倡；（2）从工具性角度论证经济民主的价值，认为经济民主之

---

❶ ［英］安东尼·吉登斯：《第三条道路：社会民主主义的复兴》，郑戈译，北京：北京大学出版社2001年版，第69页。

所以有价值，是因为经济民主所产生的功能和效果，这正是衡量其正当性和合理性的重要标准；（3）从经济民主的价值诉求角度论证经济民主的正当性，认为经济民主的正当性体现在其所追求的效率与平等的平衡、实现社会公平正义的价值目标上。归纳起来，即经济民主的内在价值、工具价值和价值目标。

（一）经济民主的内在价值：经济民主即经济自主

经济民主的内在价值意味着经济民主本身就是值得珍视的。这种内在价值独立于经济民主所要达到的价值目标或产生的不同积极效果，意味着经济民主的内在必然性。从"民主"的词源意义上来说，民主表明人类对于"基于自身权利之上的自治与自主"的价值和理想的追求。在这个意义上，科恩从民主的内在价值即"民主的实质就是自治"的观点出发，认为在与每个人息息相关的日常生活领域，不管是政治还是经济生活中，参与自治都有着巨大的内在价值，这是人之为人尊严的基础。

他认为，为了自治的缘故，每个人都珍视自己支配自己的生活、以自己的方式追求自己的目的的自由和能力。个人自治的经验在经济生活中是以放大的形式表现出来的。在这两种情况下，个人支配自己的生活及社会管理自己的事务所实现的是同一原则，即自主的原则。经济民主即民主在经济领域的运用，经济领域的民主是必然的，因为"如在经济领域完全或者部分缺乏民主时，民主的范围就受到了限制。如在经济领域民主受到排斥，在其他领域民主会更易于受到限制或排斥，因为民主进程的习惯是不管认为的论题界限的"❶。自主是自治作为一种道德理想时的用语。任何尊重并珍视康德所谓"道德的最高原则"——意志自主——的人都会发现经济民主的内在价值。只有以民主方式管理经济生活时才能充分实现经济利益自主——人与人相互关联的个人经济生活中的自主。在经济领域，只有被治者参与政府经济管理和工作场所的治理时，这种自主才有可能实现。自主不是民主的结果，它不是在民主以后或因为民主而产生的。在社会生活中自主即民主，从纯粹道德观点来看，经济民主的利益自主性是它最基本的特点，也可能是最重要的特点。经济民主有其内在的价值，所以其本身就是值得珍视的。

如果把经济民主与经济专制相比，经济民主的优越性就更加突出。不论实际中形式如何多种多样，基本选择只有两种：由社会成员自己选定的经济目标，或由他人，不论是一人或少数人，强加于他们的经济目标。经济民主意味着经济主体在影响自身利益的经济目标上有自由选择权，在经济决策和经济政策的制定上有参与权和发言权，并且经济政策的实施应该着眼于公民福利的普

---

❶　[美] 科恩：《论民主》，聂崇信、朱秀贤译，北京：商务印书馆 1988 年版，第 117～118 页。

遍增加。经济民主与极端的经济不平等也是不相容的，因为"严重的经济不平等必然会使许多人的参与失真。少数人拥有巨量财富而多数人陷于相对贫困之中，这就会给一些人的参与为另一些人操纵乃至控制提供机会"❶。经济民主的这种关切是对人之为人的尊严的承认。只有自主制度才能充分公正地对待人类的理性，特别尊重理性在公共事务中的作用。理性是人独特的特性，应该在与自身利益息息相关者的经济决策过程中占有重要地位，这样，经济生活才会充满人性。

英国著名民主理论家赫尔德则把民主作为政治的善的基本部分，认为应该把经济纳入"民主领域"。在他看来，民主在今天应该意味着自治与自主。"'自主性'的概念包含了人类自觉推理、自我思考和自决的能力，也包含了在私人生活和公共生活中针对不同的路线进行协商、判断、选择和行动的能力，从而产生民主之善，或者用卢梭的话讲即'公共之善'。"❷ 民主的思想是重要的，因为它不仅体现了自由、平等和公正等诸多价值中的一种价值，而且是可以联系和协调相互竞争的既有问题的一种价值，所以"民主应被优先视为政治的善的概念"❸。如果民主意味着"人民的统治"，即由政治共同体中同等自由的成员来决定公共决策，那么政治共同体的合理性就在于促进和提高公民个人和集体的自主性程度。他指出："如果政治平等是一项道德权利，那么要求在控制生产和金融资源的条件方面有更大的平等也是一项道德权利。应当认识到，有必要改变所有制和生产和金融系统某些方面的状况，这对建立一个开放的、公正的政治日程是至关重要的。如果对经济资源的私人控制和使用没有明确的限制，民主的一个必要条件就不可能得到满足。"❹ 民主自主性和世界主义民主模式要求把经济引入"民主领域"，确立一种民主的政治经济体制以替代国家社会主义或自由主义民主的资本主义经济。

他尽管没有明确具体的方案，但还是提出了一套包括企业的、国家的、区域的和全球经济组织和制度民主化的策略。"如果民主想取得胜利，必须把经济领域的关键团体和组织与政治制度重新连接起来，从而使它们成为民主过程的一部分。他们应当在其运作方式中，采用一个与民主相容的规则、原则和实际运作的结构。这个结构的可能性取决于经济团体和组织是否在一直同意和既定的界限框架内运转。我们现在要讨论的是如何把民主的原则、规则程序和民

---

❶ ［美］科恩：《论民主》，聂崇信、朱秀贤译，北京：商务印书馆1988年版，第119页。

❷ ［英］戴维·赫尔德：《民主与全球秩序：从现代国家到世界主义治理》，胡伟等译，上海：上海人民出版社2003年版，第156页。

❸ ［英］戴维·赫尔德：《民主的模式》，燕继荣等译，北京：中央编译出版社1998年版，第377页。

❹ 同上，第410~411页。

主自治纳入公司以及所有其他形式的经济组织的自治规则和程序中去。"❶ 他认为，民主的自主性和民主的世界主义模式，要求在政治和经济领域实行自主性原则和相应的权利和义务，并把它们写入公司的组织规章与程序中。所有企业的经济活动必须尊重每个人在政治关系中的合法权利，拥护世界主义民主法。尽管公司追求的是策略性的目标，但公司必须承诺在一个民主自治的框架内运作，这一框架不违背把雇员和顾客作为自由的、平等的个人来看待的要求。

在对经济民主内在价值的论证上，达尔无非是最引人注目的学者之一。财产权利与民主权利的关系是政治思想史上一直存在且争论不休的问题。达尔也提出了同样的问题：私有财产是否像自治权一样，是一项基本的和不可剥夺的权利？如果是这样，两种权利可能不互相冲突吗？如果冲突，其中一项会优于另一项吗？❷达尔以作为个人权利的财产权为例指出了权利论证的两种方式："一种认为财产权利是工具性的，出于功利角度支持财产权利，因为它能够带来诸如效率、经济发展、政治自由等对个人或社会整体有用的价值；另一种则是价值性的，认为财产权利（甚至经济企业的私人所有权）就像其他自然权利一样，是一项自然的甚至是不可剥夺的道德权利，政府和法律有保护的义务。"❸ 尽管两种不同的论证方式常常混合使用，但是它们对民主程序有着不同的影响，从而产生根本性的冲突。达尔指出："如果经济企业的私有制纯粹是工具性的安排，并且自治是基本的、不可剥夺的权利，那么经济私有制方面的任何立法权限都从属于自治的权利；并且，在一个民主的国家里，人民及其代表将有资格通过民主的程序决定任何一种特殊的安排在多大范围内均衡地获取其价值。他们能决定是经济企业的私有制还是公共的或是社会所有制是可取的，或是其他任何不确定的可能组合是最好的。但是，如果相反，私有制是自然的、不可剥夺的权利，那么这一权利必然优于自治的权利，即使是通过民主程序，一个民族也没有资格剥夺这一权利。"❹

在达尔看来，目前还没有令人信服的理由能够成功论证财产权是与自治权并列的根本权利，民主自治权和民主过程的权利是公民最基本的道德权利之一，而对公司企业的私人所有权并不是一项基本的道德权利，自治权优先于财

---

❶ ［英］戴维·赫尔德：《民主的模式》，燕继荣等译，北京：中央编译出版社1998年版，第410页。

❷ Robert A. Dahl, A Preface to Economic Democracy, Berkeley: University of California Press, 1985, p. 65.

❸ Ibid., pp. 62~63.

❹ Ibid., p. 64.

产权。❶ 他认为："即便我们假设每个人都有经济自由这项基本道德权利，也不是说每个人就能拥有私有财产的基本道德权利。即便我们假设每个人都拥有私有财产的基本道德权利，也不是说所有经济企业就应该是私有的。即便我们要假设经济企业应该私有化，也并不是说公司应该由私人所有并且根据股东而不是管理者和经营者的利益来进行管理。"❷ 因此，经济企业的私有权不符合道德权利。既然企业在本质上是社会的，那么私有财产的正当性就不能成为现有企业的所有权和控制权的正当理由。企业发展所需要的不仅仅是资本的投入，而且更重要的是很多社会性的投入，而不是个人的贡献，更不能只归于资本投资。既然企业是属于社会的，那么就应该让社会来行使对它的支配权，企业的控制权和所有权就应当合法地回归"社会"。其中，由所有雇员来实施对企业的最终控制权无疑是一条可行的途径。同时，他考察美国历史上的经验后指出，财产的占有权并不等于财产的控制权。所有制对于达到任何政治价值和生活价值都不是唯一的，所有制形式可以多种多样。因此，"人民及其代表有权通过民主过程和程序来决定到底以哪种所有制方式占有和控制经济企业，以期最大限度地实现民主、公正、效率等价值，培养人们所追求的人类品性，并且拥有良好生活所必需的最低个人资源"❸。达尔强调，企业的自治或经济民主与政治民主一样具有内在价值。

达尔最后得出结论，"在对私人财产作为一项基本权利与自治权相比较的著名的理论论证中，还没有令人满意的，或由于论据不满意，或因为对权利范围的界定不令人满意，或者两个原因都有"，"更没有理论成功地证明法人企业的私人所有权是正当的"❹。他指出："如果说民主在治理国家中是正当的，那么民主在治理经济企业中也应该是正当的。反过来，如果说民主在治理经济企业中是不正当的，那么我们也不能合理地说民主在治理国家中是正当的。因为在民主标准能发挥作用的所有社团中，其成员都拥有通过民主程序实现自治的权利。"❺ 这种经济民主的合理性和必然性主要依据获得普遍赞同的道德原则，即相等的人应平等相待并且社会成员具有同等权利参与公共事务治理的分配正义原则。

当然，达尔从经济民主的内在价值对经济民主的正当性进行论证的观点受到了以罗伯特·梅尔为代表的学者们的质疑。梅尔认为政府和企业是权利服从

---

❶ Robert A. Dahl, A Preface to Economic Democracy, Berkeley: University of California Press, 1985, p. 74.

❷ Ibid., pp. 74 ~ 75.

❸ Ibid., p. 83.

❹ Ibid.

❺ Ibid., pp. 134 ~ 135.

性质完全不同的组织，与作为民主国家的公民不同，作为企业的雇员在自愿加入企业时，其民主发言权作为一项道德权利被剥夺了❶，雇员自愿服从企业权威并没有违背道德权利。梅尔也赞同工作领域经济民主的价值，但不能以所谓的保护道德权利为幌子，而应该由工作领域民主对政治平等所带来的积极效应即它的工具价值来决定是否进行民主变革。民主的审议比道德权利更具有说服力。对此，达尔后来也作出了回应❷：第一，一个正常人一般必须工作，即便能够自愿退出一个企业，也必须加入另一个企业，因此，他不可能以退出为理由不服从公司的权威。第二，雇员的谈判能力是以拥有的资源和技能为基础的，而大部分雇员与雇主相比缺乏谈判的资本，但他们也应该拥有控制自己经济生活的权利，这是一项基本的道德权利。

（二）经济民主的工具价值：经济民主的多维功能

根据西方政治结构功能分析方法，所谓功能，是指与行为方式的目的和过程有关的影响，简单地说，就是产生特定影响的行为结果。归根结底，"功能是一种客观的影响，但人们也指导它当做来自各种不同观点和为了各种不同意图的目标、过程或结果"❸。经济民主的功能即经济民主运作和实现的影响力。不同经济民主思想家对经济民主的功能与作用的认识的侧重点不同，经济学家更多强调经济民主对经济发展的作用，左翼马克思主义者更多关注经济民主对实现社会主义价值目标如自由、平等、民主、效率、增长等的影响，而西方民主理论家更多关注经济民主对民主政治发展的影响。

1. 经济民主对民主政治的促进功能

经济民主思想家尽管对经济民主的民主政治功能的看法不统一，但有一点基本达成了共识：一个政治民主的社会必须以经济上的平等和经济上的民主为基础，没有经济民主就不可能有真正的政治民主。典型代表如多元民主理论家达尔，参与民主理论家密尔、佩特曼、巴伯，后自由主义民主者鲍尔斯与金蒂斯等。

第一，经济民主可以促进公民之间的政治平等。塞缪尔·鲍尔斯与赫伯特·金蒂斯认为经济民主关注经济不平等（分配不公），但不是关注收入分配本身，而是其政治后果，即对政治平等、个人自由的影响。如同上面提到的，民主和财产权利的关系一直备受政治思想家的关注，当财产没有被平等地分配

---

❶ Robert Mayer. Robert Dahl and the right to workplace democracy, The Review of Politics. Notre Dame：Spring 2001，Vol. 63，Iss. 2；p. 221.

❷ Robert Dahl, A right to workplace democracy? Response to Robert Mayer, The Review of Politics；Spring 2001，Vol. 63，Iss. 2；Academic Research Library，p. 249.

❸ 俞可平：《西方政治分析新方法论》，北京：人民出版社1989年版，第49页。

时，两者将会产生冲突，分配越是不平等，冲突的可能性就越大。一些思想家把民主看做对财产权的威胁，认为政治平等会危害个人财产权。如果公民之间政治平等而经济上不平等，那么经济上不平等的公民将会联合起来反对政治平等；同时，如果穷人人数众多，那么民主程序和过程将会危害富人的利益，经济不平等将使他们利用在国家政治方面的平等地位去剥夺极少数富人的财产。也有思想家把财产权利看做民主的危害，认为经济资源在一定程度上可以转化成政治资源。如果公民在经济资源上不平等，那么他们有可能在政治资源上也不平等，并且大大影响公民政治参与的机会和能力，进而影响政治民主的实现。在少数极端的情况下，少数富人甚至拥有如此巨大的政治资源，以致他们能够控制国家，操纵大多数公民的生活，掏空民主的实质内容。达尔认为，经济民主能够实现经济资源在一定程度上的平均分配，避免过分的贫富悬殊❶，以解决民主与财产权的冲突。然而经济秩序的平等不能依靠在市场中竞争并追求利润的自治企业自动实现，也不可能离开政府对财富和收入再分配的政策调控，"不能靠一个自治企业体系创造完全自我调节的平等主义秩序"❷。这"虽然不会消灭公民之间相互冲突的利益、目标、观点和意识形态，但可能减少利益的冲突，给予所有公民在治理国家时维持政治平等和民主体制更为平等的权利，并且促使公民在公平标准上达成一种更为强有力的共识"❸。

第二，经济民主有利于促进公民的政治参与技能和水平。经济民主的支持者密尔、科尔、佩特曼等认为，与一般企业中将经济控制权集中在资本所有者——资本家手中不同，经济民主强调通过授予企业内部成员在企业决策中的同等发言权而将控制权分散化，并且可以由此激发全体成员潜在的主人翁责任感、主动性和创造性，发挥和增强其民主精神和民主政治的实践能力。佩特曼认为，工作场所的参与会激发政治效能感，从而增强地方和国家层级的政治参与。根据佩特曼的观点，公民参与活动最恰当的领域是与自身生活息息相关的领域。佩特曼重点研究了工业领域特别是工厂，因为这是人们最为熟悉也最感兴趣的领域。大部分人一生中的大量时间都花费在工作中，工作场所的活动在集体事务的管理方面提供了其他领域所没有的教育功能。只有当个人有机会直接参与和自己生活相关的决策时，他才能真正控制自己日常生活的过程。佩特曼还认为，像工业这样的领域本身就应该被看做政治体系，它提供了除国家层次上的参与以外最重要的参与领域。如果公民个人对他们自己的生活和环境施

---

❶　Robert A. Dahl, A Preface to Economic Democracy, Berkeley：University of California Press, 1985, pp. 68 ~ 69.

❷　Ibid. , p. 108.

❸　Ibid. , p. 110.

加最大限度的控制，那么这些领域的权威结构必须按照他们可以参与决策的方式组织起来。❶ 埃斯特林指出："通过增加工作场所工人的权利和给予他们参与决策的机会，工人的自我管理就会有助于政治民主。"❷

第三，经济民主有助于培养公民的道德责任感。参与民主理论家一般强调参与能培养公民民主性格和道德责任感，形成共同体。密尔强调，地方层次的公民参与，特别是将参与进一步扩展到社会生活的一个全新领域——工业领域，能够发挥教育功能，使民主品质得到培养，使公民自由得到发展。工业组织中的合作组织将推动这些组织的参与者的"道德转变"，推动工人们"在追求一种对所有人具有共同益处的过程中形成友好竞争的氛围，有利于提升劳动者的尊严，在劳动阶级中形成一种新的保障感和独立感，将每个人的日常工作变成培养相互之间的社会支持和实践智慧的一所学校"❸。科恩赞同密尔的观点，认为民主的经济组织不仅是提高每个工人参与政治过程的态度、动机、知识和技能的关键性要素，而且可以进一步使现存的政治体系从寡头走向民主。一旦组织从寡头走向民主，组织中的人就可以从贫穷落后、不自由的、顺从的及政治效能感低下的人转为具有更多自治、自由和自决的人。通过生产社会化，实现更大程度上的经济平等，增强工人在工作场所的民主参与，社会的道德转变就会发生，公共精神就会被强化。❹ 巴伯也持相似的观点，认为经济民主有助于形成公共认同或共同体意识。

达尔认为，尽管参与民主理论对参与能培养公民民主性格的判断仍然存在争议，但自治企业体系将有望在人类品质方面实现一些重要改变。他指出，由其雇员民主地治理的公司比管理者的等级式治理更具责任意识，因为在民主治理企业中，雇员的劳动不再是其生产资本的一部分，而是实现自身当前利益和长远利益的手段，企业的发展与雇员利益的实现程度和实现水平息息相关。对此，可通过两方面来"促进更崇高的道德责任感的培养"。一方面是自治企业有助于"原则上消除和实践上最大限度地减少雇员和雇主之间不负责任的对抗性和敌对性关系"❺。因为在自治企业中，雇员在企业福利上一人一股，所

---

❶ ［美］卡尔罗·佩特曼：《参与和民主理论》，陈尧译，上海：上海人民出版社2006年版，第39页。

❷ ［英］索尔·埃斯特林、尤里安·勒·格兰德编：《市场社会主义》，邓正来等译，北京：经济日报出版社1993年版，第176～177页。

❸ 转引自［美］卡尔罗·佩特曼：《参与和民主理论》，陈尧译，上海：上海人民出版社2006年版，第32页。

❹ Steven L. Schweitzer, Participation, Workplace Democracy and the Problem of Representative Government, Polity, 1995 (3).

❺ Robert A. Dahl, A Preface to Economic Democracy, Berkeley: University of California Press, 1985, p. 100.

以那些有害于公司绩效的行动会对所有人产生不利影响。另一方面是在自治企业中，普通公民接触更多的、更频繁的是雇员，与数量极少的高级经理人相比，雇员更能代表消费者、居民等普通大众的利益，更能共同担当决策的负面影响。而且，这些经理人是由雇员选举产生的，需为全体雇员共同利益的最大化服务，而不像在法人企业中那样，股东利益至上，甚至不顾雇员利益。这样，"经济企业中充分而平等的公民身份将极大地减少企业内部冲突和敌对关系，间接地影响普遍的政治和社会关系"❶。后自由主义民主者鲍尔斯与金蒂斯也相信，通过提供投资和生产中无责任的等级制威权的替代者，经济民主能够促进工人和那些控制可以投资的资源的人的忠诚、信誓和责任。❷

2. 经济民主对实现平等、效率、和谐等社会主义价值的功能

左翼马克思主义者或社会主义者试图以社会主义为价值目标，追求比当代资本主义或前苏联模式社会主义"更新、更民主、更平等"的经济民主社会主义模式。他们更多关注经济民主与现行经济体制相比对实现社会主义价值目标如民主、平等、效率的作用。典型代表为左翼市场社会主义者戴维·施韦卡特、奥塔·锡克、勃朗科·霍尔瓦特、罗宾·阿切尔、戴维米勒等。

施韦卡特把经济民主社会主义与自由放任主义的资本主义甚至现代自由主义的资本主义相比较，认为经济民主可以保证更高的效率、更合理的增长以及更多的自由、平等、民主和富有意义的工作，从而彰显出其经济和道德的正当性和优越性。在施韦卡特看来，经济民主对民主的价值诉求是最主要的，也更具说服力。首先，最为明显的就是民主向工作场所扩展，使工作场所的组织更民主。资本主义专制制度的基石被一人一票的民主制所取代。在经济民主制下，工人具有控制权，享有更多的参与自治。因为工厂民主的程度不会受到资本家不择手段寻求利润的需求的限制。工厂民主虽然不能避免劳资冲突，但能公开讨论问题，并在劳资冲突激化之前和平解决它们。第二，经济民主制接受对经济变迁的全面指导的议题，扩大了代议制民主的范围。经济民主制会明确地设计它的投资机制，让国家、地区和社区的立法机构将那些会影响其选民日常生活并且有重要意义的投资决定纳入政治范畴，实行更明智的民主控制。对于那些强烈影响我们未来的经济决定，将由可以依赖的被选举的代表们作出决策，而不是由市场那只看不见的手来决定。施韦卡特比较了经济民主模式下核能事务与自由放任模式下核能事务的区别，由此我们可以看到两种模式的区

---

❶ Robert A. Dahl, A Preface to Economic Democracy, Berkeley: University of California Press, 1985, p. 109.

❷ [美]塞缪尔·鲍尔斯、赫伯特·金蒂斯：《民主与资本主义：财产、共同体和现代社会思想的矛盾》，韩水法译，北京：商务印书馆2003年版，第272页。

别："在经济民主制下，要走上（或继续走上）发展核能之路，必须通过国家的立法机构来作决定。听取各方意见，争论可能的后果，然后由立法机构投票表决。相反，在自由放任主义下，是由公用事业公司决策。能源事务是生意事务，而不是政府事务。"❶ 由于每个社区都会收到按人均份额分配的国家投资基金，公民有机会了解自己的社区的总体结构，公众对公共事务的参与程度更高。第三，市场民主，也就是以个人的购买能力去为自己希望发展的经济"投票"，经济民主制度下虽保留了市场民主，但是由于降低了收入不平等的程度，消除了市场民主最令人反对的特点。同时，这也大大降低了多头政治的消极方面：更大程度的经济平等减轻了金钱控制选举过程的扭曲程度，媒体不再被经济精英们控制，也不存在由少数人构成的特权阶级，因此，经济民主在政治上更加民主。

在西方左翼学者看来，平等是社会主义的核心价值，没有平等就没有社会主义。由于每个人都在社会中扮演着生产者、消费者和公民三个基本角色，因此，经济民主的社会主义社会必须实现生产者平等、消费者平等和社会平等。施韦卡特认为，自由放任主义由于财产收入造成经济的极度不平等，同时伴随更多的失业和贫困。在经济民主下，由劳动收入创造的财富将更加平等，因为那里没有资本家，没有"非劳动收入"，收入不平等只是体现个人努力程度和天赋不同。而经济民主制度存在不平等，但由于工作场所对不平等的控制，可以减少经济不平等，如管理者的收入必须由工人们来验证，不会像资本主义的CEO们一样自由确定自己的工作。英国牛津大学纽菲尔学院社会学与政治学理论研究戴维·米勒教授的"市场社会主义的纯模式"是一种合作制的市场社会主义模式。米勒宣称，他建构合作制市场社会主义，"就是要证明市场社会主义仍然忠实于社会主义的基本目标"，并且能够做到"把市场的效率长处与社会主义的人道的和平等的目标结合起来"，力图证明它在实践中可以实现平等、民主、自由和高效的社会主义蓝图。合作制经济模式比资本主义更具有平等的特征。这是因为生产资本的社会化消除了不平等的重要根源。尽管市场社会主义不能消除所有资本报酬，如，它可能允许私人储蓄和私人拥有房产，但这类报酬不能导致收入和财富分配的重大不均。在资本主义中，尽管每个人的收入分配是不平等的，但是由于在市场社会主义中所有收入都是"劳动收入"，这种收入上的不平等并不会影响社会平等目标的实现。"一句话，市场社会主义实现了三种形式的平等：最低收入的平等，平等地利用由投资机构分配的资本，以及通过合作制度和生产性资源社会所有制的优点限制市场产生的

---

❶ ［美］戴维·施韦卡特：《反对资本主义》，李智译，北京：中国人民大学出版社2002年版，第192页。

不平等。"❶ 米勒还提出了"复合平等"的概念。"复合平等"指的是在经济平等的基础上更广泛的平等，包括接近资本的平等、竞争起点的平等、社会地位和权力平等、受教育的平等等。

关注效率是经济领域的首要问题。锡克认为，经济民主制能够比现行资本主义体制带来更多经济效率，能够更有效地利用潜在的生产资源来生产效用价值，并尽可能促进各种新的、更有效的生产因素的产生。但效率与增长不是一回事。效率的前提主要在于质的方面，而不在于量的方面。不是通过延长劳动时间或加强劳动强度，相反，应当通过更好地利用现有的生产因素以及通过质的方面的进步来缩短劳动时间和减轻未来的劳动。在资本主义市场经济中，造成效率损失的根本原因是缺少宏观经济计划和不加调节的市场机制，不可避免地造成周期性宏观干扰以及通货膨胀危机，同时又不可避免地造成垄断化的加强。在前苏联社会主义经济中，造成效率损失的原因在于缺少市场机制，这种机制是指令性计划体制所代替不了的。而经济民主制可以消除利润利益与工资利益之间的对立、劳动者与资本所有权之间的对立、劳动者同经济管理者之间的对立，"通过使市场机制和宏观经济计划以及市场调节以新的方式结合起来，从而达到较高的经济效率"❷，实现更有效率、更和谐的和更人道的经济发展。

除此之外，我国学者在归纳市场社会主义的经济民主思想的基础上提出，作为一种新型的企业组织模式的经济民主是基于正义原则构建的，所以更人道，是和谐社会的立足之本。它首先改变了工作场所中的社会关系和道德关系，能减少劳动与资本的冲突。经济民主也改变了市场竞争关系，具有一种体现了"自己活也让别人活"（the principle of "live and let live"）这一原则的自然倾向，它比今天的其他市场经济的这种倾向要强烈得多。人们在经济关系上的主要冲突根源的消除，必将在人们的其他社会关系中得到反映。人们将学会相互尊重而不是相互利用，学会团结和博爱。只有经济民主才能推翻那些使人成为受屈辱、被奴役、被遗弃和被蔑视的东西的一切经济社会关系。

经济民主企业不会像现代的资本主义公司那样具有无限成长的倾向，不会人为地制造产品差别和诱导人们无限消费的心理，也不会在广告和推销活动上浪费大量的资金，因而能更有效地利用稀缺资源。同时，由于进行生产决策的劳动者们可能就住在工厂的附近，而不像远在千里之外的股东们可能正在阳光

---

❶　A Vision of Market Socialism: How it Might Work And Its Problems, in Frank Roosevelt and David Belkin（eds.）, Why Market Socialism: Voices From Dissent, M. E Sharpe Inc., 1994, p. 253.

❷　[捷] 锡克:《一种未来的经济体制》，王锡君等译，北京：中国社会科学出版社1989年版，第64页。

明媚的海滩上晒太阳，所以他们更关心生产对环境的影响，从而控制和解决生产的负外部性问题。由于这些原因，经济民主促进了人与自然之间的和谐。

尽管这种经济组织没有被主流经济学家所认可，但它必将代表经济组织发展的未来方向。他引用了美国著名经济学家、经济民主的主要倡导者瓦内克分析参与制经济所得出的结论："即使用最严格的、纯粹的经济效率的标准来衡量，工人参与管理制经济将同今天其他经济制度一样运行得有效率，更可能的是，比其他制度运行得更好。如果用包括人性、心理和社会方面的更广泛的标准来衡量，工人参与制经济具有无可辩争的优越性。"❶

（三）经济民主的价值目标：效率与公平、自由与平等的平衡

经济民主的价值不仅体现在其内在的自主性，更在于经济民主作为一种民主理念必然承载着一定价值诉求。人民主权不仅是经济民主的内在价值，也是经济民主的价值诉求。与把民主局限于政治领域的自由主义民主不同，经济民主的正当性的逻辑前提就是人民主权不仅具有政治意义，更具有社会经济意义，主张把人民主权的理念运用和扩展到经济领域，追求人民大众在经济上的自主性或主体性，从而不断扩展民主的深度和广度。同时，由于经济民主是经济与民主的结合，是经济与政治互动的结果，所以，经济民主既要体现经济领域的价值规范，又要体现政治领域的价值规范。经济民主思想家对效率、公平等价值作出了各自的阐释，并试图对相互冲突的价值进行协调和平衡。经济民主的价值不仅仅体现在人民主权、效率、平等价值的促进功能上，更体现在对效率与公平、自由与平等这些相互冲突的价值的平衡上。

1. 效率与公平平衡的价值诉求

根据美国著名社会学家丹尼尔·贝尔（Daniel Bell）的轴心理论，政治领域强调平等，经济领域强调效率，但政治与经济的相互渗透使两个领域的轴心重构。效率和平等是当今社会经济与政治的内在矛盾。他在 1976 年出版的《资本主义文化矛盾》一书中说："我认为最好把现代社会当做不协调的复合体，它由社会结构（主要是技术—经济部门）、政治与文化三个独立领域相加而成……三个领域各自拥有相互矛盾的轴心原则：掌管经济的是效益原则，决定政治运转的是平等原则，而引导文化的是自我实现（或自我满足）原则。"❷美国著名经济学家阿瑟·奥肯在《平等与效率》一书中指出，现代民主社会的结构是双层次的，政治制度和社会制度提供了广泛的权利分配，公开宣布所

---

❶ 转引自吴宇晖、张嘉昕："经济民主：一种关于'劳动的政治经济学'"，载《当代经济研究》2008 年第 1 期。

❷ 参见［美］丹尼尔·贝尔：《资本主义文化矛盾》，赵一凡等译，北京：生活·读书·新知三联书店 1992 年版。

有公民一律平等。然而其经济制度却建立在市场决定收入的基础上，由此产生了公民生活水平和物质福利上的悬殊差别。政治领域的平等权利与经济领域的不平等收入是资本主义民主无法回避的事实，平等政治权利和不平等收入的混合结果造成了民主的政治原则和资本主义经济原则之间的紧张关系。一些市场经济的得势者希望用金钱来谋求更多额外的权利，而这些权利本身应该是平等分配的。对这些人来说，他们提前起跑使得机会不均等了。对那些在市场上受到惩罚的人来说，其后果是一定程度的被剥夺，这与人类尊严和相互尊重的民主价值观相冲突。于是，在资本主义发展中，"社会面临着选择：或是以效率为代价的稍多一点的平等，或是以平等为代价的稍多一点的效率"，"在平等和效率之间，社会面临着一种重大抉择"❶。效率多一点还是平等多一点是当代西方政治派别的分歧所在。

效率有许多种定义，不同的阐释有不同的内涵。帕累托效率是自由主义者普遍接受的衡量效率的标准。所谓效率，就是对有限资源的有效利用，这一概念着眼于每一个社会成员的福利地位。按照帕累托效率概念，一个给定体系的某一状态是帕累托状态，当且仅当该体系没有一种可行的可供选择的状态能令至少一个人境况变好而不令别人变坏。但经济自由主义者常常把它当做一个纯技术的效率概念，一个中性概念而不是一种价值。正如艾伦·布坎南在《伦理学、效率与市场》一书中指出："他们看不到帕累托效率概念之所以得到普遍承认，是因为它接近常识，接近社会安排应当是互利的这一伦理标准。"❷经济民主的倡导者施韦卡特认为，无论是日常意义还是技术意义，效率都不是一个价值中性的概念，它预设了某些特定的价值关怀。从日常意义上来说，效率就是以最少的劳务和资源的投入与消耗获得最大的产出。它也蕴含几种价值判断：物质商品是好的，稀缺资源不应该浪费，少费力比多费力好。如同所有价值诉求的基础是人类幸福，一种经济民主制度应该关注一种与物质商品和服务的生产、分配及消费相关联的人类幸福。塔基斯·福托鲍洛斯从包容性民主视角对效率进行了重新定义："资源配置的主要标准不是效率，因为目前对效率的界定是一种狭义的技术——经济术语，这一术语是以现行体制满足有钱人欲望的能力为基础的。所以，效率应当被重新定义为满足人类需要的有效性。"❸亚美尼亚学者格雷格言也认为，传统意义上的经济民主被看做"剥夺

❶　[美] 阿瑟·奥肯：《平等与效率》，王奔洲等译，北京：华夏出版社1999年版，第1页。

❷　[美] 艾伦·布坎南：《伦理学、效率与市场》，廖申白、谢大京译，北京：中国社会科学出版社1991年版，序言第3页。

❸　[希] 塔基斯·福托鲍洛斯：《当代多重危机与包容性民主》，李宏译，济南：山东大学出版社2008年版，第176页。

私人的经济权力转而由集体负责任地、民主地控制",它是以牺牲效率为代价的。而"一种理论上可以接受、可欲的并在实践上可行的经济民主理论必须再次履行（效率）承诺，经济民主是能够与经济效率相容的"❶。而邓小平直截了当地提出，调动积极性是最大的民主。❷ 大力发扬经济民主的重要目的之一就是为了充分发挥国家、地方、企业和劳动者个人的积极性，千方百计调动劳动者的创造性和积极性，提高经济管理和劳动生产效率。在经济民主思想家看来，这种效率的内涵是以人民大众作为经济民主的主体为前提的，经济民主需要充分调动人的积极性，促进人的主体性，满足人民大众的合理需要，而不仅仅是少数有钱人或强势群体的需要。换言之，效率作为经济民主的价值目标，不是以技术效率为核心的经济增长，而是通过经济发展创造更多的财富来满足人民大众的基本需求，实现人的全面自由发展。

平等在民主的语境中是一个永恒的命题。平等概念在政治学中有许多种用法。所谓平等，也可以用非常实在的方法加以简单化的表述。一方面，"平等"表达了相同性概念，人在本质上是平等的；另一方面，平等又包含公正，这时的平等更多是指人们之间在收入、机会和政治权利等分配意义上的平等。亚里士多德认为，所谓"公正"，主要在于"平等"❸。像中世纪的许多思想家一样，布鲁尼托·拉蒂尼直言不讳地说："一如公正是个平等问题一样，不公正就是不平等；因而希望建立公正的人就是在试图变不平等为平等。"他重复了亚里士多德的说法："不公正即不平等，公正即平等。"从西方民主政治运行的实践来看，从社会民主主义到马克思主义都认识到，仅仅形式上的政治平等，并不能够有效地防御社会经济领域私人资本的巨大力量对于民主政治的侵蚀，保障普通民众的政治经济权益。不同政治派别纷纷主张通过经济民主追求经济平等。恩格斯早就指出，"民主含着社会平等的要求"，"平等应当不仅是表面的，不仅在国家的领域实行，它还应当是实际的，还应当在社会、经济领域实行"❹。马克思、恩格斯倡导消灭私有制，实现公有制而达到劳动者经济地位的平等，实现"自由人联合体"。但后来列宁和斯大林的前苏联计划经济体制，通过国家集中行使经济权力，实现平均主义"大锅饭"，平等地分配财富。这种经济平等观客观上造成了国家的主体性和目的性，人民则成为国家的工具，即"国家本身就是一切，它本身就是目的，而不是实现其他目标的手

---

❶ Arman Arayik Grigoryan, The New Approaches in the Theory of Economic Democracy, The international journal of Applied Economics and Finance 1（1）：1，2007，p. 3.

❷ 《邓小平文选》（第 2 卷），北京：人民出版社 1994 年版，第 146 页。

❸ ［古希腊］亚里士多德：《政治学》，吴寿彭译，北京：商务印书馆 1965 年版，第 178 页。

❹ 《马克思恩格斯全集》（第 2 卷），北京：人民出版社 1965 年版，第 663～664 页。

段"❶。这种经济平等面临"马蒂内斯谬论"："革命使一个对少数人过分富足的世界，变成了一个对所有人都匮乏的世界"❷，"从没有再分配的增长到没有增长的再分配（穷分配）"。

自由民主主义者把自由置于平等之上，强调经济机会和条件的平等，"即给不平等的人以平等的机会"，只有遵从机会平等才能保证经济生活的成功和失败是个人自由选择和后天努力的结果，使每个人都有获得经济利益的经济权力和能力。弗里德曼指出："一个社会把平等放在自由之上，其结果是既得不到平等，也得不到自由。相反，一个把自由放在首位的国家，最终作为可喜的副产品，将会得到更大的自由和更大的平等。"❸ 对平等的追求是所有民主社会主义者的主要关注点，认为平等不是新自由主义者的机会均等或精英统治，经济民主意味着通过福利国家实现财富分配的平等。"第三条道路"政治进一步把平等定义为"包容性"❹，把不平等定义为排斥性（两种排斥类型）。"包容性"意味着公民资格，意味着一个社会的所有成员不仅在形式上，而且在其生活的现实中所拥有的民事权利、政治权利以及相应的义务，还意味着机会以及在公共空间中的参与。工作和教育是重要的机会。教育是"可行性"或机会再分配的一个重要基础。教育体现了更大范围的经济不平等。在一个包容性的社会，劳动可以带来多方面的好处：它为个人创造了收入，赋予个人一种稳定感和生活中的方向感，并为社会创造了财富。一个包容性的社会必须为那些不能工作的人提供基本的生活所需，同时还必须为人们提供多样性的生活目标。

不少经济民主思想家从效率基础上的社会公平视角为经济民主的正当性辩护。其中，罗尔斯基于社会结构和基本制度的公平正义理论最引人注目。他主张所有社会基本价值（或者说基本善）——自由和机会、收入和财富、自尊的基础——都要平等地分配，除非对其中一种或所有价值的一种不平等分配合乎每一个人的利益。这包括两大正义原则："第一个原则：每个人对于其他所有人所拥有的与最广泛的基本自由体系相容的类似自由体系都应有一种平等的权利。第二个原则：对社会的和经济的不平等应这样安排，使它们：（1）被

---

❶　何新：《论政治国家主义——何新近期政论》，北京：时事出版社2003年版，序言第3页。

❷　［英］拉尔夫·达仁道夫：《现代社会冲突》，林荣远译，北京：中国社会科学出版社2000年版，第17页。

❸　［英］米尔顿·弗里德曼：《资本主义与自由》，张瑞玉译，北京：商务印书馆1986年版，第26～27页。

❹　［英］安东尼·吉登斯：《第三条道路：社会民主主义的复兴》，郑戈译，北京：北京大学出版社2001年版，第109页。

合理地期望适合于每一个人的利益；（2）依系于地位和职务向所有人开放。"❶
第一个原则常被称为自由优先原则，第二个原则常被称为差别原则。第二个原则大致适用于收入和财富的分配，以及那些利用权力、责任方面的不相等或权力链条上的差距的组织结构的设计。财富和收入的分配虽然无法做到平等，但必须合乎每个人的利益，同时，权力地位和领导性职务也必须是所有人都能进入的。"一个社会体系的正义，本质上依赖于如何分配基本的权利义务，依赖于在社会的不同阶层中存在着的经济机会和社会条件。"❷ 经济民主的平等主要通过机会公平的原则和差别原则实现，机会公平的原则又优先于差别原则。人类对经济制度的选择必然涉及某种人类善及其实现的制度安排，而这个选择的作出，不仅必须建立在经济基础上，而且必须建立在道德和政治基础上。一种民主公正的经济制度，通过一种特殊地位来消除效率原则的不确定性，当且仅当境遇较好者的较高期望是作为提高最少获利者的期望计划的一部分而发挥作用。这时，"对效率的考虑仅仅是决定的一个根据，且常常是较为微弱的一个根据"❸。"在作为公平的正义中，正义的原则是优先于对效率的考虑的。"❹
不管是财富和收入的再分配，还是经济机会和条件的平等，以及对弱势群体经济权利和福利的关注，都需要在一定程度上牺牲效率。

2. 自由与平等统一的价值诉求

达尔认为经济民主的正当性在于它能够实现自由、平等、民主的统一。自由与平等是人类一直苦苦追求的价值目标。西方近代以来更是如此。1831 年，法国学者托克维尔通过对美国的考察完成了巨作《论美国的民主》，正是这本书提出了一个为西方政治思想家所津津乐道的话题：民主、自由与平等之间的矛盾。托克维尔认为："没有社会的、经济的和政治的平等，民主就不会存在，然而正是这些对民主来说至关重要的平等因素威胁了自由，可能使民主政体变成一个史无前例的专制政体。"❺ 达尔对托克维尔的观点进行了批判，并从经济与政治的关系视角作出了一个全新阐释。他认为，当今世界对于自由的主要威胁并不像托克维尔等人所预言的那样，不是来自平等，而是来自太不平等，不是来自民主，而是来自太不民主。20 世纪现代公司的发展改变了美国传统农业社会财产分散分配带来的相对平等的经济秩序，大公司形成了新的经济

---

❶ ［美］约翰·罗尔斯：《正义论》，何怀宏等译，北京：中国社会科学出版社 2006 年版，第 60～61 页。

❷ 同上，第 7 页。

❸ 同上，第 260 页。

❹ 同上，第 69 页。

❺ Robert A. Dahl, A Preface to Economic Democracy, Berkeley：University of California Press, 1985, p. 35.

秩序，这使公民间产生财富、收入、社会地位等许多资源的不平等，公民将这种不平等带进政治生活，扭曲了民主过程。在这种经济秩序中，财产自由权优于民主并威胁民主，并在政治生活中凸显出来，使"人成为经济人，民主等同于资本主义民主，自由等同于财产及其使用自由，平等等同于获利的机会，进步等同于经济变革和资本积累"❶。

事实上，对自由和民主的许多重大挑战来自不平等或者来自某种自由，比如经济自由，"积累无限经济资源和把经济活动组织成等级制原则支配的企业的自由"❷。现代所有权和对企业的控制权，与形形色色不平等的形成有着千丝万缕的联系，所有这些不平等都对政治自由构成了威胁。达尔指出："所有权和控制权使公民在财富、收入、地位、技能、信息、对信息和传播的控制、接近政治领袖的机会以及一般可预见的生活机会等方面产生了巨大差异，这些差异不仅存在于成年人之间，也存在于未出生的人、婴儿和儿童之间。在特定条件下，这种不平等就会转向，从而使公民之间作为政治上平等的一员参与治理国家的能力和机会存在巨大的差异。"❸ 在达尔看来，美国自 20 世纪以来的经济不平等已变得异常巨大，"尽管经济资源的不平等，以及由此导致的政治资源的不平等从来没有成为美国政治生活中恒久的、主要的话题，但是我们有理由认为将来它可能会这样"❹。但达尔坚信，未来经济不平等问题会像西欧民主国家那样成为政治问题，就像通货膨胀、失业、赤字等问题一样引起公众的关注。达尔断言，现代"法人资本主义"（corporate capitalism）的经济秩序加剧了财产和民主间的张力，侵害了大多数人的基本政治权利和民主自治权，势必"产生社会和经济资源的巨大不平等，以致造成对政治平等进而对民主过程的严重侵犯"❺。达尔认为不仅要创造条件减少平等对自由的消极影响，而且必须努力减少由于经济自由导致的资源和权力分配的不平等对政治平等和民主造成的消极影响。

因此，达尔在思考"如何才能实现真正的民主和政治平等，同时又不危害自由"这一民主理论的难题。将市场的效率逻辑简单地运用于民主的平等逻辑，将会对民主政治产生严重的侵害。达尔指出，消费者的自由消费取决于

---

❶　Robert A. Dahl, A Preface to Economic Democracy, Berkeley：University of California Press, 1985, p. 72.

❷　Ibid., p. 50.

❸　Ibid., p. 55.

❹　[美] 罗伯特·达尔：《多元主义民主的困境：自治与控制》，周军华译，长春：吉林人民出版社 2006 年版，第 160 页。

❺　Robert A. Dahl, A Preface to Economic Democracy, Berkeley：University of California Press, 1985, p. 56.

他们的收入，而收入不可能被平均分配。但是，如果收入、财产、经济地位变成政治资源，并且，如果它们是通过不平等的方式分配的，那么公民又怎么才能在政治上平等呢？如果公民政治上是不平等的，民主又如何存在？相反，如果民主存在，公民政治上是平等的，那么难道民主除了市场导向、私人企业外，就不需要别的了？至少有一次相当激进的改良吧？❶达尔预见到分配问题将会在美国政治生活中变得更加重要，这种变化将经过三个阶段。第一阶段，将会出现公民取向方面的变化，即公民道德意识的增强。第二阶段，与斯堪的纳维亚民主国家一样，美国将会利用就业、收入维持和税收政策来减少经济不平等。由于经济效率、增长与激励之间日渐增长的不协调，第二阶段迟早会到来。第三阶段，将要求经济体制的结构变革，这种变革会同时促进经济动力、效率和政治平等。虽然沿着这些方向已经开始出现了各种新的提议，但尚没有一个民主国家已经到达这个阶段。

晚年的达尔受林德布罗姆等新多元主义的影响，意识到如果经济上不民主和不平等，政治民主往往是虚假的、不充分的，一个政治民主的社会必须以经济平等和经济民主为基础。达尔认为理想的经济秩序应该同时满足民主、经济公平（economic fairness）、效率、道德责任、经济自由五大价值目标。经济民主可以弥补多头政体的局限，为民主、政治平等和自由提供一个更好的基础。而现行的经济制度，无论是法人资本主义（corporate capitalism）还是国家社会主义（bureaucratic socialism），都不能满足以上要求，必须寻求新的替代经济制度。因此，他提出的解决方案就是将民主的原则和程序应用于经济秩序，特别是经济企业内部。达尔相信，他所描述的"自治企业体制"能够最大限度地消除或减少自由与平等之间的冲突，"自由与平等能够既强大，又平衡"❷。

四、小结：经济民主的政治合理性

综上所述，经济民主要素功能的思想集中凸显了经济民主的合理性和正当性。经济民主思想家基于不同的理由提倡经济民主，对经济民主的合理性和正当性进行了论证。从经济政治学来看，经济民主作为一种经济与政治互动而成的民主形态，其政治合理性体现在经济民主的主体性、经济民主的利益协调功能、经济民主的价值功能上。

---

❶ ［美］罗伯特·达尔：《民主及其批评者》，曹海军、佟德志译，长春：吉林人民出版社 2006 年版，第 463 页。

❷ Robert A. Dahl, A Preface to Economic Democracy, Berkeley：University of California Press, 1985, p. 162.

（一）经济民主的政治合理性源于经济民主的大众主体性

经济民主的政治合理性首先体现在公共经济生活中彰显人民的主体性。在当代主流民主理论中，人民的主体地位面临被虚化、被架空的问题，而且被限定在"政治"的狭义领域内。针对这种情况，经济民主论者旨在把人民主权扩展到经济领域，并实现人民主权的个人化，一方面继承共和主义对人民主权的理解，即卢梭所主张的人民的共同意志，人民主权不仅具有政治意义，更具有经济意义；另一方面又吸收自由民主对公民个人权利的保护，把人民当做现实中的人来对待。经济民主的主体"民"，既可以理解为个体意义上的公民，也可以理解为整体意义上的人民，人民大众包括不属于经济特权阶层的所有"被排斥者"。它不仅是具有普遍意义上独立人格的"人"，更是处于一定社会利益关系中的从事实践活动的"人"。作为经济民主主体的人民大众，同时具有作为经济共同体成员和政治共同体成员的双重资格，与"股东民主"、"资本民主"、"财产民主"强调少数精英的经济特权不同，它旨在实现人民主权与公民权利的结合，在保护公民个人财产权的基础上，强调公民权高于财产权❶，突出共同体所有公民在经济生活中平等的主体地位、主体权利与主体责任。归纳起来，人民大众的这种主体性体现在三个方面。

第一，人民大众是经济活动的实践主体。从主体论来看，经济民主意味着人民在经济活动中处于主体地位和发挥主体功能。作为政治共同体的公民同时也是经济生活中的生产者和消费者、经营者，在经济生活中处于主体的地位并发挥主体作用，追求契约自由和主体平等的经济秩序，谋求经济主体的平等权益。虽然市场经济活动中包括各级政府、各种非政府组织、各种经济组织及公民个人在内多中心经济主体共同行使主体性权力，处理经济事务，但经济活动的实践主体只能是人民，其他群体或组织只不过是人的主体性的存在形式。人民大众能够参与共同体经济发展和创造财富，并共享经济发展的成果。从国家与社会的关系来看，人民是经济民主的主体，意味着废除了传统社会中的"臣民"意识和人身依附关系，人民是市民社会通过打碎前近代封建身份等级制度所解放出来的"人"。在国家与社会的关系上，遵循社会高于国家而不是国家高于社会，国家服务于公民而不是公民服务于国家。在政府与市场的关系，强调社会自由，发挥人民大众在市场中的主体地位和作用。在强势群体和弱势群体间，废除强势群体的经济特权，改变弱势群体对强势群体的依附关系，特别是劳方对资方的契约依附关系，保障劳动者在经济生活中的经济

---

❶　Robert A. Dahl, A Preface to Economic Democracy, Berkeley：University of California Press, 1985, p. 162.

权益。

第二，人民大众是经济活动的价值主体。经济民主是以人为中心的，以人为目的和价值主体。如康德所言，人本身就是目的，而不是工具。现实经济生活中，公民和公民群体之间有各自不同的非基本需要，这是由人的"经济人"属性决定的。亚当·斯密曾一针见血地指出："我们所需的食料和饮料，不是出自屠户、酿酒家和烙面师的恩惠，而是出于他们利己的打算。我们不说唤起他们利他心的话，而说唤起他们利己心的话。我们不说自己需要，而说对他们有利。❶"锡克也认为人既有自我的需要，也有集体的需要；既有利己主义的利益，也有利他主义的利益；人的需要和利益的具体形式随着社会的变化以及人在社会中的地位的变化而发生变化；人的利益感的强度随着人的整个发展而变化，不过，利己主义与利他主义之间的永恒矛盾是不可能消失的。经济民主承认不同公民群体的经济利益差别和冲突，并非追求某个特定或少数公民群体的团体利益，也不是多重个人利益叠加的"众益"，而是使不同公民群体在利益博弈中处于同等地位和拥有对等的机会，谋求广大民众"公共利益"的"公意"。❷经济生活中的公共利益是人与人关系的结合点，是构成复杂经济关系的轴心。因此，以人为中心的经济民主就是为了满足人民大众的基本利益需求，实现人的"经济的社会解放"，促进人的全面自由发展。

第三，人民大众是经济主体权利和义务的统一体。经济民主的主体承认人性中具有自私的"经济人"属性，同时又承认人性中具有互助、合作、博爱的"社会人"属性；既不是绝对的利己主义，也不是绝对的利他主义。人们是具有理性和道德，能够根据他们自己所归属的社会利益群体来界定自己利益的人，而不是只顾自己的利益而不顾他人的动物。因此，经济民主的主体具有"社会个人"的主体性，既有能动性，又有受动性，既追求主体自主利益，又受到社会规则的制约，需要承担主体的责任，成为负责任的公民。当作为经济共同体的个体成员与作为政治共同体的公民之间的权利发生冲突时，公民权优于财产权。经济民主不仅意味着公民权利的平等，还意味着义务和责任的平等担当，有利同享，有损同当。经济民主追求大多数人的利益自主性，而不仅仅是少数人的利益，不管这个少数人是富人还是穷人，如，领取失业救济金的人应当履行主动寻找工作的义务。负责任的公民是经济民主的主体要求。因为经济秩序本质上是一个合作体系，任何人的贡献和价值都离不开社会，只有通过社会的分工和合作，才能获得更多的利益，这种利益本质上是社会合作的产

---

❶ ［英］亚当·斯密：《国民财富的性质和原因的研究》（上卷），郭大力译，北京：商务印书馆1994年版，第14页。

❷ ［法］卢梭：《社会契约论》，何兆武译，北京：商务印书馆2009年版，第35页。

物，而不仅仅是个人努力的报酬，在社会合作体系中，公民应对社会秩序承担一种责任，强势群体有责任保障弱势群体的人格尊严，共享经济发展带来的成果。

（二）经济民主的政治合理性源于经济民主的利益协调功能

经济民主的政治合理性还体现在经济民主的利益协调功能上。经济与政治之间具有内在的密切关系，这使经济具有政治的功能性。也就是说，政治的功能可以通过"经济"的手段、方式来实现。经济的政治功能的核心，就是对社会全局利益关系的调控功能。根据马克思主义唯物史观，经济利益关系是在物质资料的生产实践活动中产生的，是人们所有利益关系中最基本的一种利益关系。人类的"第一个历史活动就是生产满足这些需要的资料，即生产物质生活本身"❶。人类正是在生产这种物质资料的过程中产生了对新的物质资料即经济的需要，并结成了一定的经济利益关系，这是人们赖以生存的基础；但人们并没有把自己的需要和利益关系仅仅停留在经济的层面，而是在此基础上产生了政治利益关系。经济民主作为一种经济与民主结合而成的民主形式，内置在一个社会的政治经济体制内，将经济与民主之间的种种关系模式涵盖在内。但并非所有经济关系都是经济政治学意义上的经济民主的客体范畴。从经济政治学视角来看，考察经济民主的客体范畴应该从经济民主的本质属性即经济民主是人民大众在经济利益上的自主性或主体出发，只有那些全局性的经济利益关系，或者上升到政治利益关系的地位时，影响大多数民众独立的经济地位、权益才转化为经济民主的客体范畴。政治学意义上的国家与公民之间的关系集中表现为富人与穷人、雇主与雇员以及政府与贫富公民的经济利益关系。

不同思想家关注对不同经济利益关系的调节，如生产领域的财产占有关系、对生产过程的财产控制关系、收入财富再分配关系以及经济权利配置关系。经济民主调节的客体对象不仅仅是企业内部雇员与雇主之间的工资与利润关系，还是劳资所有权关系、生产资料的控制关系，也包括国家与贫富公民之间财富的再分配关系，更是经济社会共同体成员的经济权利和机会配置关系，这既包括所有权，又包括参与权和控制权，还包括公民的基本经济权利，如工作权、教育权、社会保障权。当代不少学者揭示了收入财富分配与经济权利（权力）配置的深层关系，经济权利能力失衡是隐藏在收入财富分配不公背后的深层原因。现代公民权利理论认为，公民权利是多重的，其获得满足的过程在实践中又是渐进的。首先是公民自由权利，其次是政治权利，最后是社会经济权利。"公民自由权利和政治权利本身可能被确定下来，而且可能通过法

---

❶ 《马克思恩格斯选集》（第 1 卷），北京：人民出版社 1995 年版，第 79 页。

律、宪法和法院给予保证，而要保障社会经济权利却是更艰难的问题。"❶ 与传统的公民权利不同，公民的劳动权、工作权、休息权、失业救济等社会保障权、教育和文化生活等社会经济权利属于公民积极的受益权，要求国家采取积极行动。国家在保护公民经济权利时，也面临"诺斯悖论"，"没有国家办不成事，有了国家又有很多麻烦"。公权力是保障个人私权利的最有效工具，同时也是个人私权利最大和最危险的侵害者。结果，建立在私权平等基础上的强大公权，未必会加剧分配不公；私权不平等条件下的公共权力若试图聚敛财富，那么更容易通过侵犯私权来加剧分配不公。❷

从经济民主的客体来看，经济民主不单纯意味着企业内部劳资"利润分享"，更是国家与公民之间经济权利（权力）的平等配置，以及经济共同体范围内经济社会发展成果的共享。从这个意义上来说，经济民主政治功能的核心就是通过主导性的经济利益关系的调控，实现利益均衡和分配公平，使人民大众共享经济发展成果。

（三）经济民主的政治合理性源于经济民主的价值功能

经济民主论者主要从三个方面，即经济民主的内在价值、工具价值和价值目标，对经济民主的正当性进行了论证。（1）从价值性角度论证经济民主的必然性，认为经济领域的民主自治是公民的一项基本的道德权利和政治的善，其本身就值得提倡；（2）从工具性角度论证经济民主的价值，认为经济民主之所以有价值，是因为经济民主所产生的功能和效果，这正是衡量其正当性和合理性的重要标准；从（3）经济民主的价值诉求角度论证经济民主的正当性，认为经济民主的正当性体现在其所追求的效率与平等的平衡、实现社会公平正义的价值目标上。

基于人民主权意义上的自主和自治不仅是民主的内在价值，也是民主的价值诉求。与把民主局限于政治领域的自由主义民主不同，经济民主正当性的逻辑前提和假设就是承认人民主权不仅具有政治意义，更具有社会经济意义，主张把人民主权的理念运用和扩展到经济领域，追求人民大众在经济上的自主性或主体性，实现经济领域的民主自治，从而不断扩展民主的深度和广度。民主理论家们都重视经济民主对民主政治具有促进功能。一个政治民主的社会必须以经济上的平等和经济上的民主为基础，没有经济民主就不可能有真正的政治民主。因为"如在经济领域完全或者部分缺乏民主时，民主的范围就会受到

---

❶ ［英］拉尔夫·达仁道夫：《现代社会冲突》，林荣远译，北京：中国社会科学出版社 2000 年版，第 55 页。

❷ 周振华、杨宇立等：《收入分配与权利、权力》，上海：上海社会科学院出版社 2005 年版，第 119 页。

限制。如在经济领域内民主受到排斥，在其他领域内民主会更易于受到限制或排斥，因为民主进程的习惯是不管人为的论题界限的"❶。第一，经济民主可以促进公民之间的政治平等。第二，经济民主有利于促进公民的政治参与技能和水平。第三，经济民主有助于培养公民的道德责任感。

同时，由于经济民主是以经济与政治互动为主要形式而形成的民主形态，经济民主既要体现经济领域的价值规范，又要体现政治领域的价值规范。经济民主追求效率、平等、公平、正义等价值诉求，并对相互冲突的价值进行协调和平衡。

美国著名经济学家阿瑟·奥肯在《平等与效率》一书中指出，现代民主社会的结构是双层次的，政治制度和社会制度提供了广泛的权利分配，公开宣布所有公民一律平等。然而其经济制度却建立在市场决定收入的基础上，由此产生了公民生活水平和物质福利上的悬殊差别。政治领域的平等权利与经济领域的不平等收入是资本主义民主无法回避的事实，平等政治权利和不平等收入的混合结果，造成了民主的政治原则和资本主义经济原则之间的紧张关系。一些市场经济的得势者希望用金钱来谋求更多额外的权利，而这些权利本身应该是平等分配的。对这些人来说，他们提前起跑使得机会不均等了。对那些在市场上受到惩罚的人来说，其后果是一定程度的被剥夺，这与人类尊严和相互尊重的民主价值观相冲突。于是，在资本主义发展中，"社会面临着选择：或是以效率为代价的稍多一点的平等，或是以平等为代价的稍多一点的效率"，"在平等和效率之间，社会面临着一种重大抉择"❷。平等与效率问题不仅仅是一个经济问题，更是一个政治问题。在实践中，作为调节经济利益关系、实现经济民主的各项经济政策、决策以及政治经济安排，必然面临这样的问题：此种利益调整和分配是基于哪种价值目标进行的，是效率还是平等？如果效率与平等之间存在冲突，那么基于什么而决定取舍，是让一些人付出损失代价，还是尽可能实现多方利益主体之间的利益协调？……所有这些问题都不是简单地在经济领域可以得到解决的，而必然也必须上升到政治、伦理高度才能得以解决。达尔就指出，即使所有企业都是自治的，也不可能完全满足公平，可以肯定地说，还没人能提出一劳永逸的解决方案。通过使所有权带来的收入更为分散和企业高管的收入保持一致，自治企业体系可以使公民收入和财富分配比现行法人资本主义制度更为公平。但收入和财富怎样分配才算是公平的？政治平等能容忍多大程度的经济不平等？这在理论上和实践上都难以达成共识。奥肯则提出："如果平等和效率都有价值，而且其中一方对另一方没有绝对的优先

---

❶　［美］科恩：《论民主》，聂崇信、朱秀贤译，北京：商务印书馆1988年版，第117～118页。

❷　［美］阿瑟·奥肯：《平等与效率》，王奔洲等译，北京：华夏出版社1999年版，第1页。

权，那么在它们冲突的方面就应该达成妥协。这时，为了效率就要牺牲某些平等，并且为了平等就要牺牲某些效率。然而……无论哪一方的牺牲都必须是公正的。尤其是那些允许经济不平等的社会决策必须是公正的，是促进经济效率的。"❶

从经济政治学视角来看，经济民主寻求效率与平等的平衡实质上也是自由与平等的平衡，至于取舍轻重，则取决于公共利益（人民大众利益）所在及其程度。以我国为例，改革开放初期，"经济建设"成为最大的政治，当时社会的主要矛盾是人民日益增长的物质文化需要同落后的社会生产力之间的矛盾，发展生产力、为社会创造更多财富是公共利益所在，体现了人民大众最根本的利益。因此，经济民主应该是以效率为导向的，"效率优先，兼顾公平"，实行放权让利，充分调动人民群众的积极性和自主性，满足人民群众的基本利益需求就是最大的民主。改革开放30多年以来，中国出现了经济发展的奇迹，创造了丰富的财富，收入和财富分配不公和利益冲突成为社会主要矛盾。经济民主的价值目标应该是基于公平导向的，即"在一个有效率的经济体中增进平等"，实现经济发展成果共享。正如新公共行政学派倡导人弗雷德里森所言，公平是效率基础上的公平，"包括平等感和正义感，具体地说，公平的重点就在于纠正现存社会价值与政治价值分配过程中的不平衡。与所谓对所有人同等待遇不同的是，公平强调的是给予那些处于不利地位的人更多的福利；与效率观点不同的是，公平特别重视回应和参与"❷。

可以说，追求效率与平等平衡意义上的社会公平正义是经济民主最根本的价值诉求。经济民主并不是要求在经济领域特别是收入和财富的分配领域一律平等和绝对平均，而是关注人民大众作为经济生活的主体，在享有平等的经济权利的前提下，经济机会能够向全社会公平提供，并且通过政府制度安排保护弱势群体的经济权益，从而实现真正的自由平等，其价值目标是社会公平，即社会经济利益关系的合理性。经济民主追求的社会公平的内涵包括：

首先，经济权利平等是基础。经济权利是人民大众获得经济利益的资格，是国家通过一定的制度安排规定的公民经济权利，并以国家强制力作保障，为公民取得经济利益提供可能性，是公民基本的生存权利和基本的需要。在诸如劳动权、工作权、收入权等基本的经济权利面前，国家不应该采取消极的不干涉行为，也不应该由计划经济依赖行政力量来实现，而应积极作为，通过宪法

---

❶ ［美］阿瑟·奥肯：《平等与效率》，王奔洲等译，北京：华夏出版社1999年版，第86~87页。

❷ ［美］罗伯特·B. 登哈特：《公共组织理论》，扶松茂、丁力译，北京：中国人民大学出版社2003年版，第122页。

和法律的制定与执行，通过发展经济和社会制度，保障公民经济权利的实现。公民经济权利的内容是不断变化发展的，所以经济民主的内容也会不断发展。

其次，经济机会和条件的平等是保障。机会平等是指公民拥有同等参与与自身利益息息相关的经济政策和决策的权利，使其反映人民大众的利益、需求和愿望。"在一个民主国家中，不应存在这样一种人为的区别对待，即认为人们在政治决策中有发言权，而在经济决策中则没有，尤其当经济决策可能更直接地影响个人生活的时候。[1]"因此，应维护市场公平竞争，反对各种形式的强权垄断，保证人民大众享有参与经济发展并享受经济发展成果的平等机会，特别是享有就业机会、教育机会等实现经济目标的手段和条件。按照阿马蒂亚·森的"可行能力"观，即公民享受有理由珍视的那种经济生活的可行能力。

最后，基于结果平等意义上的社会公平是目的。经济民主追求的平等不是少数特权者或者强势群体所特有的平等，而应该是谋求绝大多数民众经济权益的公平正义，从而使人民大众"在经济上获得社会解放"。经济民主对弱势群体经济利益的关注，是基于正义的社会制度安排。正如新自由主义者罗尔斯倡导的公平正义原则，"社会和经济的不平等应该这样安排，使它们在与正义的储存原则一致的情况下，适合于最少受惠者的最大利益"[2]，如果对不平等一视同仁，就会使不平等变得天经地义，甚至加深这种不平等。这意味着在市场经济中对弱肉强食的丛林原则需要加以限制，对市场中的严重不平等给予适当补偿，特别是对经济发展代价的承担者——弱势群体的利益给予补偿，保障他们应有的权利，维护社会公平。

---

[1]　[美] 约翰·W. 巴德：《人性化的雇佣关系——效率、公平与发言权之间的平衡》，解格先、马振英译，北京：北京大学出版社 2002 年版，第 37 页。

[2]　[美] 约翰·罗尔斯：《正义论》，何怀宏等译，北京：中国社会科学出版社 2006 年版，第 7～8 页。

第四章　经济民主制度模式的思想

在新制度经济学看来，制度是一系列管束人们最大化行为的游戏规则的总和。制度体系由制度环境、具体制度安排和实施机制构成。新制度经济学使用的"制度"一词最通常是指制度安排，即"支配经济单位之间可能合作与竞争的方式的一种安排"❶。制度安排一般在制度环境的框架里进行，制度环境决定了制度安排的性质、范围、方式等，但制度安排也反作用于制度环境。例如，市场经济体制、公司治理制度、劳动合同制等都可以说是一定制度环境（基本经济制度）约束下的制度安排。经济民主不仅仅是一种价值诉求，更是一种制度安排。制度安排到底是自然演化的结果还是人为选择的结果？在政治学和经济学中不同学者有着截然不同的观点。20世纪50年代以来，新制度经济学一直强调制度安排的可创造性和可选择性。经济民主与经济权力、权利、利益的配置有关。任何权力都有强制力、支配力的一面，权力的行使和管理必然要通过一定的制度安排来实现。经济民主作为一种制度安排，也不会自动实现。经济民主的支持者在对经济民主的合理性进行论证后，一般都对经济民主的制度模式进行选择和设计。本章主要从财产所有制、收入分配制度、资源配置机制、工人参与管理四方面分别阐述并比较马克思主义、经济民主社会主义、西方民主理论家对经济民主制度模式的设计，在此基础上叙述几种比较典型的经济民主制度模式。

一、经济民主的制度设计层面

单从制度设计层面来看，不同经济民主论者各有侧重。有的着眼于对社会基本经济制度的总体设计和选择；有的主张在现有社会经济制度框架内寻求解决方案；有的侧重于考察具体企业内部的民主治理结构；有的把所有制作为理想的经济民主制度模式的重要方面；有的则抛开所有制情结，探讨工人自我管理的实现途径；有的主张资源配置机制中计划或市场的主导作用；有的则强调

---

❶　［美］R. 科斯等：《财产权利与制度变迁》，刘守英译，上海：上海三联书店、上海人民出版社1994年版，第271页。

计划与市场相结合的重要意义等。归纳起来，主要体现在财产所有制、收入分配制度、资源配置机制、工人参与管理制度四个层面。

（一）财产所有制

经济民主主义者一般都关注所有制层面的制度设计。马克思在研究与批判古典经济学与黑格尔哲学中对资本主义社会进行了深刻批判，其主要思想体现在《1844 年经济学哲学手稿》中，提出了异化劳动的概念。在《1844 年经济学哲学手稿》中，马克思认为劳动异化表现为劳动者同自己的产品相异化、同自己的生产活动本身相异化、同自己的生活相异化，并最终表现为人与人的异化，"通过异化劳动，人不仅生产出他同作为异己的、敌对的力量的生产产品和生产行为的关系，而且生产出其他人同他的生产和他的产品的关系，以及他同这些人的关系"❶。异化劳动导致了私有制的产生，"私有财产一方面是外化劳动的产物；另一方面又是劳动借以外化的手段，是这一外化的实现"❷。与此同时，私有制的发展又促进了异化劳动的不断再生产。马克思认为，要消除异化劳动就必须消灭私有制。因此，马克思主义者更强调经济民主的社会主义公有制性质，实行财产权的国家所有或集体所有，把公有制作为经济民主的基础。马克思主义认为，社会主义的实现同国家的消亡是同一过程。无产阶级取得国家政权后，"首先把生产资料变成国家财产。但是，这样一来它就消灭了作为国家的国家"。当国家终于真正成为整个社会的代表时，它就使自己成为多余的了。国家真正作为整个社会的代表所采取的第一个行动，即以社会的名义占有生产资料，同时这也是它作为国家所采取的最后一个独立行动。"那时，国家政权对社会关系的干预将先后在各个领域成为多余的事情而自行停止下来。那时，对人的统治将由对物的管理和对生产过程的领导所代替。"❸ 取代国家组织的将是多种形式的生产者自由平等的联合体。在这些联合体中，人们按照民主集中制的原则自己管理自己。所以，马克思、恩格斯认为，社会主义的实现就是真正民主的实现，即"社会主义民主"—"社会民主"的实现。社会主义社会已不存在政治民主，无产阶级从一开始就利用资产阶级政治民主成果去实现了社会主义生产资料公有制基础上的社会经济民主。马克思所谓的公有制也是"在协作和对土地及靠劳动本身生产的生产资料的共同占有的基础上，重新建立个人所有制"❹。但在大规模的民族国家范围内，这种共同占

❶ 《马克思恩格斯全集》（第 42 卷），北京：人民出版社 1995 年版，第 100 页。

❷ 同上。

❸ 《马克思恩格斯选集》（第 3 卷），北京：人民出版社 1995 年版，第 320 页。

❹ 马克思：《资本论》（第 1 卷），中共中央马恩列斯著作编译局译，北京：人民出版社 1975 年版，第 832 页。

有的形式是值得谈论的。"在各个特殊的国家、社会、群体还被某些力量阻隔的情况下，国家所有制、集体所有制以及股份制之类的个人共有制都是一些过渡状态。"❶

经济民主社会主义者主张实行不同于资本主义私有制或前苏联社会主义国家的所有制形式，并从社会主义意识形态上为经济民主辩论。如勃朗科·霍尔瓦特赞成通过"社会财产"这种所有制实现经济民主。经济民主社会中的企业不同于传统的工人所有的合作社，工人拥有企业的管理决策权，但并没有所有权，所有企业都是社会的集体财产。霍尔瓦特用"社会财产"（social property）来标志经济民主社会主义的这种所有权关系。他认为，社会主义的传统理论把私有、集体和国家所有制分别作为资本主义、过渡社会主义以及社会主义的生产关系的基础。这种认识具有内在的矛盾，因为私人所有和国家所有之间并不存在根本的冲突。国家所有仅仅意味着"私人所有者被政府机关工作人员所取代"，其结果必然是"私有财产产生资本主义，而国有财产产生国家主义"。社会主义与这两种社会制度有着本质的不同，在所有制关系上，它采取的是一种新的、完全不同的"社会财产"。"社会财产"意味着不存在一个作为生产资料所有者的特殊阶级，社会中的每个人都是平等的所有者，都平等地拥有生产资料。

奥塔·锡克并没有单纯从意识形态上进行辩论，而是在资本主义制度框架内提出了一种新的财产形式——"资本财产的中立化"，试图从根本上消除资本与劳动、工资与利润之间的对立。他认为，在资本主义私有制条件下，企业主总把企业的利润看做他们自己劳动的结果，而广大工人则被排除在外。因此，工人就会对市场效果、利润和投资漠不关心，再加上以消费为方向的工资压力，最终将损害经济的全面发展。单纯扩大劳动者的财产不可能达到消除异化的目标，即使工资收入者在超出企业的财产基金中从利润的上缴额中以投资的方式获得一定的财产，不管超出投资基金的在形式上可能属于工资收入者的资本部分有多大。至此，锡克明确指出："如果要想克服这种经济异化，如果对社会有益的、有效的生产与投资发展的责任真要实行民主化，工人的收入就必须更大限度地联系企业的市场效果，采取的形式就是工人在实质上参与分享利润。这种性质的分担物质责任，把所有工人的收入至少局部地和企业的市场效果联系在一起，如果没有涉及企业发展的控制权和决策权的民主化，那是不可想象的。工人参与企业的市场效果和企业处置权与决策权的民主化，汇集

---

❶ 储建国："经济共和主义传统与马克思的经济政治分析"，载《武汉大学学报》（哲学社会科学版）2011 年第 3 期。

成企业所有权的民主化。"❶ "资本财产的中立化就是建立这样一种财产形式，这种形式使一个企业的资本财产不再同单个人发生联系，也不再在单个人之间进行分配。"❷ 财产的承担者是某个已有的或新建立的公司当时的生产集体。这个叫做财产管理机构的集体无权在自己的内部分配资本。这个集体只是由选出的委员会对资本进行由法律规定的管理的利益基础。财产管理机构以委托方式来管理财产，把它交给企业经营管理机构来有效地生产使用。依靠这种中立化的资本来发挥职能的企业称为合作公司。企业的各个职工只有作为财产管理机构的成员才是集体财产的共同所有者，而他如果不是职工，也就不再是财产管理机构的成员，也就不再是共同所有者。合作公司成员占有因使用资本而产生的一定的利润部分，因而引起在经济上对资本效率的关心。在一个合作公司中，生产集体同时就是一个生产机构，它按照一定的方式进行生产、分配、合作等。这种生产组织我们称为企业经营管理机构。这种所有制形式不剥夺公司原有的所有者。这种形式使得有可能在一个制定计划的时间过程（这个过程由法律上规定相应的利润份额而确定）内，由现有公司的利润构成中立化的资本。公司并没有失去构成中立化资本的利润份额，这个利润份额继续成为他们自己的资本，这个资本可以用做纯投资，只是它的所有制形式改变了。这同时使得有可能在不同于私人公司、中等家庭企业和小工厂的那些大资本公司中以不同方式规定构成中立化资本所需要的时间过程。大资本公司将逐步转化为完全建立在中立化资本基础之上的工人共管公司。中型公司将变成私人资本和中立化资本联营的混合公司。工人合作所有制必将消除工资与利润之间的对立，同时消除异化现象。当然，锡克也意识到，资本主义所有权的民主化必须克服一些困难，特别是使集中在少数人之手的财产权分散化，这样民主才可能成为现实；只有一切工资所有者成为公司的所有者才能克服他们异化。他还特别强调："民主化不仅指权利，而且指义务，指责任，指一切决定的物质成果。"❸

在多元民主理论家达尔看来，现代所有制和对企业的控制权与形形色色不平等的形成有着千丝万缕的联系，所有这些不平等都对政治自由构成了威胁。达尔指出："所有权和控制权使公民在财富、收入、地位、技能、信息、对信息和传播的控制、接近政治领袖的机会以及一般可预见的生活机会等方面产生了巨大差异，这些差异不仅存在于成年人之间，也存在于未出生的人、婴儿和

---

❶ ［捷］锡克：《一种未来的经济体制》，王锡君等译，北京：中国社会科学出版社 1989 年版，第 73 页。

❷ 同上，第 125 页。

❸ 同上，第 79 页。

儿童之间。在特定条件下，这种不平等就会转向，从而使公民之间作为政治上平等的一员参与治理国家的能力和机会存在巨大的差异。"❶ 在达尔看来，美国自从 1900 年以来的经济不平等已变得异常巨大，"尽管经济资源的不平等，以及由此导致的政治资源的不平等从来没有成为美国政治生活中恒久的、主要的话题，但是我们有理由认为将来它可能会这样"❷。更显而易见的是，现代经济企业等级森严的控制制度和不民主的内部治理方式，无论在法律上还是事实上都得到了默认。达尔由此断言，现代"法人资本主义"（corporate capital-ism）的经济秩序加剧了财产和民主间的张力，侵害了大多数人的基本政治权利和民主自治权，势必"产生社会和经济资源的巨大不平等，以致造成对政治平等进而对民主过程的严重侵犯"❸。

达尔从经验的角度出发，卓有远见地将民主程序应用于经济秩序，提出了一种"自治企业体制"，建立一种新型的集体合作所有和由经济企业内所有公民民主地控制的企业制度，以取代法人资本主义制度。他界定的经济民主就是企业在控制权上的民主治理，是企业的成员行使治理企业的自治权利，它是可以同企业的所有权相分离的。因为就达到任何政治价值和生活价值而言，所有制是不重要的，任何所有制形式都可以达到一定的政治价值和生活价值，"因此，人民及其代表有权依靠民主过程决定以哪种方式占有和控制经济企业，以尽可能地实现诸如民主、公正、效率这些价值，培养人们所欲求的人类品性，以及拥有美好生活所必需的最低个人资源"❹。达尔强调的既不是生产资料的所有制，也不是生产力发展的程度，而是企业的自治。无论是资本主义的企业私人所有制，还是社会主义的企业公有制，都可以实现经济民主，因此，经济民主不必然与社会性质相联系。但最可能的四种所有权形式，即为企业部分成员个人所有、为企业所有成员集体合作所有、国家所有和社会所有。达尔从经验和理论的角度分析了这四种形式的利弊，认为集体所有制更适合自治企业，因为它既没有个人所有制处理个人股份带来的问题，也比国家和社会所有制更有助于自治目标的实现。即使企业里一部分工人提出了组成独立自治单位的要求，也可以通过合同谈判来解决，而不需要通过法律强制来解决。而且集体合作所有的自治企业对其内部成员来说是公有的，对其外部成员来说是私有的，

---

❶ Robert A. Dahl, A Preface to Economic Democracy, Berkeley：University of California Press, 1985, p. 55.

❷ ［美］罗伯特·达尔：《多元主义民主的困境：自治与控制 》，周军华译，长春：吉林人民出版社 2006 年版，第 160 页。

❸ Robert A. Dahl, A Preface to Economic Democracy, Berkeley：University of California Press, 1985, p. 60.

❹ Ibid. , p. 83.

既像社会主义，也像资本主义，从而可以抛开意识形态的争论。

民主理论家赫尔德充分肯定了所有制形式的改革对经济民主的意义，把生产性和金融性财产与消费性财产看做不同类型的私有财产。经济民主要求确立对生产性和金融性财产的"接近途径"民主化，但消费财产是为了私人使用的，不必然要求民主化。但他在到底哪种所有制更有利于实现公司生产性和金融性财产的"接近途径"上并没有明确安排，可以采用多元模式。"如果说政治平等与政治行动的共同结构是民主的要求，那么更充分地接近生产性资源也是民主的要求。没有私人所有制及其控制体系的改变，民主的必要条件就无法得到满足。"❶ 然而在私有财产和所有制安排上，他却没有提出具体方案。"现存公司制度中私人资本的力量对于民主以及一个开放的、非歧视性的政治议程而言，将是一个难以克服的障碍；而国家所有权的形式则面临这样一个难以克服的障碍，即它们倾向于垄断权力，误导资源使用和限于无效。理论上说，其他一些选择，譬如合作性的所有形式，包括职工群体对企业的集体性占有，是富有吸引力的。但是，就作为一种'普遍化所有形式'的合作所有而言，完全令人信服的案例还没有形成。"❷ 所以，所有权和私人财产的确切形式必须依赖民主自主性和民主公法的实验而定。"乌托邦的框架就是世界主义民主法——它要做大，就要通过它在经济生活的机构与组织中生效，通过对公共投资优先顺序的民主协商与合作，通过市场交换中对有助于产生公正结果的非市场政策的孜孜以求，以及通过不同所有权形式和资本控制形式的实验才能实现。"❸

对此，科恩与赫尔德持相似的观点。他认为经济领域的民主不要求任何为公有制或私有制的某种特定的经济体制。"不论我们将来走什么道路，我们希望不要依据任何左的或右的教条来确定，而是对经济体制方面几种可能的形式进行试验，对可能产生的结果加以深思熟虑以后再来确定。"❹

（二）收入分配制度

经济民主的客体内容不仅包括财产和收入的分配，也包括经济机会和条件、能力的分配，因此，在分配问题上，不同思想家强调的侧重点也不同。财富和收入分配制度除了与所有制有关外，还与分配政策有关，不同经济民主思想家提出了不同的收入分配制度和原则。

马克思首先在《哥达纲领批判》以及《资本论》中清楚地阐明，代替生

❶ [英]戴维·赫尔德：《民主与全球秩序》，胡伟译，上海：上海人民出版社2003年版，第276页。
❷ 同上，第277页。
❸ 同上，第279页。
❹ [美]科恩：《论民主》，聂崇信、朱秀贤译，北京：商务印书馆1988年版，第115页。

产资料的私人所有者之间商品交换的，是产品由联合的生产者在生产资料公有制的基础上仅仅根据劳动量直接进行分配。产品将不再是商品，因为它不再是私人的、间接的社会劳动的结果，而是直接的、有计划进行的社会劳动的结果，即按劳分配。但在共产主义第一阶段即低级阶段（社会主义），劳动还不是生活的第一需要，只是谋生的手段，因此，消费品必须按照生产者提供的劳动量在他们中间分配。在共产主义的高级阶段，则将实行依据各人需要进行分配的原则，此即"各尽所能，按需分配"。

经济民主社会主义者在一定程度上继承了马克思的观点，反对"从财产中占有收入"，主张社会上的每个人都仅仅是从劳动中而不是从财产中获得经济收入。工人在企业中参加生产劳动，从而有权享有净收益中特定的一份。但这种收入的分享并不是平等的，更不是收入的绝对平均。在具有独立自主权的劳动集体内部，工人的收入分配依据其劳动所创造的价值，其份额通过协商、谈判和相互说服来决定。既然劳动是经济收入的唯一源泉，那么失业者以及残疾人等特殊边缘群体如何获得生活来源？霍沃德借鉴当代西方左翼理论界盛行的"基本收入"理论，设计了"经济民主＋基本收入"的解决方案（霍尔瓦特也称之为按劳分配原则辅之以包括教育、医疗以及基本社会福利的按需分配原则）。所谓基本收入（basic income），是指社会中的每一个人，无论其财富状况、家庭教育背景以及工作情况如何，都一律享有一份特定的收入。从一定程度上来说，基本收入是为满足经济民主社会中一些边缘群体的基本生活需求而进行的设计。霍沃德认为，基本收入方案解决了经济民主模式的内在矛盾，并从经济、政治和道德伦理等方面增强了经济民主的实践操作性。它使劳动力市场更富流动性，减少了资本退出的风险，推动了科技革新，增强了预算约束并促进社会经济正义，从而"改变了经济民主运行的整个经济和社会环境"❶。施韦卡特认为，如果民主的平等主义倾向于填平劳动收入之间的沟壑，那么更加重要的就是取消"非劳动收入"。经济民主制意味着由劳动收入创造的财富将更加平等，因为那里没有资本家，没有"非劳动收入"，收入不平等只是体现个人努力程度和天赋不同。而自由放任主义则由于财产收入造成经济极度不平等，同时伴随更多的失业和贫困。施韦卡特指出："巨额财富对人格不但有破坏性影响（腐化富人人格，引发穷人嫉恨），而且危害民主。"❷

奥塔·锡克认为经济民主的收入分配制度应达到以下基本目标：（1）实

---

❶ Michael Howard, Self – Management and the Crisis of Socialism, Lanham: Roman & Littlefield, 2000, pp. 167～179.

❷ ［美］戴维·施韦卡特：《超越资本主义》，宋萌荣译，北京：社会科学文献出版社2006年版，第190页。

现不同用途的收入类别（用于个人消费、社会消费以及投资的收入）同相应的生产类别的和谐一致；（2）使相同的劳动职能和相同的劳动量得到相同的基本收入；（3）对劳动成果的不同效用价值和劳动的不同效率给予不同收入（按劳付酬）；（4）对企业主的主动性和积极性给予收入刺激，同时不违背同贡献相等这一原则。他设计了一个宏观经济分配计划＋企业收入分配的分配制度。社会总收入分为三大收入类别（消费收入、投资收入和国家使用的收入）的分配比例，从一开始就应当纳入民主计划，以保证个人消费、社会消费和投资的和谐发展，不能只凭市场机制去控制这些收入的按比例分配。市场制度作为完全内在的控制制度，是按照"试测"原则行事的，为克服周期性危机和通货膨胀，同时保持市场机制的优势，必须以分配过程的某种外在控制计划作为补充。这种控制计划就是宏观经济分配计划。只有在市场机制能够完全发挥作用之后，计划才可以不包括生产活动和投资活动。计划中所承认的目标能够借助于一定的分配过程来实现，即借助于把总收入或国民收入分为一定的收入种类来实现，并且这种分配可以通过相应的经济政策来达到。计划的目的应当借助于间接的税收工具来实现，也就是说，应当在同所追求的目的相一致的经济政策的基础上来实现。因此，为达到计划的目的所采取的手段，并不是给生产划框框（这种框框是同企业市场的独立性和责任性相矛盾的），而是实行同市场相一致的经济政策，这种政策通过调节收入而把生产和投资导向计划目标的方向。他认为企业的收入分配须同收入分配的计划指令（分配公式）和国民经济中的工资协定相适应。与这种计划制定的收入政策相一致，每个企业都有充分的可能使收入的分配具体化和相对独立地对收入的分配作出决策。所有企业在年终从主管的国家机关获得将在国民经济中发挥作用的工资等级表，这种工资等级表是由各个部门议定的，规定了来年的基本工资。这些基本工资是按一个劳动力的作用在一个部门的工资分类表中所占的地位，对他的一定劳动（劳动时间）所支付的货币报酬。一切工资形式都与计时基本工资相适应。计件工资应当这样规定：在社会现有的平均劳动强度下获得的计件工资同现有的工资等级表确定的计时工资相适应。较高的计件工资也要与增大的劳动量相适应。用这种方式，工资将按照"在劳动发挥的作用同一的情况下对同一劳动量支付同一报酬"这一原则，保证在整个国民经济内部形成基本收入。工资（计时工资和计件工资）以外还有辅助工资形式（奖金、红利、酬金、佣金、津贴），它们的分配和多少由企业本身决定。但是这种辅助工资形式不能再算做由国民经济规定和监督的工资。从这个意义上来说，它们必然被看做由利润支付的报酬形式，就是从用做利润分成的利润中减去的那部分。因此，企业只在实际必要的、最理想的范围内使用这些形式。总收入中超过工资的那部分形成总利润。扣除了税收和他人资本的利息后剩下的就是纯利润，它按照计划制定的分配公式划分为利润分成基金和为经营目的而使用的剩余收入（用做纯投资、储备基金及其他）。只有利润分成基金可以用做个人收入，并且不许超过，否则国民经济中计划制定的平衡就不能保证。

虽然达尔看到了经济秩序的平等不能依靠在市场中竞争并追求利润的自治企业自动实现，也不可能离开政府对财富和收入再分配的政策调控，"不能靠一个自治企业体系创造完全自我调节的平等主义秩序"❶，但他认为，依据哪种公平原则和分配方案来分配受文化、传统、意识形态、宗教等多种因素的影响，也取决于个人贡献大小或技术的稀缺程度等，不能一概而论。他更倾向于认为通过公民自治企业体制比起传统集中决策的私人控制的企业在分配制度上更为公平，因为企业公民毕竟有权民主决定公司的工资、盈余的分配。可以确定的是，与法人资本主义相比，自治企业内部的工资差别跟目前公司比起来肯定会大大降低，高级经理人员与雇员的薪酬差距也会大大降低；而且，由于公司成员共享利润和盈余，经济资源会更加分散，收入和财富分配的不平等也会大大改善，减少对国家治理的民主程序运行的影响。但公司之间的差别仍然存在，"公司之间的差异不是由努力和技能，而是由历史、地理、社会、运气等因素造成的，这样，差别看起来更加不公平"❷。为了防止它们对政治平等和分配正义的过度侵蚀，仍需要通过税收、转移支付等政策改变导致个人资源不平等的公司初次分配，或者政府采取管制措施限制金钱对政治过程的消极影响。达尔总结道："自治企业体系虽然不会消灭公民之间相互冲突的利益、目标、观点和意识形态，但它将可能减少利益的冲突，给予所有公民在治理国家时维持政治平等和民主体制更为平等的权利，并且促使公民在公平标准上达成一种更强有力的共识。"❸ 可以想到，即使所有企业都是自治的，也不可能完全满足公平，可以肯定地说，还没人能提出一劳永逸的解决方案。通过使所有权带来的收入更为分散和企业高管的收入保持一致，自治企业体系可以使公民收入和财富分配比现行法人资本主义制度更为公平。但收入和财富怎样分配才算是公平的？政治平等能容忍多大程度的经济不平等？这在理论上和实践上都难以达成共识。

与经济民主社会主义主张通过劳动收入分配制度实现经济民主不同，西方不少经济民主思想家不仅关注财产和收入的公平分配，更关注经济机会和条

---

❶ Robert A. Dahl, A Preface to Economic Democracy, Berkeley: University of California Press, 1985, p. 108.

❷ Ibid.

❸ Ibid., p. 110.

件、能力的平等分配。前面已经提到过，如"第三条道路政治"反对老派的社会民主主义者和新自由主义者分别把财富分配和财富创造看成经济民主的分配内容，认为工作和教育是经济民主的机会条件。教育是"可行性"或机会再分配的一个重要基础。在美国和欧洲进行的大量比较研究表明，教育体现了更大范围内的经济不平等。要解决这个问题，还必须从根源上入手。虽然劳动可以带来多方面的好处——它为个人创造了收入，赋予个人一种稳定感和生活中的方向感，并为社会创造了财富，但一个包容性的社会必须超越于劳动之外，为那些不能工作的人提供基本的生活所需，同时还必须为人们提供多样性的生活目标。而对于经济权利的配置，西方国家一般通过宪法来保障。1919年德国社会民主党人创立的《魏玛宪法》明确规定保障公民的经济权利，反对毫不受限制的神圣不可侵犯的财产权。其第153条第3款就规定，在保护财产权基础上，规定其行使必须同时增进公共福利的义务；第154条规定对遗产课以4%～70%的累进税。同时，积极地保障公民社会经济权利，主要有劳动权、休息权和社会保障权。如，《魏玛宪法》第159条承认了劳动者组织工会、罢工的自由；第163条确定了公民劳动权与失业救济；第165条规定了实行"劳工会议"制度和"经济会议"制度，工人和职员可组织工人议会，各级工人议会与资本家及其组织一起参加地区经济议会和中央经济议会。

（三）资源配置机制

从亚当·斯密到哈耶克和弗里德曼，自由主义思想家们都强调自发形成的自由市场制度的优越性，划分公共领域与私人领域，把市场经济当作私人领域，反对政府的干预，认为市场经济是民主产生的基础。但经济民主者更多地看到民主与市场之间的矛盾，主张用民主来弥补市场经济的局限性。正如达尔所言，民主和市场"就像两个被不和谐的婚姻所束缚的夫妻。尽管婚姻充满了矛盾，但它牢不可破，因为没有任何一方希望离开另一方"❶。甚至有人认为，市场经济作为迄今为止人类最有效率的经济制度之一，它的存在本身是政治安排的结果。"在任何社会中，受限制的市场是正常的，而自由市场才是策略、规划和政治高压的产物。自由放任主义政策必然在中央计划之下产生，而规范的市场是自然产生的。自由市场不像新右派思想家所想象或声称的那样，是社会进化的馈赠品，而是社会工程和坚定政治意志的一个有目的性的产物。"自由市场是强政府的创造物，没有强政府，自由市场就不存在。"❷ 因此，在

---

❶　[美]罗伯特·达尔：《论民主》，李柏光、林猛译，北京：商务印书馆1999年版，第174页。
❷　[英]约翰·雷格：《伪黎明：全球资本主义的幻象》，张敦敏译，北京：中国社会科学出版社2002年版，第253页。

政治学看来，无论市场还是计划，都是经济民主的制度安排。作为经济民主的制度安排，经济民主主义者不是绝对的市场经济论者，也不是纯粹的计划论者，他们都看到了市场与计划的某种局限性，强调计划与市场相互补充。

当然，对于计划与市场的地位，不同论者存在观点上的差异，主要有四种情况：第一种是以马克思、列宁为代表，强调国家计划的主导作用。第二种强调市场在资源配置中的主导作用，同时发挥民主计划的补充作用。西方大部分经济民主主义者都肯定了资本主义市场的作用。如，施韦卡特就把经济民主的社会主义经济从根本上看做一种市场经济，认为在多数情况下"价格是不实行调控的，一切通过供求关系裁决"。"在经济民主条件下，收入分配会通过市场来调节，至少对于公司之间的国民收入是如此。"❶ 有计划的社会调控只是发生在"决定未来发展的道路和进程"的投资领域。这种投资的积累和分配是通过有计划的社会控制完成的——中央政府负责征收资本财产税，然后由遍布全国的银行网络发散到全社会。各投资银行依据可盈利性以及创造就业机会为标准，把这些资金有计划、按比例地配置给隶属的公司和新创办的企业。第三种是赋予计划与市场同等重要的地位，如霍尔瓦特认为"计划与市场并非完全互不兼容或矛盾的"，而是社会主义经济组织同等重要的手段，它们互相补充，构成了"同一个硬币的两面"。社会主义既需要作为计划工具的市场，同样也需要计划作为有效率的市场的前提。为此，霍氏设计了计划局、国家银行、发展基金组织以及收入和价格仲裁机构等基本机构，负责经济计划的编制、执行甚至调整和修改。第四种观点以格林伯格为代表，虽然承认市场机制存在的必要性，但侧重于强调计划的重要意义，认为"必须通过民主的计划过程来指导整个社会经济生活和物质财富的生产"，"因为生产是社会性的，所以必须在社会的调控下进行"。当然，这并不意味着要把计划的权力授予少数"官僚的、政治的或政党的精英"，因为这样只会造成新的不平等和社会经济差别，从而破坏自我管理社会主义的核心价值。在一个分散化的民主制度中，多个自治中心如工厂和企业等的存在可以抵制计划体制的集中化倾向。❷

（四）工人参与管理制度

强调工人参与管理，是工业民主思想家追求的组织形式，也是经济民主在微观领域的基本特征和组织形式，但是各种思想流派对工人参与管理制度的构建各异。这主要存在四种不同模式：集体协商、共同决定、工人自治、雇员持

---

❶ ［美］戴维·施韦卡特：《反对资本主义》，李智译，北京：中国人民大学出版社 2002 年版，第 193 页。

❷ Edward S. Greenberg, Workplace Democracy: the Political Effects of Participation, Cornell University Press, 1986, p. 179.

股计划。

早期工业民主思想家如维伯夫妇强调在工业领域和全国范围内通过工会与资方合作建立集体协商制度以实现工业民主。后来，除集体协商制度外，维伯把工业民主与基础工业国有化联系起来，强调国家在经济民主中的作用，由国家向国有化企业指派工会代表，工人参与工厂的各级理事会和委员会。最初不但工会要参与制定宏观国民经济政策，而且工人要参加微观工厂管理。但随着后来的发展，工业民主越来越被限制在工厂和企业内部，具体指工人参与企业组织、管理等事务，工人自治甚至成为工业民主的代名词。与维伯夫妇和他们的追随者强调国家的作用不同，基尔特社会主义者科尔支持生产者最大限度的自主。他强调，在经济方面，生产和消费是不同的，真正被认为属于"基尔特"的实际上是生产领域的组织单位，生产者应实现最大限度的自主。科尔建议成立消费者的合作组织、公用事业委员会（如煤气的供应等）、公民基尔特（行会）等自治团体和由企业、工人组成的混合委员会，以便让工人参加管理和担负责任，各种行会或"基尔特"有权控制国有化工业的各个部门。科尔强调基尔特组织和国家地位的平等，但又无法抹杀国家的传统权威，因此，强调自治的基尔特和强调服从的国家不可避免地处于严重对立的局面，事实证明，这甚至从理论上也无法解决管理问题，最终归于失败。德国社会民主党人1919年创立了《魏玛宪法》，第165条规定了承认工人委员会的作用："劳工及职员有权平等地与企业主共同来决定薪金条件及劳动条件之制定，及生产力在整个经济的发展。"这一制度不仅在企业层次，而且在区域、行业层次实行，同时成立了中央委员会。德国社会民主党人在1945年实行了工人参加管理的制度，叫做共同决定。共同决定制度的主要特征是，工人代表真正参加了公司的管理。与集体协商制度模式不同，工厂委员会既能起到谈判的作用，又具有协商的作用，而且公司的不同层级管理机构中都有工人代表。

雇员持股制度，又被称为"职工持股计划"（Employee Stock Ownership Plans, ESOP），是20世纪60年代初由美国著名学者路易斯·O. 凯尔萨与帕特里西亚·H. 凯尔萨在《民主与经济力量——通过双因素经济开展雇员持股计划革命》一书中提出来的。他们认为，经济民主涉及一种资本与劳动的双重民主化。民主是一种政府形式，在这种政府形式下，社会权力由全体公民拥有。社会权力的主要部分为政治及经济权力。政治权力也就是参与的权力，一定程度上可被理解为合理地制定、解释、管理、执行法律。经济权力就是生产产品与服务的权力，也就是从事消费者在市场上购买的产品与服务的生产而挣取收入的权力。一个人可以通过个人拥有的劳动力或私人的资本合法地参与生产。技术的进步改变了产品及服务生产的方式，由劳动密集型转化为资本密集型，如果资本所有权不能民主化，经济民主也不会实行或保持。为了实现资本所有权的民主化，联邦政府必须作为国家劳动力的民主化的代理人。❶

与自由资本主义社会企业强调资本雇用劳动以及社会主义社会企业强调劳动雇用资本不同，其基本指导原则是"资本民主化"，即创造一种法律制度体系，使不富有的人和家庭包括公司的雇员也可以得到一定数量的资本，从而拥有一定的生产性资源参与生产，实现资本和劳动双因素共同创造财富，分享经济发展成果。因为如果仅有少数人掌握和拥有资本，那么势必剥削和主宰广大非资本所有者——无产阶级。为了避免出现财阀统治和国家掌握政治权力和经济权力而产生的帝国主义，政府有责任满足每个无资本的家庭的资本要求，可采用的方法是资本信贷。雇员持股计划就是一个资本信贷方法。其方法大致是：当公司需要信贷资金可发行债券时，银行不是贷给公司资金，而是把资金供给雇员持股计划基金组织（这种组织一般为雇员信托，符合联邦和州税法的有资格免除税收，由董事会成立信托委员会，需要有普通雇员参与），由基金组织分别为每个雇员购买公司债券，公司每年将利息或股利在税前划给基金会，基金会以此来分期付还银行的本息并冲销每人账户上的余额，在一段时间后债务偿清。雇员仍拥有公司的债券或股票，获得资本收入。一旦债务偿清，除非大部分公司股票通过雇员持股计划为公司雇员所拥有，雇员持股计划的参与者将受到和其他股东同样比例的股利分红。雇主公司定期根据雇员个人的工资收入的比例大小给雇员支付股票。公司的股票可以在雇员持股计划委员会的同意下被转让，也可以进行其他合适的投资活动，这种交易可以在不触动收入税的情况下进行。

马克思也重视经济民主的组织形式，早在《资本论》中就对工人合作工厂给予了充分肯定和高度赞扬，他指出："合作运动是改造以阶级对抗阶级为基础的现代社会的各种力量之一。这个运动的重大功绩在于，它用事实证明了那种专制的、产生赤贫现象的、劳动附属于资本的现代制度将被共和的、带来繁荣的、自由平等的生产者联合体的制度所代替的可能性。"❷ 之所以如此，是因为工人合作工厂是一种与资本主义性质的企业完全不同的企业制度，这种企业制度消除了资本主义雇用劳动的性质，从根本上消除了资本与劳动的对立，是一种可以使劳动在经济上获得解放的生产组织形式，他把工人合作工厂视为对资本主义生产方式的扬弃，是资本主义肌体上发展起来的新社会因素，

---

❶ ［美］路易斯·凯尔萨、帕特里西亚·凯尔萨：《民主与经济力量——通过双因素经济开展雇员持股计划革命》，赵曙明译，南京：南京大学出版社 1996 年版，第 167 页。

❷ 《马克思恩格斯全集》（第 16 卷），北京：人民出版社 1964 年版，第 219 页。

是"旧形式内对旧形式打开的第一个缺口"❶。当劳动者与物质生产资料有机地结合在一起时，劳动与劳动的物质条件的对立消除了，劳动的异化也消除了。但工人合作工厂是转化为联合的生产方式的一种"过渡组织形式"，而当巴黎公社这种使劳动在经济上获得解放的政治形式，通过合作制把主要用做奴役和剥削劳动的工具的生产资料、土地、和资本变成自由集体劳动的工具时，"当普通工人第一次敢于侵犯自己的'天然尊长'的管理特权，在空前艰苦的条件下虚心、诚恳而卓有成效地执行了这个工作"时，马克思直截了当地宣布：合作制是未来共产主义社会的基本生产组织形式。他说："如果合作制生产不是作为一句空话或一种骗局，如果它要排除资本主义制度，如果联合起来的合作社按照总的计划组织全国生产，从而控制全国生产，制止资本主义生产下不可避免的经常的无政府状态和周期的痉挛现象，那么请问诸位先生，这不就是共产主义，'可能的'共产主义吗？"❷工人民主参与管理并享有企业收益是马克思关于未来社会主义作为基本生产组织的"自由人联合体"的两个最重要的特征。只有联合体才是劳动者作为独立的自由人平等地参与合作组织的重要事务，进行各项民主管理，成为真正解放劳动者、保障劳动者的经济利益、实现劳动者的各项民主权利的经济、社会共同体。

经济民主社会主义者大都认为"近于完全的和直接的自我管理只有在企业的范围内才是可能的"，他们多把这种自治权限定在企业或工厂之内。与资本主义企业为缓和劳资矛盾而推行的工人参与企业决策不同，经济民主的自治权否定资本的特权，把企业的控制权从资本家或管理层向工人劳动者转移。如，施韦卡特等认为，工人应对围绕生产的一切活动包括企业的组织、纪律、生产工艺、生产什么、生产多少以及净收益分配等负责。在进行自我管理的过程中，所有决策都是依据民主原则作出的，企业劳动者按照一人一票的原则，平等地享有企业事务的发言权。在一些规模较大的公司，决策权不可避免地要授予一些机构和个人。但无论是工人委员会或总经理，都不是由国家或社区任命，而是由工人选举产生的。根据上述工人管理的基本原则，霍尔瓦特设计了一个被称为沙漏模型的劳动者管理企业的组织结构。霍氏的工人管理模型分为决策、执行和监督三个组成部分。在决策方面，它把大多数影响工人日常活动的决策权，如工作分配、剩余分配、就业、雇用等赋予基层的劳动单位，除此之外的决策则授权给通过全体投票选举产生的工人委员会。工人委员会内部有复杂的分工，理事会、收入分配、投资、研究与开发委员会等负责日常事务的咨询和处理。执行委员会和管理委员会具体执行工人委员会的决策，它们有一

---

❶ 《马克思恩格斯全集》（第25卷），北京：人民出版社1975年版，第497～498页。

❷ 《马克思恩格斯选集》（第2卷），北京：人民出版社1995年版，第379页。

定的任期并承担相应责任，即如果企业经营效益差，得不到工人委员会的信任，则必须进行改组。为防止权力的滥用并督促其尽责，自我管理体制中还设立了具有控制和仲裁职能的监事会以及仲裁委员会等。霍氏认为，这种工人管理模式消除了阶级分化和等级的存在，既能保证民主的最大化，又能保证效率的最大化。英国学者罗宾·阿切尔（Robin Archer）在《经济民主——可行的社会主义政治》一书中，触及了资本主义制度本质上的一些问题，如资本与劳动的对立、劳动者阶级在资本主义社会中被雇用的经济地位、资本家阶级对经济权力的垄断等等，倡导建立一种"以经济民主为基础的社会主义经济"模式（socialist economy based on economic democracy），重点强调了经济民主与劳动自由，主张消灭资本主义社会中资本家对企业权力的垄断，把对企业的直接控制权由资本家那里转移到企业的劳动者手中，从而充分保障和实现工人管理企业的真正民主权利。他立论的基础是两条民主原则，一个是"所有受影响者原则"（all - effected principle），即"所有受某个组织之决策影响的、具有选择和行动能力的人，都应分享对这一组织之决策过程的控制权"❶。另一个是"所有隶属者原则"（all - subjected principle），即"所有那些或只有那些受组织权力支配的人，应该行使对组织决策过程的直接控制权。其他受影响的人则行使间接控制权"❷。

在"资本财产的中立化"基础上，锡克试图通过合作公司治理实现工人的自我管理，将必要的效率原则与新的工作人道化原则联系在一起。合作公司由财产管理机构和企业经营管理机构组成。两者的社会基础是当时的生产集体（全体职工），它是唯一有权选举、监督甚至撤销两个机构的机关。财产管理机构通过民主选出的财产管理委员会来管理中立资本。财产管理委员会在财产管理机构的首脑会议上选出，它的活动对财产管理机构负责。企业经营管理机构的目的是组织、发展生产和销售，也就是使用供其支配的资本，以获得最佳的利润。企业管理机构中有一个由工会、企业经济管理机构和董事会组成的权能三角形，通过新的相互配合和相互监督既能保护职工——共同所有者的短期利益，也能保护他们的长期利益。董事会关心的总是公司的长期发展、效率和结果。管理机构也一样。工会关心和代表他们的短期利益（劳动场所、报酬、社会和文化需要）。但公司成员的每一个职工都有权自动要求成为财产管理机构和企业经营管理机构的成员，并拥有由此而来的权利：有权选举财产管理委员会和董事会；有权听取公司经济发展的报告和概况；有权批评和对批评意见

---

❶ Robin Archer, Economic Democracy: The Politics of Feasible Socialism, Oxford: Oxford University Press, 1995, p. 27.

❷ Ibid. , p. 29.

作出决定；有权在规定的规则内参与利润分成；有权在民主的管理体制内积极参与活动；有权参加有组织的经济学的学习以及其他。自动离开企业的职工就不再是共同所有者，但他在另一个加入的合作公司中又自动成为共同所有者。要实现他们在长期地并尽可能持续不断地提高收入、保证劳动场所、获得合理的劳动报酬、对劳动感到满意、经济参与决策、与集体一致化、自我实现等方面的利益，只有依靠新的所有制形式、组织和机构才有可能。

当代西方参与民主理论家也看到了人的异化和工人的无权状态，但他们并不主张改变社会制度，而是在资本主义的制度体系内寻求解决方案，强调工人参与决策和管理在工业民主和改变企业权威等级制中的作用最终能够为政治领域的民主化创造现实条件。佩特曼认为，在当代资本主义的工厂和企业中，雇主或管理者与雇员之间是一种等级制的权威关系。这种权威关系的存在完全剥夺了工人对企业的直接参与权，阻碍了工人自我发展权的实现。"参与性社会"能否实现，在很大程度上取决于工厂内部的权威主义结构能否发生根本性改变，取决于能否实现工人对企业的直接参与。"像工业这样的领域本身就应该被看做政治体系，它提供了除国家层次上的参与以外最重要的参与领域。如果个人对他们自己的生活和环境施加最大限度的控制，那么这些领域的权威结构必须按照他们可以参与决策的方式组织起来。工业在参与理论中的核心地位与实质性的平等有关，这种经济平等要求赋予个人（平等）参与所必需的独立和保障。工业权威结构中的民主化，废除了'管理者'和'工人'之间固定的差异外，意味着向满足这一条件迈出了一大步。"❶ 工业领域参与概念的关键之处是它在一定程度上修正了正统的权威结构，即在名义上决策是属于管理者的"特权"，工人没有影响力。佩特曼通过实证分析工业民主和工厂参与的方式和途径，论证了工人直接参与企业的可行性。佩特曼指出，工厂内部的参与有三种形式：虚假参与、部分参与和充分参与。"虚假参与"只是企业为缓和劳资矛盾而推行用于说服员工服从的管理方法，实际上工人并没有在决策过程中发生参与活动，一个典型例子就是，领导者不是只告诉员工有关决定的内容，而是让他们提出对这一决定的质疑并进行讨论。而"部分参与"中，工人并没有决定政策结果的平等权利，只能影响决策。只有第三种形式的"充分参与"是"决策整体中的每一个成员平等地享有决定政策结果的权力的过程"❷，可以自己决定工作如何分配、如何实施，这样才能打破管理者与工人之间的界限，完全改变企业中的权威结构，实现企业甚至工业民主化。如同

---

❶ ［美］卡尔罗·佩特曼：《参与和民主理论》，陈尧译，上海：上海人民出版社 2006 年版，第39 页。

❷ 同上，第67 页。

"部分参与"一样,"充分参与"也可以在管理活动的所有层次上进行。工业民主意味着工人享有更多高层次的参与机会。当然,佩特曼也指出,在工业领域的权威结构还没有民主化的条件下,不仅部分参与所有管理层次是可能的,而且在一个较低层次的充分参与也是可能的。佩特曼列举了三个例子:格兰西金属公司的集体谈判和联合协商机制、约翰·路易斯股份公司和斯各特·巴德联合公司的代表委员会制。

二、经济民主的主要制度模式

不同经济民主思想家对经济民主制度的设计的侧重点不一样,从政治经济制度安排层面来说,有的侧重于微观企业层面,有的侧重于中观政府政策安排和经济治理机制层面,有的则主要从宏观宪政层面来进行。以下将描述几种具有代表性的制度模式。

(一) 达尔的自治企业体制模式

作为当代西方多元民主理论的开创者和集大成者美国政治学家罗伯特·达尔在继《民主理论的前言》之后完成了《经济民主理论的前言》一书,专门阐释了其经济民主理论。这标志达尔修正了其多元主义民主理论,成为当代新多元主义民主理论的主要代表之一。达尔认为理想的经济秩序应该同时满足民主、经济公平(economic fairness)、效率、道德责任、经济自由五大价值目标。而现行的经济制度,无论是法人资本主义(corporate capitalism)还是国家社会主义(bureaucratic socialism),都不能满足以上要求,因此必须寻求新的替代经济制度。他从经验的角度出发,卓有远见地将民主程序应用于经济秩序,主张建立一种新型的集体合作所有和由经济企业内所有公民民主地控制的企业制度,以取代法人资本主义制度。他指出,从美国国内和国外的经验来看,工人所有的经济制度(economic sysytem of worker – owned)以及由工人控制的企业可能比现在的法人资本主义制度为民主、政治平等和自由提供一个更好的基础。民主自治企业的一个至关重要的特征是:满足平等投票的标准,企业中每个雇员都有资格拥有一票的权利。企业由市场调节和外部民主政治的控制来设定民主的限度,企业内部的员工作为企业公民,依民主政治过程中的平等选举原则,一人一票行使权利,参与公司治理,有充分的机会表达个人的偏好,了解企业事务并最终对企业事务有决定权。企业公民除了决定工资和决定剩余收入的分配以外,还有权利根据制定的原则决定多少作为再投资基金、多少作为积累基金,建立企业内的医疗、养老等制度体系等。企业公民共同决定公司的治理方式,是单独由他们集体管理还是把一部分权利委托给经理人,以及如何制约经理并为所有企业公民服务;企业公民以集体利益为出发点,决定企业的投资方向；企业的管理体系是开放的，每个企业公民都关心企业的具体运作规则，积极出谋划策，包括对企业管理制度、管理机构的设计，整个企业注重企业公民的知识技术更新、发展教育和完善培训。在一定程度上，集体利益高于个人利益，但工人仍可以通过发出呼吁或选择辞职影响企业的决策。

达尔还认为，民主自治企业的所有权和控制权是可以分离的。经济民主从一定程度上来说是企业在控制权上实现民主治理，企业公民可以行使治理企业的自治权利，自治权与所有权是可以分离的。经济民主既可以在资本主义企业所有制下实现，也可以在社会主义企业公有制下实现。达尔试图解释以下问题：在现代社会，一种高水平的组织多元主义"是否排他性地是资本主义的一种产品，以致既在理论也在实践上被视为公共企业和政治体系的巨型公司而在经济秩序中消失"？"组织多元主义在主要生产资料为社会所有而不是私有制度中，也就是说在社会主义经济制度中，会显著衰退吗？"❶ 在他看来，这种混淆是根植于"所有制等同于控制"的观念。但实践证明，所有权不是控制权的充分条件，从前苏联高度的等级制度到南斯拉夫曾实行的企业自治，其他国家公有制度企业内外控制的结合也是多种多样，私有企业控制体制也发生了很大变化，并且出现了大量私有制和公有制的结合，出现了政府、市场、消费者和企业对于决策控制权的结合等。

自治企业体制是以市场调节和政府民主调控的外部管理为前提的。虽然在达尔看来，这一点在西方民主国家是毋庸置疑的，但他还是反复强调，效率也是经济民主珍视的价值，应通过市场机制调节企业间的竞争和合作，以最少的投入获得最大的产出，从而为公民良好的经济政治生活提供必备的经济资源。但由于存在市场失灵，如外部性、垄断等现象，需要建立一种民主控制的政府管制体系，与法人企业一样，在市场中运行的自治企业也要受到政府的法治和规章的制约。❷ 由此，在自治企业工作的人员也是"企业公民"❸（citizens of the enterprise），政府应该保障公民权利，同时培养公民道德行为，防止其损人利己的行为。❹ 他还指出，即便企业内部实行民主治理方式，公司内部收入和财富分配不平等大大减少后，公司之间的不平等仍不会消失。为了防止他们对政治平等和分配正义的过度侵蚀，政府仍需要通过税收、转移支付等政策改变公司初次分配的不公平，或者政府采取管制措施限制金钱对政治的消极影响。

---

❶　[美] 罗伯特·达尔：《多元主义的困境》，尤正明译，北京：求实出版社 1989 年版，第 113～114 页。

❷　Robert A. Dahl, A Preface to Economic Democracy, Berkeley：University of California Press，1985，p. 90.

❸　Ibid.，p. 92.

❹　Ibid.，p. 97.

他还特别强调中央政府的作用，不仅要在许多重大事务上行使职权，如军事和外交事务、财政和金融政策、社会安全和医疗保障、外部性管制（如污染、食物和医疗安全等）等，还需制定和实施与投资、储蓄、总体经济发展、部门发展等相关的经济政策。同时，为了公平和防止垄断，中央政府需要做好企业审批事务。因此，不管是哪种所有制形式，中央政府都不能回到自由放任主义时期的"守夜人"角色，更不可能倒退到蒲鲁东的无政府主义状态。❶

那么在实践中，与股东所有、经理控制的法人企业或者国家所有、等级制控制的企业比起来，集体所有、工人控制的自治企业有什么优势呢？能否达到理想的经济秩序目标？正如达尔所说："自治企业比股东所有、经理控制的法人企业或者国家所有、等级制控制的企业具有几大优势，其中最重要的是有助于实现正义和民主。"❷ 在达尔看来，经济民主致力于减少所有制和控制权导致的经济资源、地位和机会的不平等，"减少公民有效参与政治生活的能力和机会的严重不平等"，并且"通过将我们塑造成好公民和促成公民间更大的政治平等，来提升国家治理中的民主质量"❸。在企业内部实行民主程序有助于提高政治生活中的民主质量；在国家里能实行民主的理由同样也适用于在企业中实行民主。从这两个方面可以进一步论证经济民主的必要性。第二点理由前文已经谈过，这里着重探讨经济民主对政治民主的促进作用。

第一，有助于培养公民更崇高的道德责任感。达尔认为，尽管参与民主理论对参与能培养公民民主性格的判断仍然存在争议，但自治企业体系将有望在人类品质方面实现一些重要改变。达尔指出，公司由它们的雇员民主地治理比管理者的等级式治理更有责任意识，因为在民主治理企业中，雇员的劳动不再是其生产资本的一部分，而是实现自身当前利益和长远利益的手段，企业的发展与雇员利益的实现程度和实现水平息息相关。对此，可通过两方面来"促进更崇高的道德责任感的培养"。一方面是自治企业有助于"原则上消除和实践上最大限度地减少雇员和雇主之间不负责任的对抗性和敌对性关系"❹。因为在自治企业中，雇员在企业福利上一人一股，所以那些有害于公司绩效的行动会对所有人产生不利影响。另一方面是在自治企业中，普通公民接触更多的、更频繁的是雇员，与数量极少的高级经理人相比，雇员更能代表消费者、居民等普通大众的利益，更能共同担当决策的负面影响。而且，这些经理人是

---

❶ Robert A. Dahl, A Preface to Economic Democracy, Berkeley: University of California Press, 1985, p. 137.

❷ Ibid., p. 93.

❸ Ibid., p. 90.

❹ Ibid., p. 100.

由雇员选举产生的，需为全体雇员共同利益的最大化服务，而不像在法人企业中那样，股东利益至上，甚至不顾雇员利益。这样，"经济企业中充分而平等的公民身份将极大地减少企业内部冲突和敌对关系，间接地影响普遍的政治和社会关系"❶。

第二，有助于促进政治平等。达尔认为，经济秩序的平等不能依靠在市场中竞争并追求利润的自治企业自动实现，也不可能离开政府对财富和收入再分配的政策调控，"不能靠一个自治企业体系创造完全自我调节的平等主义秩序"❷。虽然依据哪种公平原则和分配方案来分配受文化、传统、意识形态、宗教等多种因素的影响，也取决于个人贡献大小或技术的稀缺程度等，不能一概而论，但企业公民毕竟有权民主决定公司的工资、盈余的分配。可以确定的是，与法人资本主义相比，自治企业内部的工资差别跟目前公司比起来肯定会大大降低，高级经理人员与雇员的薪酬差距也会大大降低；而且，由于公司成员共享利润和盈余，经济资源会更加分散，收入和财富分配的不平等也会大大改善，减少对国家治理的民主程序运行的影响。但公司之间的差别仍然存在，"公司之间的差异不是由努力和技能，而是由历史、地理、社会、运气等因素造成的，这样，差别看起来更加不公平"❸。为了防止它们对政治平等和分配正义的过度侵蚀，仍需要通过税收、转移支付等政策改变导致个人资源不平等的公司初次分配，或者政府采取管制措施限制金钱对政治过程的消极影响。达尔总结道："自治企业体系虽然不会消灭公民之间相互冲突的利益、目标、观点和意识形态，但它将可能减少利益的冲突，给予所有公民在治理国家时维持政治平等和民主体制更为平等的权利，并且促使公民在公平标准上达成一种更强有力的共识。"❹

达尔的自治企业体制再次在西方学术界引起广泛影响。《克库斯评论》（*Kirkus Reviews*）认为，达尔的该书回答了托克维尔的论题，将问题引向了平等，并提出要将"政治民主的原则和程序延伸到经济企业中"，从而"挽救了平等与民主"，他的论点"具有某种特殊的重要性，值得认真对待"。"合作经济新闻服务"（*Cooperative Economics News Service*）认为，达尔"对自治企业的政治经济学分析让人大开眼界，他对这一体系的想象力令人折服，而且常常具有理想化的色彩"。

---

❶　Robert A. Dahl, A Preface to Economic Democracy, Berkeley：University of California Press, 1985, p. 109.

❷　Ibid., p. 108.

❸　Ibid.

❹　Ibid., p. 110.

（二）施韦卡特的市场社会主义模式

美国左翼学者戴维·施韦卡特（David Schweickart）先后出版了几本关于经济民主的著作，如《资本主义还是工人管理？——一种伦理学和经济学的批判》《经济民主——真正的可以实现的社会主义》《反对资本主义》《超越资本主义》等，在批判资本主义的基础上比较系统地提出和阐释了他的经济民主理论，并从经济上和伦理道德上论证了其优越性。"由于存在这样一种资本主义的替代物，它不仅富有生机活力，而且有着明显的优越性，因此，资本主义不再拥有一种有效的合理证明，无论是在经济上的还是伦理道德上的。"❶ 他从理论与实践相结合的视角，把经济民主看成一种社会制度，而且是取代当前资本主义的最切实可行的选择。他说："相对于马克思本人，我们更有可能清晰地洞悉作为资本主义'取代制度'的社会主义的体制性形态，起码是关于它的一种理想类型。我们不妨称此种形态或类型为'经济民主'。"❷ 他把经济民主模式同南斯拉夫模式和西方资本主义模式进行比较，认为"我们的模式比南斯拉夫模式和西方资本主义模式更加具有民主性。在其古典形态，南斯拉夫社会主义在工厂里是民主的（从理论上讲），但它毕竟只有一个政党，是个专制国家。当代西方资本主义国家在政治上是民主的（从理论上讲），但在工厂里是专制的。而我们的模式在这两个领域内都是民主的"❸。施韦卡特认为，政治平等和物质不平等的并存一直是民主理论长期面临的困惑和难题。古典自由主义担心大众会利用他们的权利冲击富人的财产，在他们看来，财产是自由的防堤。但现实是，目前西方民主选举制度大行其道，财产权远非受到冲击，而财富集中却愈演愈烈。"政治民主"看上去是资本主义的天然伴随物，而实际上是它的对立面。"资本主义同民主是不匹配的。在先进的工业社会中拥有的民主是其他东西"，这个"其他东西"就是施韦卡特所指的与民主政治相区别的"多头政治"，"因此，我们没有生活在一个民主制度下"❹。施韦卡特认为，经济民主制与自由放任主义比较起来会更民主。施韦卡特希望把经济民主和政治民主有机地结合起来，他认为，真正的社会主义在经济领域必须解决好三个问题：劳动的异化；生产的无政府状态；

---

❶ ［美］戴维·施韦卡特：《反对资本主义》，李智译，北京：中国人民大学出版社 2002 年版，第 2 页。

❷ ［美］戴维·施韦卡特："关于马克思主义与向社会主义过渡的十大论题"，载《马克思主义与现实》2003 年第 1 期。

❸ ［美］戴维·施韦卡特：《反对资本主义》，李智译，北京：中国人民大学出版社 2002 年版，第 62 页。

❹ ［美］戴维·施韦卡特：《超越资本主义》，宋萌荣译，北京：社会科学文献出版社 2006 年版，第 160 页。

官僚主义低效率。前两项是资本主义固有的弊端，官僚主义低效率往往在实行中央计划的社会主义中存在，要解决这些问题，需要适当地综合民主、计划和市场这三个因素。

"经济民主市场社会主义"制度模式具有以下几个特征：

首先，工作场所的民主管理制度。工人民主管理是"经济民主市场社会主义"模式最重要的特征。在自由放任主义下，资本家具有控制权；而在经济民主制下，工人具有控制权，享有更多的参与自治权利。因为工厂民主的程度不会受到资本家不择手段寻求利润的需求的限制。工厂民主虽然不能避免劳资冲突，但能公开讨论问题，并在劳资冲突激化之前和平解决它们。工人对围绕设备操作的一切活动负责，包括工厂的组织、工厂的纪律、生产工艺、生产什么和生产多少、净收益如何分配等，有关这些事务的决策是通过民主程序作出的，实行一人一票。大规模公司的决策则由工人选举产生的工人委员会或总经理经授权作出。"经济民主"下企业的经营者由工人民主决定，由工人监督并在必要时进行民主的罢免。虽然工人管理工厂，但工人并不拥有生产资料，这些生产资料是社会的集体财产，实行社会所有制形式。在利润的分配方面，施韦卡特力图取消工资制度，让所有企业成员参与到利润的分配过程中。这与当前有的企业实行职工入股参与分红的制度是不相同的，在"经济民主市场社会主义"模式中，企业成员享有利润份额的依据不是出资，而是根据他为组织所作的贡献大小。"他们也许选择平均，或者他们可能决定给予更困难的任务更高的酬劳。他们还可能发现，给予稀缺的技能特殊的奖赏是符合他们利益的，以此来吸引和稳定他们所需的人才。"[1] 高级的技术人才和管理人才由于在创造利润过程中付出了意义更大的劳动而理应拥有较多的利润分配份额。关于现存的私人企业或继续由私人投资建立并且企业的经营者又不是由工人选举产生的企业，施韦卡特建议通过设定"有效许可期"来限制其发展，可以规定一个非民主管理企业的产生必须获得某种许可，同时规定一个有效的年限，超过这个年限企业就要卖给国家，即使在这之前企业已被卖掉，它作为非民主管理的企业生存的年限依旧遵循许可的规定。

其次，自由的商品和服务市场制度。市场是资源配置的基本方式，与集中计划相对应，有助于遏制权力过度集中和高度官僚化，旨在摆脱官僚主义低效率现象。企业在市场中运行，也要千方百计营利，实现企业的总销售额同总的"非劳动成本"之间的差额最大化。企业可以自己从别的企业购入机器设备与原材料，又在价格调节机制的作用下按照等价交换原则将商品卖给企业或消费

---

[1] ［美］戴维·施韦卡特：《反对资本主义》，李智译，北京：中国人民大学出版社2002年版，第64页。

者。在这个市场交换的过程中，价格一般不实行中央调控，而是通过供求关系解决，除非国家需要对某个部门的价格实施特殊的监控。在"经济民主制"里，劳动并不是同土地和资本一样的"生产要素"，劳动对工人来说也不是商品，而是一种权利。工人加入一个公司，就成为其中有选举权的一员，有权享有特定净收益中特定的一份。

最后，民主控制的社会投资制度。新的投资是由社会控制的，根据民主的、适应市场的计划进行分配。它是对市场缺陷的弥补，意在取代资本主义的资本市场，缓解资本主义生产的无政府状态。投资基金是通过民主协商的程序产生和分配的。简单来说，就是由中央政府征收从资本资产的税收，由当地的银行网络发散到全社会；银行把这些资金配置给隶属于它们的公司和新创办的企业；银行依可营利性和创造就业机会为标准运作。投资的社会控制是施韦卡特"经济民主市场社会主义"模式中一项最具复杂的技术性特点，也是最具创新性的特征。施韦卡特非常重视南斯拉夫的社会主义改革经验。他认为南斯拉夫在工厂民主和市场引进方面都最终失败的主要原因就在于国家对投资没有进行很好的控制，大量外资的引进加剧了原有地区之间发展的差异，以致在20世纪80年代世界经济大萧条时矛盾最终被激化，社会主义改革遭遇失败。施韦卡特认为，虽然计划是消除资本主义无政府状态的良药，但整个经济都由计划来决定的做法是错误的。从南斯拉夫社会主义改革失败中吸取的最重要的教训就是：新的投资是推动经济发展从而保持经济稳定的关键，对新投资进行有效的社会民主控制是必要的。施韦卡特认为，计划调节投资不是调节全部的投资，他将投资分为三种情况：第一种是市场主体自发从事的、有利可图的投资行为；第二种是虽以赚钱为目的，但其生产和消费都存在外在性，与其收益性相比更有益于社会的投资行为；第三种是非营利性质的同公共物品和服务相关的资本投资，如基础设施、学校、医院等。在这三种投资行为中，第一种是不需要计划来调节的，应该按照市场运行的规则自发进行调节，后两种投资形式才真正需要计划的干预。"经济民主市场社会主义"模式中，由民主控制的投资结构简单来说就是由政府对企业资本资产统一征收一定比例的资本资产税（capital assets tax），纳入国家投资基金（investment grants），再按照分配计划逐级分配，最终进入企业。民主控制投资的机制由两部分构成：投资基金的收集与分配，它们都是按照民主决策与监督的程序进行。投资基金的收集主要采用税收形式，即国家投资基金主要来自企业的税收而不是私人储蓄。投资基金的分配是按照人均（per capita）为基础将其分配到地区（regions）和社区（communities），再按以往绩效（past performance）分配到公共银行（banks），最后根据收益率和创造就业立项（projected profitability and employment creation）

的审批结果分配到提出好的营利计划项目的企业，由立法机构参与确定投资基金分配比例。

经济民主制明确地设计了它的投资机制，让国家、地区和社区的立法机构将那些会影响其选民日常生活并且有重要意义的投资决定纳入政治范畴，实行更明智的民主控制，接受对经济变迁的全面指导的议题。施韦卡特比较了经济民主模式下核能事务与自由放任模式下核能事务的区别，由此我们可以看到两种模式的区别："在经济民主制下，要走上（或继续走上）发展核能之路，必须通过国家的立法机构来作决定。听取各方意见，争论可能的后果，然后由立法机构投票表决。相反，在自由放任主义下，是由公用事业公司决策。能源事务是生意事务，而不是政府事务。"❶虽然传统自由主义试图把财产和分配之类的重大议题从投票箱移开而排除民主，交由市场调节，但施韦卡特在他的经济民主模式中并没有排除市场的作用。"在经济民主条件下，收入分配会通过市场来调节，至少对于公司之间的国民收入是如此。"❷

然而两者还是会存在一些重大区别，自由放任主义引起了财富的高度集中，导致了上层阶级的特权地位。对此问题，传统的自由主义主张严格的领域划分，从而明确地将政治事务与经济事务区分开来。这样一来，作为经济主体的资产阶级不会介入政治事务；而作为政治主体的公民也不会以民主的程序威胁到资产阶级的财产权利。然而施韦卡特认为："自由放任主义是内在不稳定的，这种情况下，一个民主的政府就必然要努力去防范和较少不稳定。如果选民是独立自主的，他们就不会让失业的人与空闲的工程心神不定地面面相对。政府在经济上要有所作为就成为必然的要求。历史已经清楚地表明，自由放任主义的意识形态不能容忍这样的不满。"❸这样，如果政府在资本主义经济中扮演重要的角色，资本家就会利用自己强大的经济资源和在经济生活中的地位为自己谋取利益，反过来控制民主，使民主为少数有钱人服务。施韦卡特列举了在多头政体下，财富提高让正式民主程序反映有钱人利益的可能渠道❹：

（1）立私人基金和机构去研究保护和提升富人利益的办法，并通过"标准的立法"对它进行表述。

（2）由私人创建"圆桌会议"，把政府高官、有同情心的学者以及财团领导召集在一起，对富人的地位给予支持。

---

❶　［美］戴维·施韦卡特：《反对资本主义》，李智译，北京：中国人民大学出版社 2002 年版，第 192 页。

❷　同上，第 193 页。

❸　同上，第 195 页。

❹　同上。

（3）主要媒体的所有者可以动员起来，反对那些对本阶级的一般利益不利的政治运动。

（4）通过制度性的广告宣传来直接提升有钱人的利益，或者（通常更有效）发布"适度"偏向的流行观念，"人民造成的污染，由人民来纠正"，也就是说，不要责怪财团和资本主义。

（5）可以贿赂政客和其他政府官员。

（6）为竞选活动提供大量资助。

（7）雇用专业说客向获选官员施加压力。

这些机制结合在一起，对任何挑战所有权的民主制度构筑起坚固的壁垒。

施韦卡特肯定地指出："自由放任主义和民主是不相容的。"与此相比，经济民主则与民主的理想更为接近；而且，"经济民主制国家的对外政治许诺给了那些渴望自由、民主和自决的其他国家比资产阶级国家多得多的尊重。两者最基本差异的底线是，经济民主制比资本主义更接近民主的理想"❶。施韦卡特还认为以上理由可以用来反对其他形式的资本主义，如现代自由主义资本主义，"不管提出了什么改革模式，和经济民主制相比，仅仅改革资本主义是不够的"❷。他由此得出结论——资本主义与民主不相容，明确指出："这个世界上的任何政府或运动组织，不管它有多么民主，只要它挑战了资本收入权利这一基本方式，或者挑战了公司向其认为合适的地方作境外投资的权利，就会遭到美国和其他资本主义国家的反对。"他还进一步预测，"这种反对的合法性依据不是以资本主义自身经济利益为基础，而是以某些更高级的原则为旗号"❸。

他还论述了经济民主如何可能从发达资本主义、指令性的社会主义和不发达的治国国家过渡而来，并表明了其他社会主义形态——指令性的社会主义、技术统治的市场社会主义与非市场参与的社会主义——的缺陷所在。他认为："从资本主义或从现存形态的社会主义向'经济民主'的过渡，将是一种和平的过渡，'社会主义革命'的时代已经结束，但社会主义的时代才刚刚开始。"❹ 施韦卡特虽然相信过渡的可能，但也看到了过渡的困难。"在发达资本主义社会，作为统治阶级的资产阶级筑起了深沟高垒，要取得胜利，就必须发

---

❶ ［美］戴维·施韦卡特：《反对资本主义》，李智译，北京：中国人民大学出版社 2002 年版，第 203 页。

❷ 同上，第 230 页。

❸ 同上，第 203 页。

❹ ［美］戴维·施韦卡特："关于马克思主义与向社会主义过渡的十大论题"，载《马克思主义与现实》2003 年第 1 期。

动一场强有力的、忠心不二和充满智慧的政治运动。"❶ 在中译本《反对资本主义》中，施韦卡特对"中国案例"给予了高度的关注和热情的赞许，认为中国和南斯拉夫的经验为"经济民主"理论提供了生动的证据，并且断言"如果中国特色的市场社会主义的大胆创新实验是成功的，那么21世纪必将是中国的世纪"❷。

（三）米德的财产所有民主制模式

1977年诺贝尔经济学奖得主、英国著名经济学家詹姆斯·米德在《效率、公平与产权》一书中提出了"财产所有民主制"的经济民主模式，并倡导通过经济政策手段、政府的干预和调节来实现经济民主。他以英国为例剖析了发达国家财产所有权不平等的现状。高度集中的财产对于总收入在不同个人之间的分配的影响取决于两个比例。一个比例是财产收入所得占个人总收入的比例。如果这个比例很小，一种非常不平等的财产分配本身将不会导致总收入的分配出现任何更大的不平等。如果强调效率方面则会要求，只应该把一小部分收入作为工资，而大部分收入则作为利润、利息和租金，正是在这种情况下，财产所有权的不平等分配将引起收入分配的更大不平等。另一个比例是劳动收入（earned）分配。只要富有的财产所有权者获得的劳动收入不高于人们的平均工资水平，劳动收入就会降低财产收入分配的不平等程度；但是，若富人们的劳动收入也像他们不劳而获的财产收入那样高度集中，那就不可能减轻收入分配的不平等程度。

他从效率与公平相结合的角度，分别比较了四种可以解决人们的收入分配不公的制度安排。

（1）工会国家。比即政府通过立法，或者由工会采取行动，都可以为所有行业的工作确定一个最低的实际工资水平。采取这类行动的最显著特点是，它将降低就业量，即一定数量的实际资本设备在有利可图的前提下所能提供的最多就业机会。自动化不仅会提高人们的人均产出量，降低人相对于机器的相对重要性，而且还会降低人与机器之间的替代弹性。如果这个结论是肯定的，那么若每台自动化机器所需工人的数量是一定的，提高实际工资将会引起利润的下降，而不会对每台机器提供的就业量产生多大的影响。但它并不是没有缺点。所谓自动化只是一个程度上的问题。许多工业里，人与机器的比例既不严格，也不低。在人与机器的比例不严格的那些工业里，"无效率"高于实际工

---

❶　[美]戴维·施韦卡特：《反对资本主义》，李智译，北京：中国人民大学出版社2002年版，第275页。

❷　同上，第7页。

资会限制每台机器对工人的需求；在人与机器的比例较高的那些工业中，其产品成本相对于完全自动化的机器密集型产品的成本而言将有所提高。与其他工业相比，劳动密集型的工业将会收缩。结果，对劳动力的总需求将下降。

这样一来，存在三种可能性：

第一种可能性是最低工资协议事实上只能在少数几个全部自动化的工业和职业里真正起作用。这样，整个社会就被划分为三个经济阶层：第一层是非常富有的财产所有者。第二层是拥有特殊待遇的工人。他们十分幸运地挤入了受到保护的职业，在数量有限的工作岗位上争得了一席之地。第三层是社会地位低下的工人，他们的工资待遇特别低，因为他们必须为获得剩下的那些没有多大吸引力的工作而展开竞争。对特殊待遇工作实行最低工资保护不仅会减少资本家的利润，也将限制受保护的职业中工作岗位的数量，从而降低社会下层工人的实际工资水平，因为这势必会加剧未受到保护的职业中为了就业而争夺工作的竞争。

第二种可能性是最低工资协议可能有效地扩展到所有职业。这意味着要放弃当前为实现充分就业而采取的货币政策和预算政策。这种可能性如果存在，在人们公认比较公平的实际工资率水平上只能保证一定数量的经济活动人口的就业，剩下的那些人只能被迫失业。这种失业是技术性失业，其根源在于自动化以及节约劳动力的创造发明。

第三种可能性是关于最低实际工资率的一个普遍使用的有效协议应该与有效地限制每个工人的工作量结合起来。这种工作分摊可能会产生很多影响：一是阻止一些潜在的工人（如青年人、老年人和已婚妇女）就业；二是限制任何一个工人的工作时数；三是限制时数使每一份工作需要更多的工人数量。这种可能比前两种公平更能有效提高工人相对于财产所有者的收入水平，同时又不会制造出一个社会地位低下、穷困潦倒的工人阶级，也不会产生大量的失业工人。但正因为如此，它也是一个缺乏效率的制度，不仅是技术上的无效率，也是人为的法令，禁止为一些愿意提供劳动密集型产品和服务的工人提供这种机会。

（2）福利国家。比指向富人的收入征税，直接或间接地补贴穷人的收入。比起工会——最低工资方法，它有一个重要的而且决定性的优点。它能够与一个实际工资率结合在一起，这个实际工资率可以尽可能地低，直到满足效率的要求为止，同时能避免收入分配的过分不平等。这个制度的缺点是：第一，从效率的观点来看，通过所得税和补贴的再分配，就可以使个人收入的分配在一定程度上平等化。要达到这个目的，所得税的税率必须特别剧烈地累进；但如此之高的累进所得税又倾向于对努力工作、节俭、创新和承担风险的激励机制产生不利的影响，从而影响效率。第二，从公平观点来看，这个制度使收入平等化，但它不能直接地使财产所有权更加平等化。富人拥有更强的讨价还价能力，以及更大的安全感、独立和自由，可以依赖自己的资本生活；而穷人则为了生计一般依赖自己的劳动力给雇主工作，或者凭借某种资格证明从政府部门领取救济金。可见，财产所有权的不平等分配意味着权力和地位的不平等分配，即使它不会引起收入分配的极端不平等。

（3）财产占有的民主国家。"财产所有民主制"模式的最大特点是财产所有权在很大程度上平等化："其中任何一个人都不会在全部私人财产中占有一个太大或太小的份额；每个公民将从财产上获得自己的大部分收入"，"劳动收入在总收入中所占的比例大大降低了"❶。如果财产所有权在社会全体成员之间平等分配，那时的社会将与资本主义社会大相径庭："劳动更加变成了一件完全是个人选择。对于笨重危险的艰苦工作不得不支付特别高的工资，以便吸引劳动者，有人情愿去做这些工作，目的是为了明显地增加自己的收入。在另一个极端，有些人立志献身于非商业性的活动，他们也能如愿以偿，只要他们愿意降低自己的生活标准，当然，他们也不致在阁楼里忍饥挨饿。最重要的是，一些劳动密集型的服务将会繁荣起来，有人愿意为另外一些处于相同收入水平和社会地位的人提供这些服务。演戏、跳芭蕾舞、绘画、写作、体育运动，以及所有这类被亚当·斯密称为'非生产性'的活动，都会在半职业、半业余的基础上兴旺起来，提供这类服务的人，也不会再堕落为巨幅保护人的贫穷献媚者了。"❷

简而言之，"财产所有民主制"通过使财产所有权在社会全体成员之间平等分配，将制约少数人肆意行使其经济权力。问题是：如何通过制度安排或税收安排改革实现财产所有权平等化，同时又保证效率呢？通过考察英国现有的影响财产所有权分配的各种政府政策，米德提出了政府税收的四大原则。

（4）社会主义国家即财产的社会所有制。米德认为，财产的社会所有制比平均分配的私人所有制还具有优越性，因为全部财产收入都归于政府，因而政府可以在较低的税率水平上依靠预算剩余，达到一定水平的公共储蓄。而不像后者，要得到预算剩余必须提高税率，增加税收收入；而提高税率会对经济效率产生不利的影响。但在私有制国家，实现私人财产所有权社会化存在很大困难，包括经济上、财政上、管理上的困难。政府必须通过财政和税收政策结构的改变来实现财产所有权的社会化。货币政策可以影响总支出水平，特别是

---

❶　［英］詹姆斯·E. 米德：《效率、公平与产权》，施仁译，北京：经济学院出版社1992年版，第52页。

❷　同上，第28~29页。

新资本货物上的支出，而不会对预算剩余产生任何直接影响；另一些税种主要抑制消费支出，一些税种主要抑制资本货物方面的投资支出，还有一些税种基本上是用已经积累起来的财产缴纳税款，对投资和消费都没有明显抑制作用；多种形式的补贴和减免税收优惠有的影响消费，有的影响投资，货币政策和预算政策应该连续不断地作出短期的变化，以维持充分就业。而通过货币政策与多种形式的税收和补贴政策之间的平衡，对于为维持充分就业而采取的货币政策和税收政策进行短期调整，保持最优的总储蓄水平和最优的预算剩余，依靠这种最优预算剩余，也能够使财产所有权实现预期的社会化。

米德比较赞同财产占有的民主国家和社会主义国家两种模式。但从英国实际来看，他更倾向于为了实现资源使用的效率和收入分配的公平相结合的目标，采取措施以最大限度地实现财产所有权平等化、社会化，以补充而不是取代现有的福利国家政策。为了达到上述目的，可以采取下面一些经济政策措施。

（1）彻底改革遗产税，使它变成一种累进税，并且根据每位受益人迄今已经收到的馈赠或遗产总额，向他计征税收。

（2）扩大改革后的遗产税的适用范围，使之扩大到包括活着的人们之间的相互馈赠。

（3）每年向资本财富计征一种累进的税收，政府由此可以积累较大数量的预算剩余，用于偿还国债，或者以其他形式的公共财产进行投资。

（4）鼓励建立适当的制度形式。诸如利润分享计划、让租房户以分期付款的形式购买市政部门建造的房屋、发展适宜的投资信托机构等。这些制度有利于小额财产的积累，更容易使小额财产迅速积累增大。

（5）制定相应的教育政策，使天赋能力相同的男孩和女孩在一生中具有平等的提升和发展机会。

（6）采取下面两类措施，相对地降低挣钱能力差的家庭的生育率：一种措施是给所有公民同等的机会，使他们更容易得到和使用避孕工具；另一种措施是在高收入阶层内部，与有子女或子女多的家庭相比，相对地加重那些无子女的富有家庭的税收负担。

米德还特别强调，在全球化时代，只有世界各国联合起来，树立经济民主的共同理念，才能在实践中真正实现财产所有权的平等。在米德看来，财产所有权问题是一个与整个自由世界都紧密相关的重大问题。❶

---

❶ ［英］詹姆斯·E. 米德：《效率、公平与产权》，施仁译，北京：经济学院出版社1992年版，第63页。

（四）罗尔斯的财产所有制民主宪政模式

在当代西方，新自由主义内部不少学者主张通过财产权的再分配来实现民主与平等。罗尔斯在 1971 年发表的《正义论》一书中，虽然没有直接用经济民主这一概念，但是提出把正义原则运用于社会的基本政治经济结构，设计了一种理想的经济民主制度，高度赞赏并完善了由詹姆斯·米德在《效率、公平与产权》一书中提出的"财产所有民主制"模式。与达尔的经济民主制着眼于企业民主治理不同，罗尔斯更多地从宪政和政治安排层面进行了经济民主的制度设计。

罗尔斯的正义原则是经济民主制度设计的理论基础。在他看来，"正义是社会制度的首要价值"❶。罗尔斯的公平正义论是所有社会基本价值（或者说基本善）——自由和机会、收入和财富、自尊的基础——都要平等地分配，除非对其中一种或所有价值的一种不平等分配合乎每一个人的利益。这包括两大正义原则："第一个原则：每个人对于其他所有人所拥有的与最广泛的基本自由体系相容的类似自由体系都应有一种平等的权利。第二个原则：对社会的和经济的不平等应这样安排，使它们：（1）被合理地期望适合于每一个人的利益；（2）依系于地位和职务向所有人开放。"❷ 第一个原则常被称为自由优先原则，第二个原则常被称为差别原则。罗尔斯认为，正义原则主要适用于社会的基本结构，"社会正义原则的主要问题是社会的基本结构，是一种合作体系中的主要的社会制度安排"。而"社会基本结构之所以是正义的主要问题，是因为它的影响十分深刻并自始至终"。更准确地说，社会主要制度支配权利与义务的分派，调节社会和经济利益的分配。所谓的主要制度，就是政治结构和主要的经济和社会安排。第一个原则运用于第一部分，第二个原则运用于第二部分。它们区别开社会体系中这样两个方面：一是确定与保障公民的平等自由的方面；二是制定与建立社会及经济不平等的方面。第二个原则大致适用于收入和财富的分配，以及那些利用权力、责任方面的不相等或权力链条上的差距的组织结构的设计。财富和收入的分配虽然无法做到平等，但必须合乎每个人的利益，同时，权力地位和领导性职务也必须是所有人都能进入的。"一个社会体系的正义，本质上依赖于如何分配基本的权利义务，依赖于在社会的不同阶层中存在着的经济机会和社会条件。"❸ "这一社会基本结构的主要制度是立宪民主的制度。"❹ 无论在《正义论》还是在《政治自由主义》中，罗尔斯

---

❶　［美］约翰·罗尔斯：《正义论》，何怀宏等译，北京：中国社会科学出版社 2006 年版，第 3 页。

❷　同上，第 60 ~ 61 页。

❸　同上，第 7 页。

❹　同上，第 185 页。

都将宪政作为其政治哲学最重要的目的。因为一个社会如果没有一部体现正义原则的宪法，就不会有一个正义的社会基本结构，更不会是一个正义的社会。

罗尔斯主要在第五章中探讨了现代西方福利国家满足第二个正义原则要求的制度安排。他首先解释了政治经济方面的正义概念，或者说作为一种政治的经济理论的正义原则，认为一方面社会激励制度塑造人、决定人；另一方面对制度的选择又涉及人类善的观念，涉及人的理想，作为公平的正义又恰为社会经济的安排提供了一个阿基米德式支点。他进一步评论了经济体系，指出生产什么、使用什么资料、谁得到它们并回报以什么贡献、多大比例的社会资源被用于储存和公共利益的供应等，都需要通过税收、财产权和市场结构等调节。特别强调自由市场与私有制并无必然联系，它与社会主义也是相容的，声言私有制和公有制对两个正义原则都是开放的。"市场制度对私有制和社会主义这两者是相同的。"● 但是自由市场的安排必须放进一种政治和法律制度的结构之中，这一结构能够调节经济事务的普遍趋势，保障机会平等所需要的社会条件。通过机会公平的原则和差别原则实现民主的平等。一种民主公正的经济制度，通过一种特殊地位来消除效率原则的不确定性，当且仅当境遇较好者的较高期望是作为提高最少获利者的期望计划的一部分而发挥作用。

经济民主制度的首要问题是社会体系的选择。在资本主义私有制的民主国家内，经济民主意味着达到一种人们广泛地、虽然不是平均地拥有土地和资金的状况，社会的划分不会导致一个相当小的团体控制大部分生产资料。首先，设想一个可保证平等公民自由的由一种正义宪法调节的社会基本结构。在环境允许的范围内，政治过程表现为一种选择政府并制定正义立法的正义程序。宪法规定一种正义的程序，以此确认现代的民主社会是一个基于自由而平等的人组成的合作社会，公民拥有平等的、可靠的地位，实现社会正义。❷ 其次，假设存在一种公平的机会均等，这意味着：除了维持社会的日常开支费用之外，政府试图通过补贴私立学校或者建立一种公立学校体系来保证具有类似天赋和动机的人都有平等的受教育、受培养的机会。在经济活动和职业的自由选择中，政府也执行和保证机会均等的政策。政府通过管理公司和私人社团的活动、避免对较好地位作出垄断性限制和阻碍来做到这一点。最后，政府确保一种社会最大受惠值，这或者通过家庭津贴和对生病、失业的特别补助，或者较系统地通过收入分等补贴（一种所谓的负所得税，即对收入低于法定标准的家庭的政府补助）的方法来达到。

政府按功能被分为四个部门，每个部门负责由维系某些社会和经济条件的

● ［美］约翰·罗尔斯：《正义论》，何怀宏等译，北京：中国社会科学出版社 2006 年版，第 271 页。
❷ 同上，第 189 页。

机构及其活动组成，即配给、稳定、转让和分配部门。配给部门要保持价格体系的有效竞争性，并防止不合理的市场权力的形成；也负责通过适当的税收和补贴，以及对所有权规定的更改来鉴别和更正较明显的低效率。稳定部门努力实现合理充分就业，使想工作者均能找到工作，使职业的自由选择和财政调度得到强有力的有效需求的支持。这两个部门一起维持一般市场经济的效率。确定最低受惠值是转让部门的责任，确保一定的福利水平，并高度重视需求的权利。"两个正义原则是否被满足的问题，便依赖于最少得意者的总收入（工资加转让的收入）是否可用来最大限度地满足他们的长期期望。"❶ 分配部门的任务是通过税收和对财产权的必要调整来维持分配份额的一种恰当正义。这个部门一方面征收一系列遗产税和馈赠税，并对遗产税进行限制。这些征税和调节的目的不是提高财政收入，而是逐渐地、持续地纠正财富分配中的错误并避免有害于政治自由的公平价值和机会公正平等的权力集中。当财富的不平等超过某一限度时，这些制度就处于危险之中；政治自由也倾向于失去它的价值，代议制政府就要流于形式。分配部门的征税和法规要避免这一限度被逾越；自然，限度存在于什么地方的问题就构成一种政治判断，这种政治判断受理智、良知并至少在相当范围内受一种明确的直觉指导。分配部门另一方面是一个用来提高正义所要求的财政收入的税收体系。社会资源必须让予政府，这样政府可为公共利益提供资金，并支付满足差别原则所必需的转让款目。分配部门的两个方面来自两个正义原则。遗产税、累进制所得税和对财产权力的法律规定都要保证民主的财产所有制中的平等自由制度和它们所确立的权利的公平价值。

而在生产资料为公有制的社会主义国家，在宪法的指导下，民主地作出集体决策决定了经济的一般面貌，例如储存率和用于基本公共利益的社会生产比例。在由此产生的经济环境里，由市场力量调节的公司仍然表现得像以前一样。因此，正义论自身并不偏爱这两种制度中的某一种，正如我们所看到的，哪种体系对一个特定民族最好的决定是以那个民族的环境、制度和历史传统为根据的。

罗尔斯主义财产所有权民主制建立在自由主义之上，强调了自由权利的优先性，但同时又力图调和自由与平等之间的矛盾，在自由主义体系中为"平等"寻求一个合适的位置。从他设定的两条正义原则中可以看出，国家应对私人财产权进行适当的调整和再分配，限制经济权益分配中的不平等。罗尔斯设想的经济民主主要是一种民主的财产所有权，涉及税收、政府和市场结构等

---

❶ ［美］约翰·罗尔斯：《正义论》，何怀宏等译，北京：中国社会科学出版社2006年版，第278页。

制度安排，强调国家干预是正当的和必要的，这和资本主义与社会主义之间的意识形态差别并没有什么联系，无论是社会主义社会还是私有财产社会，都会对公共善如防止破坏、节约资源和保护环境等表现出巨大的关心，国家都要发挥一种决定性的作用。❶

罗尔斯的财产所有权民主制受到诺齐克在《无政府、国家与乌托邦》一书中的强烈批评。诺齐克反对运用政府权力重新审定财产权，限制私人财产的增值和转让，对社会财富进行再分配。诺氏不否认不加限制的财产权会造成财产集中于少数人手中的可能性，但他争辩说，由于财产权的不平等是符合历史原则和顺乎自然的事实，对财产权的再分配会造成更大的不平等，即个人权利的不平等，对个人权利的干涉就会使社会正义丧失。诺齐克认为经济正义问题不是关于利益分配的问题，而是关于持有的权利问题，个人享有的自由权是平等的，但个人的能力、性格、环境等因素的不同造成了每个人行使自由权的程度不同，那些更有效、更大限度地行使了自由权的人，自然也就获得了更大的财产占有资格；而且，自愿转让财产权也是个人的自由，只要最初的财产权是公正的，那么这一自愿转让的过程也是自由权的行使。财产权与自由权是不可分割的，财产权是个人行使自由权所获得的一种资格。不论个人行使权利的过程造成的财产差别如何悬殊，只要这一过程符合正义的程序，国家和政府都无权对财产权（资格）进行分配和再分配。❷

（五）福托鲍洛斯的包容性民主模式

希腊学者塔基斯·福托鲍洛斯在《当代多重危机与包容性民主》一书中，在揭露和批判当代社会的多重危机的基础上，把它产生的原因归结于市场经济和代议制"民主"制度框架所隐含的经济、政治及社会权力的集中，提出了一个新的乌托邦的解决方案——包容性民主，被视为"危机解决的唯一出路"。

东欧剧变和苏联解体之后，新自由主义在全世界大行其道，其代言人称这是"资本主义的胜利"，是"历史的终结"。福托鲍洛斯认为，"现实社会主义"的崩溃并不像其理论家所庆贺的那样意味着"资本主义的胜利"。另外，它也并不像社会民主主义者迫不及待所宣称的那样，昭示着西方的"社会主义"国家战胜了东方的"社会主义"国家。在二战的1/4个世纪里占据统治地位的社会民主主义形式（通过积极的国家干预实现充分就业、福利国家、

---

❶ ［美］约翰·罗尔斯：《正义论》，何怀宏等译，北京：中国社会科学出版社2006年版，第267~268页。

❷ ［美］罗伯特·诺齐克：《无政府、国家与乌托邦》，何怀宏等译，北京：中国社会科学出版社1991年版，第175~177页。

倾向于社会弱势群体的收入和财富的再分配）已经死亡，取而代之的是新自由主义共识（灵活的劳动力市场、"安全网"和有利于特权集团的收入和财富的再分配）。资本主义在全球的扩展并没有如期地带来整个世界的繁荣与和谐，"冷战"结束的"红利"并没有惠及所有民众。相反，在发达国家内部、在发达国家与不发达国家之间、在南方发展中国家以及在政治、经济、社会等领域出现了许多问题。比如，其一，全球财富以及与此紧密相连的权力以前所未有的速度集中在某些发达国家及其各种精英手中，这不仅拉大了南北差距，而且使各个国家内部的贫富不均达到了一个新的水平，并造成了大规模的失业和低薪雇用；其二，由市场化导致的经济权力集中不仅增加了少数特权阶层的经济特权，同时造成社会对立严重，各种类型的不安全感不仅笼罩着社会的中下层，也弥漫于社会的上层阶级，而他们将自己封闭起来的做法又加剧了社会的进一步对立；其三，以满足市场利润而不是以满足社会需求为导向的物质生产对环境造成了巨大的破坏，这是当代生产、生活方式及其中所蕴含的对自然进行主宰的观念发展的必然产物。❶此外，代议制民主受到前所未有的质疑，西方民主政治陷入了深刻的危机。代议制民主将绝大多数人排斥于政治决策过程之外，所以政治领域的冷淡主义和反讽主义盛行。在当今新自由主义共识的大背景下，"左派"和右派之间原有的意识形态分歧已经消失。事实上，选举是由"40%有争议的选举多数"决定的，绝大多数的低收入阶层却选择不参与。造成当今民主政治冷漠的历史原因，可以追溯到卡斯特·托雷亚蒂斯所说的"各种解决方案中自主性的严重缺乏——不管是自由共和国还是马克思列宁主义的'社会主义'"❷也就是说，代议制民主未能充分地创造出真正民主的条件，广大弱势群体对政府的信任感降低。随之而来的政治权力从议会主权向行政部门集中，政治成为治理国家的艺术，使许多人远离了"政治"。

他认为，造成这些问题的原因，主要由于资本主义经济和社会主义经济都是增长经济类型，即这样一个经济组织系统会客观地或主观地导致经济增长的最大化。客观因素是市场经济的优胜劣汰动力，而主观因素是指增长意识形态的作用，即认为"生产和生产能力不受限制的增长，实际上是人类生存的中心目标"。与资本主义增长经济不同，社会主义增长经济不再是市场经济动力的副产品，而是孜孜以求的政治目标，但这两种方式殊途同归，都是为了达到增长最大化。资本主义增长经济中，经济增长以及基本的经济问题（生产什么、怎样生产、为谁生产）都留给价格机制去解决；而在社会主义增长经济

---

❶　［希］塔基斯·福托鲍洛斯：《当代多重危机与包容性民主》，李宏译，济南：山东大学出版社2008年版，第2页。

❷　同上，第115页。

中，绝大多数同样的决定是通过中央计划机制的形式作出的。通过效率和市场规模的最大化追逐利润，其不可避免的后果就是经济权力集中在控制市场过程的经济精英手中。效率被定义为以最小的投入换取最大的产出。这个定义所依据的是严格的技术—经济标准，而不是本应是经济制度目的的人类需要的满足程度。

就生产资料所有制而言，无论是私人所有制还是国家所有制，都把控制生产过程的权力配置给了少数人。前者是少数资本家，后者是通过非直接方式委派给了现实社会主义各国中的官僚精英。就资源配置机制而言，不论是市场机制还是计划机制，都造成了以大多数人为代价而少数人占据优势地位的结果。但是，在资本主义增长经济中，经济权力集中在资本精英手中，是通过源于市场经济功能的不平等收入分配"自动"实现的；而在社会主义增长经济中，把同样的权力集中在官僚精英手中，则是通过把政治权力集中在控制资源计划配置的少数人手中实现的。

为解决这些问题，福托鲍洛斯认为必须从体制外寻找途径，用新的民主形式，即包容性民主替代现行的制度框架。他的重要贡献是基于民主的古典定义，提出了包容性民主（inclusive democracy）的概念，试图实现对两种主要历史传统——即民主传统和社会主义传统——的综合与超越，并成功吸纳了当代解放运动中南方国家的反体制运动（如反全球化运动、绿色运动、女权运动和其他激进运动）。对包容性民主而言，其不仅意味着扩展了公共领域的活动，还超越了传统政治领域，扩展到经济和更广泛的社会领域。包容性民主蕴含着废除政治的、经济权力的不平等分配及其再生性的制度结构，废除在家庭、工作场所、教育机构和更广泛社会领域存在的等级制结构。显而易见，包容性民主与当今盛行的"民主"理念和制度无关。它涉及建立在一个自治市镇组成的邦联基础之上的非集中社会，而自治市镇是基于直接政治、经济民主（超越市场经济和国家计划的局限）、社会领域民主和生态民主的社区。在这个意义上，政治不再是掌握和使用权力的一种技巧，而是再次成为社会成员自我管理（政治、经济、社会）的工具。❶

他把经济民主当做包容性民主的重要组成部分，经济民主则是政治民主的基础和补充。"经济民主可以被理解为：通过公民直接参与经济决策和决策的实施过程，确保经济权力在公民中平等分配的一种经济结构和过程。这意味着在生产资料人民所有的制度框架中，经济过程最终由人民来控制。"❷与社会

---

❶ ［希］塔基斯·福托鲍洛斯：《当代多重危机与包容性民主》，李宏译，济南：山东大学出版社2008年版，第2～4页。

❷ 同上，第165页。

主义计划经济模式不同，其主要特征是"明确地以没有国家、没有金钱、没有市场的经济为前提，这种经济预先排除了私人财富的积累和某些部门特权的制度化，同时无须依赖一个虚构的、充裕的后短缺状态，也不必牺牲人们选择的自由"❶。他对经济民主定义非常激进，不仅要废除资本主义的财产关系（所有制形式），还要废除市场经济关系，包含着对经济权力关系的明确否定，包含着经济领域的公民主权。

　　然而鉴于当今经济权力的高度集中和国家之间高度的相互依赖，我们甚至很难想象一个完全不同的以经济民主为基础的社会形式。这样一个社会在今天是否具有可行性？与经济民主相适应的资源配置体制应当是什么样的？为此，福托鲍洛斯提出一些尝试性的建议。像直接民主一样，经济民主只有在邦联化自治市镇层面才具有可行性。它蕴含经济的人民所有权，即生产资料属于每一个自治市镇的人民。这完全不同于经济权力集中的两种主要形式（资本主义和"社会主义"增长经济），也不同于各种不同类型的集体资本主义——无论是"工人控制"的形式还是由后凯恩斯主义的社会民主主义者提出的较温和的版本。❷ 他从三个层面设计了经济民主的制度模式：人民自立；生产资料的人民所有制；资源的联合配置。

　　（1）人民自立。所谓自立的意思是自治，即"主要依靠自己的人力与自然资源，自主地设定目标和决策的能力"❸。没有经济权力的分散化，自立就不具有可行性，也就不可能有经济民主。自立的权力分散只能建立在经济自立市镇彼此平等、相互依赖的基础之上。因此，邦联化的自治市镇之间的经济关系应当依据强化相互之间自立的原则构建起来，应当建立在集体支持的条件下，而不是一种统治和依附的关系。自立的分散权力只有在一个民主联合的计划过程的框架中才能实现。在这个自立的框架中，以民主的形式加以界定的基本需求应该尽可能在地方层面实现。当然，因为自立不可能满足所有需求，自治市镇之间的交换是必需的。问题是谁来控制这样的交流：是市镇自己还是市场，也就是由那些因为其经济权力而处在控制市场位置上的那些人，即经济精英？

　　一个与自立相关的问题就是经济单位（即自治市镇的规模）的大小。一方面，经济单位的适宜规模使得自立具有可行性；另一方面，经济单位的规模还必须与直接的经济民主相容。因此，与直接民主和经济相适应——即能够在

---

　　❶ ［希］塔基斯·福托鲍洛斯：《当代多重危机与包容性民主》，李宏译，济南：山东大学出版社2008年版，第168～169页。

　　❷ 同上，第169页。

　　❸ Paul Ekins, Trade for Mutual Self‐Reliance, London：TOES Publication，1989，p. 13.

面对面的公民大会中决策的可行性，是自立市镇规模的基本决定因素。在这些基础上，自治市镇作为最为适合的经济单位出现，并构成包容性民主的核心。鉴于当今世界城市的巨大规模，这样的民主显然是一项长期工程。而从制度上分权这一点却可以马上付诸实施。

（2）生产资料的人民所有制。福托鲍洛斯认为所有制问题是指谁拥有和控制生产资料，不应该与资源具有的配置问题混为一谈。所有制是这样一个机制：即通过这一机制，生产什么、怎样生产、为谁生产这些基本问题能够得到回答。资本主义和社会主义是生产资料所有制的两种主要形式，而资源配置的两种主要形式则是市场机制和计划机制。所有制也不应该与控制问题混为一谈。在当今庞大的股份制企业，股票持有人就是所有者，但真正行使控制权的是经理和技术专家。他们在某种意义上具有相同的动机：获取利润并使那种把绝大多数雇员排除在有效决策之外的等级制关系得以产生。这里的控制是指公司属于它的全体雇员，但仍由技术专家、经理和其他制度（如蒙德拉根工人合作社）来经营并有效地加以控制。

在所有制层面，他批判了资本主义私有制和社会主义国有与集体所有制，把控制生产过程的权力配置给少数人。"资本主义所有制意味着生产资料的私人所有制，并通常与资源配置的市场体系相关。生产资料的私人所有制，不论其是否与市场体系相结合，都意味着控制为特殊利益群体的服务（持股者、管理者或工人），而不是服务于整体利益。而且，当生产资料的私人所有制与资源的市场配置相结合时，则不可避免地导致不平等、政治与经济权力的集中、失业、不良发展或'不适当'的发展。"❶ 这显然与包容性民主格格不入。在社会主义所有制中，这种制度既存在于市场体系中，也存在于计划体系中。在国有企业中，所有权与控制权真正分离，由于对生产的实际控制权掌握在技术精英（市场体制）或官僚精英（计划体制）的手中，他们制定所有重大的经济政策，追求自己的特殊利益，因此，"显而易见，国有企业与经济民主格格不入"❷。而在集体自治企业，所有权部分或全部属于企业的工人或雇员。从历史上看，自治企业不仅存在于市场经济体制（如蒙德拉根工人合作社），而且存在于"社会主义"计划经济中（如南斯拉夫的自治企业）。这些自治企业的主要问题在于，企业之间越是相互独立，越是与社会整体独立，就越是倾向于满足其雇员的特殊利益，就越是与公民的整体利益相对立。因此，如果说国有企业主要服务于控制它们的管理者和政党精英的特殊利益，那么自治企业

---

❶ ［希］塔基斯·福托鲍洛斯：《当代多重危机与包容性民主》，李宏译，济南：山东大学出版社2008年版，第174页。

❷ 同上，第175页。

就主要服务于其雇员。集体自治企业并不能保证工人作为一个公民的自治。这种自我管理形式虽然能改善企业内部的民主程序（社会领域的民主），但对整体民主的改善并无益处，因为体现了"工人同谋下的剥削性生产"，不能保证免于工厂专制的自由，不能保证劳动力使用的合理化。因此，集体自治企业在总体上同样也与包容性民主特别是经济民主格格不入。

因此，需要建立一种新型的企业，这种企业的特点就是一种社会所有制，能够保证生产资料的民主所有和控制。它是一种人民所有企业，是以人民所有为基础的。这种类型的所有制将导致经济政治化，是政治与经济的真正结合。这种结合只能在包容性民主的制度框架下才能得以实现。这种制度框架排斥所有权和控制权的分离，并保证谋求整体利益。因为经济决策是由全体人民通过公民大会作出的，在公民大会中，公民制定的基本宏观经济政策将影响所有人民，而不仅仅是某些以职业划分的团体（工人、农民、技术工人等）。与此同时，工作场所的人们除了以公民身份就整体计划目标参与各自所在的企业的大会，还可以工人身份参与民主计划的修订和实施过程，参与管理自己企业的过程。因此，参与民主计划过程将是一个持续不断的信息反馈过程，从公民联合大会到工作场所大会，反复不断。最后，这种人民所有企业的运行应由企业民主大会指定的监管董事会来管理。这种董事会应包括各种专业人员，其成员始终由企业民主大会负责撤换，但由公民大会间接控制的成员除外。企业民主大会不仅发挥社会领域民主机制的作用，而且还是经济民主的基本组成部分，与公民大会一起，与之相伴的还有其明确的责任和功能，共同组成了包容性民主的核心。❶

（3）资源的联合配置。如前所述，经济民主需要建立在自治市镇邦联的基础上。但当今社会，许多问题都不可能在地方层面得到解决，如能源问题、环境问题等。因此，在自治市镇和市镇之间还需要一个能够确保公平、有效分配资源的机制，这个机制的目标就是替代市场机制和中央计划机制。包容性经济民主不仅要废除资本主义的财产关系（所有制形式），还要废除市场经济关系。❷市场机制之所以被否定，是因为自市场经济体制建立至今的200多年中，这一机制造成了不断将收入和财富集中到少数人手中的后果，这些人在世界人口中只占很小的比例，结果使资源配置发生扭曲。这是因为在市场经济条件下，关键性的分配政策（生产什么、怎么生产和为谁生产）是以收入群体的购买力为条件的，而这个群休可以用金钱来满足自己的需求。换句话说，在

---

❶ ［希］塔基斯·福托鲍洛斯：《当代多重危机与包容性民主》，李宏译，济南：山东大学出版社2008年版，第176页。

❷ 同上，第177～178页。

不平等的条件下，市场经济优胜劣汰的规律必然导致的后果是，市场经济在满足人类需求方面存在根本性的矛盾，即所有人基本需要的可能满足与部分有钱人愿望的实际满足之间的矛盾。中央计划机制尽管在保证就业和满足公民需求方面具有优势，但导致了非理性，在满足人民非基本需求方面也没有什么成效，这种机制也不民主。

包容性民主所提出的资源配置体制必须满足以下两个目标：一是满足所有公民的基本需求——这需要民主地进行宏观经济决策；二是保证选择的自由——这需要个人来作出影响自己生活的重大决策（做什么工作、如何消费）。无论是宏观经济决策还是公民的个人决策，都应该通过民主计划和"人工"市场之间的结合来实施。所以，这个体制由以下两个基本要素构成：①计划要素，它包括在工作场所大会、公民大会和邦联大会之间创建民主计划的反馈过程。②市场要素，它包括"人为"市场的创建，这一市场将确保选择的自由，而且可以避免真正市场所带来的不利影响。简而言之，必须首先在公民集体决定的基础上分配经济资源，并通过市镇和邦联的计划加以公布。其次，在公民个人选择的基础上分配经济资源，并借助代金券体制加以实施。

这一社会组织模式主要基于如下几个方面的假设，其中包括：

① 人民大会即古代雅典人的公民大会，这是每个自立社区中的最高决策机构。

② 通过区域和联盟的管理委员会来协调自治市镇之间的利益，这些代表是被任命的，可以撤换，也可以轮换（地区大会和联盟大会）。

③ 生产资料属于每一个公民，并通过长期合同租借给每个生产单位的雇员。

④ 生产的目的不是增长，而是为了满足人民的基本需要和非基本需要，这些非基本需要必须是人民所期望并愿意通过额外工作获得的。

资源配置的主要标准不是效率，因为目前对效率的界定是一种狭义的技术—经济术语，这一术语是以现行体制满足有钱人欲望的能力为基础的。所以，效率应当被重新定义为满足人类需要的有效性。依据发挥作用的原则不同，需要分为基本需要和非基本需要。"基本需要"部分依据共产主义的原则发挥作用，即"从按劳分配到按需分配"。"非基本需要"部分以用来平衡供需的人造"市场"原则为基础发挥作用，通过这种方式来保证消费者和生产者的主权，同时也满足选择自由。基本需要和非基本需要的内容由公民自己集体民主决定，并通过市镇和邦联的民主计划加以公布；需要的满足则通过公民个人选择借助于代金券体制得以实施。

基本代金券（通过基本劳动所得，每个公民在所选择的工作中应该达到的工作时数，目的是使邦联的基本需要得到满足）是用来满足公民基本需要的。这些代金券是以邦联的名义发行的，它为每个公民规定了各种特殊类型基本需要既定标准，但不规定具体的满足类型，公民的选择自由是有保障的。基本代金券计划代表了一种前所未有的、最为综合的"社会安全"机制，因为它将满足所有基本需要，不仅包括那些有能力工作的人，也包括那些失去工作能力的人。满足邦联基本需要的总体生产计划目标由邦联大会集体决定，但具体的生产水平和最基本工作场所的生产则由基层大会决定，尽管必须以邦联的计划和公民的喜好为基准，就像使用代金券来购买各种商品和服务一样。

非基本代金券（通过非基本劳动获得）是用来满足非基本需要（非基本性消费）和超出邦联大会规定标准的需要。非基本代金券与基本代金券不同，是各个自治市镇发行的，目的是使地区层面的更多选择成为可能。公民从事超基本工作时间工作是自愿的，并能够得到非基本代金券，用来满足非基本需要。非基本商品和服务的"价格"所反映的并不是与收入和财富不均等模式相关的稀缺，而是体现了与市民愿望和作为指导资源民主配置功能相关的稀缺。因此，价格不是定量配给的原因，而是定量配给的结果，并用来在人为"市场"中发挥平衡作用，这保证了消费者和生产者的真正主权。以这种方式形成的"价格"，与复杂的"愿望指标"一起决定着非基本需要工作报酬的"主观"标准。"愿望指标"是根据公民对所希望从事的工作类型的偏好得出的，它取代了劳动价值理论所提出的"客观标准"。

因此，非基本工作的报酬标准，即决定一个公民接受这种工作应获得的代金券的数量标准，应当能够表达公民作为生产者和消费者的偏好。

当然，由于基本工作和非基本工作的区分，这种体制对收入分配的影响将不可避免地产生一定程度的不平等。但这种不平等与当今社会的不平等相比，在数量上规模将会很小，在质量上只与个人自愿从事的工作有关，而与财富的积累和继承无关，而且不平等也不会被制度化，不会传承给继承人，只能留给公民社区，对政治平等产生的影响微乎其微。

三、小结：经济民主是一种多层面、多形式的政治经济制度安排

在经济民主制度安排上，不同学者从各自的立场出发，提出了不同的制度模式，经济民主制度并不存在单一不变的固定模式，不同国家在不同历史时期可以采取不同的经济民主制度模式。

从关注层面来说，主要有财产所有制、收入分配制度、资源配置机制、工人参与管理制度四个层面。在财产所有制上，马克思主义者或者左翼社会主义者更强调经济民主的社会主义公有制性质，实行财产权的国家所有或社会所

有，并且使经济民主制度与最宏观的经济制度性质联系起来，从意识形态上为经济民主辩护。西方不少经济民主思想家试图抛开意识形态的情节，寻找合理的所有制形式。激进民主理论家塔基斯·福托鲍洛斯认为，经济民主蕴经济的人民所有权，即生产资料属于每一个自治市镇的人民。詹姆斯·米德主张只有通过"财产所有民主制"实现经济民主，它不同于社会主义公有制，也不同于目前的资本主义私有制。达尔的经济民主就是企业在控制权上的民主治理，是企业的成员行使治理企业的自治权利，它是可以同企业的所有权相分离的。无论是资本主义的企业所有制还是社会主义的企业公有制，都可以实现经济民主，经济民主不与社会性质必然联系。当然，达尔本人更欣赏企业集体所有，因为它既是公有的，又是私有的，相对有助于自治目标的实现。有人认为，达尔更多地关注经济领域的民主问题，视有限经济资源的集中化和经济组织的等级化为自由民主的最大威胁，这一转变显示达尔从一个捍卫西方自由民主制度的中间自由派人士转向了批判资本主义的左派人士。❶ 与许多西方经济民主论者一样，达尔在理念上接受了某些社会主义原则。

虽然目前对于哪种所有制形式更有利于经济民主还没形成统一认识，但有一点是确定的，大部分思想家都认为所有制与经济民主息息相关，经济民主与资本主义私有制是格格不入的，因为资本主义私有制是为少数有产者服务的，奉行的是资本利益至上的效率原则，而忽视公共利益。"只要企业是在资本主义私有制的基础上组织起来的，资本就可以创造出它所需要的制度，以维护它对企业的统治。同时，正因为这种统治和支配是以资本为基础的，它就不可能是一个民主的制度，而只能是以资本的实力为转移的制度。"❷ 达尔的"集体所有"、锡克提出的"资本中立化"等则试图在资本主义私有制的框架内通过企业内部的合作所有权协调劳动与资本的矛盾，实现经济民主。而马克思、恩格斯认为，只要存在资本主义和私有财产，就不可能有真正的民主，只有消灭资本主义财产所有权，才能实现劳动者的经济解放并实现真正的民主。马克思把未来社会称为"自由人的联合体"，这实际上是生产资料的公有制。但生产资料的公有制不等同于生产资料的国有制。公有产权是经济民主制度的基础，但公有制的实现形式可以多种多样。马克思所谓的公有制也是"重新建立个人所有制"，在社会主义阶段，国家所有制、集体所有制以及股份制之类的个人共有制都是可以探索的。

在分配制度上，马克思主义在生产资料公有制的基础上提出了"按劳分

---

❶ 潘小娟、张辰龙：《当代西方政治学新词典》，长春：吉林人民出版社2001年版，第186～188页。

❷ J. Rothschild and I‐A‐Whitt, The Cooperative Workplace, London：Cambridge University Press, 1986, p. 7.

配"与"按需分配"相结合。对此，激进民主理论家福托鲍洛斯也持相近的观点，认为生产的目的不是增长而是为了满足人民的基本需求和非基本需求。基本需求依据共产主义的原则发挥作用，即"从按劳分配到按需分配"；非基本需求则依赖平衡供需的人造"市场"原则发挥作用。西方马克思主义者则在"社会财产"的基础上反对"从财产中占有收入"，主张社会上的每个人都仅仅是从劳动中而不是从财产中获得经济收入。施韦卡特主张，取消"非劳动收入"将使劳动收入创造的财富更加平等，收入不平等只是体现个人努力程度和天赋不同。米德则主张通过财产所有权平等化和国家再分配政策，使任何一个人都不会在全部私人财产中占有一个太大或太小的份额；每个公民将从财产上获得自己的大部分收入，而"劳动收入在总收入中所占的比例大大降低了"。在"按贡献分配"、"按努力分配"标准上，罗尔斯按照他的正义原则认为，社会在基本权利和义务公平分配基础上应更重视"按努力分配"，更多地把这种天赋看成一种社会的共同资产，而不是拥有者个人的资产。而虽然达尔不反对对财富和收入再分配政策的调控，但他认为，依据哪种公平原则和分配方案来分配受文化、传统、意识形态、宗教等多种因素的影响，也取决于个人贡献大小或技术的稀缺程度等，不能一概而论，主要通过自治企业的民主程序和过程来确定。因此，不管怎样，经济民主主义者都赞同收入分配制度应该满足人民大众的基本需要，在此基础上实现机会、条件或者财富的公平分配。

在经济治理机制上，虽然侧重点不同，但经济民主主义者一般不是绝对的市场经济论者，也不是纯粹的计划经济的支持者，而是强调某种程度上的计划与市场的相互补充。而在微观工人参与管理制度上，虽然具体机构设置有所不同，但主要存在四种不同模式：集体协商、共同决定、工人自治、雇员持股计划。无论哪种制度模式，工会都是工人参与的重要制度安排。

在经济民主的制度模式中，以上重点介绍了五种相互联系又相互区别的制度模式。米德的"财产所有民主制"得到了罗尔斯的高度评价。他说："财产所有民主制的背景制度，连同它的可行的竞争性市场，是试图分散财产和资本的所有，并进而阻止社会的一小部分人控制经济并间接控制政治生活本身。"罗尔斯认为，一个社会体系的正义本质上依赖于如何分配基本的权利义务，正义原则的主题就是社会主要制度分配基本权利和义务，决定由社会合作产生的利益划分的方式。这与福利国家仅仅为弱势群体提供一定保障（医疗、养老、失业），而对经济上的贫富差距视若无睹不同。他设想的经济民主制试图建设一个比福利国家更为平等的社会，用各种方式分散资本和其他资源的所有权。他主张通过强势群体与弱势群体之间的宪政合作国家主义调节主要社会经济制度来处理人们在出发点方面不平等的努力，以尽可能地保证每个公民在每个阶段的开始都站在同一条起跑线上。但在建构制度时，与达尔的经济民主制着眼于企业民主治理不同，罗尔斯更多从宏观宪政层面进行经济民主的制度设计，强调通过宪政权利和义务的配置和财富再分配来实现经济民主，相对忽视了微观生产过程中的民主问题。

而西方马克思主义则认为经济民主不仅仅与利益和负担在全体成员之间的划分有关，还与社会生产结构和劳动制度有关，应该从工人自我管理制度入手来探寻社会投资生产和社会分配之间的内在联系。他们大多以经济民主为制度变革的主线，主张变现实资本主义的经济企业专制为企业民主，进而实现向社会主义的过渡。此外，他们强调经济民主对实现民主、平等、正义等社会主义基本价值的意义。戴维·施韦卡特的经济民主市场社会主义模式关注的核心问题是"是否能够持续体现社会主义的价值"，他把社会主义价值理念、工人参与企业管理和分享利润的权利、国家对投资的重要调控等都作为一个理想的社会主义的核心特征，这表现了他对马克思主义价值观的一直关注和恪守。尽管由于自身局限，他对社会主义价值的理解和系统把握难免失之偏颇，但仍能在固守其"社会主义价值"的前提下，从以往市场社会主义国家、前苏联模式社会主义的瓦解崩溃中总结教训，探求和完善自己的经济民主"替代方案"。施韦卡特把经济民主作为一种社会制度即工人自我管理的市场社会主义来论证其取代资本主义的可能性和必要性；达尔则更多地从政治学的角度来论述政治平等、经济自由、经济秩序、企业内部权威治理与民主的关系，强调法人资本主义势必造成社会和经济资源的巨大不平等，最终会对政治平等和民主过程造成严重侵犯，而自治企业的经济民主体制模式则能实现自由与平等的和谐，促进多元主义民主政治的发展。达尔、施韦卡特的经济民主制度有相似之处。他们都不排斥市场的作用，但也看到了市场的负面作用，特别是积累无限财富的资本自由对政治的侵入渗透影响了政治生活的平等和民主，所以希望在市场的运作和企业的管理中引入民主因素，通过民主抑制市场经济的负面效应。在以施韦卡特为代表的西方马克思主义者看来，罗尔斯割裂了分配与生产的关系，实际上是在回避资本主义社会生产领域存在的经济剥削以及由此产生的经济不平等、利益冲突和贫困。罗尔斯把社会经济民主仅视为财富分配民主的观点使得其调整范围仅限定在社会合作的利益和负担的分配上，特别忽视了资本主义经济运行的基本单位企业、工厂等内部的民主问题，这大大缩小了其理论的研究范围。西方马克思主义要求关注劳动者基本权利，消除生产领域存在的种种不平等和不民主现象，实现社会投资民主化。

依据马克思主义的观点，资本主义经济制度显然是一个人剥削人的不公正、不民主的制度。在这个制度下，资本家在社会生产中占据主导地位，处于剥削者的地位；而工人则处于被剥削者的地位；工人阶级和资产阶级之间存在深刻的阶级剥削和激烈的阶级利益对立。只要资本主义社会基本生产结构和劳动制度导致社会成员社会经济上的严重不平等，就不可能会存在如罗尔斯所谓的"公平正义"。罗尔斯认为，公平的正义原则是"平等的原始状态"下人们"无论阶级地位还是社会出身"都会选择的正义原则，"是一种公平的协议或契约的结果"❶。西方马克思主义者也赞同这一点，认为"罗尔斯所称的秩序良好的社会或许能避免某些马克思主义关于阶级分化社会的最基础性的批评。但是，对差别原则的满足看起来与少数人对多数人的剥削是不相容的"❷。资产阶级掌握着绝大部分社会财富和生产资料，是境遇较好者，拥有较高的生活期望值；而工人只拥有自身的劳动力，是境遇较差者，对未来的生活前景很难抱有高期望值。罗尔斯的差别原则主要对资产阶级的生活前景有利，而对无产阶级的生活前景惠及甚少。罗尔斯公平正义论的平等指向仅在于对阶级间的财富悬殊做了相对的量的调整，其互惠限度也仅在于"把不平等降低到一个理想的资本主义福利国家所期望的水平，以便使工人的境况不致进一步地恶化下去"❸。福托鲍洛斯构建的经济民主制度则从资本主义体制外寻求路径，不仅要废除资本主义的财产关系（所有制形式），还要废除市场经济关系，具有更大的革命性和乌托邦色彩，但是就地方层次的经济民主实践来看，其制度模式还是有可借鉴之处。

这五种代表性的经济民主制度模式，分别从宏观、中观和微观三个层面，从渐进或激进的角度设计了发展经济民主的制度结构，这明确地反映了西方经济民主论者试图通过制度化矫正经济社会不公平并谋求经济社会公平正义的价值诉求。西方经济民主理论家正在探索经济民主的制度模式，以试图超越现实资本主义民主，但他们的努力还只是刚刚开始而已。他们所提供的方案都有优点和缺点，可以相互取长补短。如果从中国现实的经济民主问题来看待当代西方经济民主制度模式就会发现，这些模式对于中国经济民主问题既有不同程度的合理性和适用性，又有不符合中国国情和实际之处。所以，我们虽不能直接套用西方舶来的这些理论模式，但应当在整合西方优秀理论资源的基础上，探求适合中国社会主义制度的经济民主建设道路。

---

❶ ［美］约翰·罗尔斯：《正义论》，何怀宏等译，北京：中国社会科学出版社2006年版，第12页。

❷ Allen E. Buchanan, Marx and Justice: The Radical Critique of Liberalism, Rowman and Littlefield, Totowa, N. J., 1982, p. 158.

❸ C. B. MacPherson, Class, Classless, and the Rawls: A Reply to Nielsen, Political Theory, Vol. 6, May 1978, p. 210.

第五章　经济民主实施机制的思想

经济民主论者不仅进行了制度模式的设计和选择，而且还强调经济民主的实施机制。在新制度经济学看来，所谓实施机制，是指有一种社会组织或机构对违反制度规则的人作出相应惩罚或奖励，从而使这些约束或激励得以实施的条件和手段的总称。实施机制对于制度功能与绩效的发挥是至关重要的。对于一个社会或组织系统来讲，如果制度得不到实施，不仅会影响制度的稳定性和权威性，从而使制度形同虚设而不起作用；而且还会使人们产生对制度不正常的心理预期或蔑视制度的文化心态，从而使目无法纪的行为畅通无阻并愈演愈烈。正因为如此，斯特考尔认为"制度是能够自行施行或由某种外在权威施行的行为规范"❶。简而言之，经济民主制度或制度化应该内含实施机制，没有实施机制的制度只会是制度的纸质复本，它们不可能对实现效率与公平发挥真正的作用，也不可能真正实现经济民主。到底如何实施经济民主制度，涉及经济民主制度模式的实践可行性问题，如果没有转变为现实的可能，就只能是虚无缥缈的"乌托邦"。本章所谈的经济民主实施机制的思想主要是对经济民主论者有关经济民主实施机制的观点的整理、归纳、概括。

一、经济民主实施的路径选择

不同思想家对如何实施经济民主提出了各自不同的看法，强调的重点不同，对策措施也各异。按照国家和公民社会在经济民主实现中的不同作用，主要有两种途径选择。

（一）自上而下的政府主导推进途径

传统社会民主主义者一般强调通过政府自上而下的推动来实现经济民主。社会民主党人通常主张自上而下进行社会主义性质改革，采取公有与私有并存的混合经济，实现劳动者参与并监督经济管理与决策、建立和完善社会福利制度。以施韦卡特为代表的经济民主社会主义者认为，经济民主制度虽然"不是近在眼前，甚至还没有出现在地平线上"，但确实存在向这种社会转型的可

---

❶　转引自樊纲：《渐进式改革的政治经济学分析》，上海：上海远东出版社 1996 年版，第 27 页。

能性，"从资本主义或从现存形态的社会主义向'经济民主'的过渡，将是一种和平的过渡，'社会主义革命'的时代已经结束，但社会主义的时代才刚刚开始"❶。他们大多把这种可能性建立在资本主义面临的合法性危机以及劳工运动取得的斗争成就的基础上，希望通过社会主义性质的政党赢得选举，执掌政府，自上而下地实施带有经济民主色彩的政策改革，同时不断扩大工人参与的广度及深度，实现某种形式的工业自治。

关于如何通过制度安排使财产所有权平等化来实现经济民主，米德也倡导通过经济政策手段、政府的干预和调节来实现资源利用效率与收入分配公平的结合，不仅"所有稀缺性资源都应该用于生产一些迫切需要的物品，并按照充分有效的方式运用稀缺资源"，而且应"在社会的全体人民之间比较公平地分配社会的收入和财富"❷。他借鉴瑞典的税收政策经验提出，在英国这样的发达国家，政府需要采取分配和再分配措施，以补充而不是取代现有的福利国家政策。这归纳起来主要有以下几点❸：

（1）彻底改革遗产税，使它变成一种累进税，并且根据每位受益人迄今已经收到的馈赠或遗产总额计征税收，扩大改革后的遗产税的适用范围，使之扩大到包括活着的人们之间的相互馈赠。对高收入计征高额累进税，将使高额财产所有者的储蓄能力比小额财产主的储蓄能力下降得要多。这将促使小额财产以高于大额财产的增长速度迅速地积累起来。这条对策是根据以下四条原则。第一个原则是英国的遗产税原则。根据这一原则，要按照累进的税率计征一种税收，其税率随着遗产总额的增大而逐渐升高。但它丝毫也不能引导富有的财产所有者在死亡时将自己的财产更广泛地分配给大量的受益人。第二个原则是根据受益人的每份遗产（或馈赠）的数量计征税收。这个原则能增强对大额财产所有者的刺激，诱导他们在死亡之际广为分散自己的财产，但不能鼓励大财产所有者在选择很多受益人的时候倾向于那些没有多少财产的人，还可能连续分批地把财产赠送给同一人。第三个原则是，不仅根据每个受益人得到的遗产或者馈赠，而且依据受益人现有财产的数量来计征税收。这个原则将刺激大额财产主，使他们不仅要在众多受益人中间分散自己的财产，而且还要把财产遗留或赠送给那些目前拥有财产很少的人，这样才能免去沉重的税收负担。第四个原则是，任何一个人收到的每一份礼物或遗产都要在税务登记簿里

---

❶　[美] 戴维·施韦卡特："关于马克思主义与向社会主义过渡的十大论题"，载《马克思主义与现实》2003 年第 1 期。

❷　[英] 詹姆斯·E. 米德：《效率、公平与产权》，施仁译，北京：经济学院出版社 1992 年版，第 12 页。

❸　同上，第 41~52 页。

记录在他的名下，便于征税时查用。征税的税率则根据税务登记簿上在他名下记录的礼物和遗产总额的升高而逐步累进。富有的财产所有者将会把他的巨额财产分成许多小份额，送给那些迄今为止接收的礼物或遗产很少的人，同时在低程度上削弱对努力工作以获得更多收入以及对进取心、储蓄和积累财产的刺激。同时，通过立法明确限制采用信托方式处理遗产的可能性，当财产所有者把此财产交予受托人托管时，保证不向这批财产征税，但是，一旦财产事实上被用于使任何一个受益人致富，再立即向它计征税收；或者先向信托基金征税，同时保证在信托实际转交给某个受益人时不再征税。

（2）每年向资本财产征收一种累进的税收，政府由此可以积累到较大数量的预算剩余用于偿还国债，或者以其他形式的公共财产进行投资，同时鼓励建立适当的制度形式，诸如职工利润分享计划、让租房户以分期付款的方式购买政府市政部门建造的房屋、发展适宜的投资信托机构等。在资本市场需要适当地建立一些机构，借以通过保险公司、投资信托公司以及类似的金融中介，把数量巨大的普通私人财产集中起来，从而分散风险，最终的投资决定由专家代表作出选择。

（3）制定相应的教育政策，使天赋能力相同的男孩和女孩在一生中具有平等的提升和发展机会。教育是影响人们获得收入能力的一种重要投资形式，其收益率也很高，应该由国家的税收提供资金，从而使每个人受益。在高等教育与基础教育在获得收入能力和累积财产的能力方面产生的影响可能不一样。第一个显著差别就是两种教育的成本费用在政府与学生本人或其家庭之间的分摊方式不同。基础教育的成本中没有机会成本这一项。而高等教育中，损失的成本在总成本中占很大的部分。富有的家庭很容易承担，而贫穷的家庭则无力承担。高等教育仍然涉及私人财富向学生的投资。第二个可能更重要的显著差别就是即使接受高等教育的人大大增加了，也仍然是有选择性的，选择的依据越来越倾向于有能力的男孩或女孩。这便增加了机会平等。但机会的平等与结果的平等并不是一回事。因为人与人之间具有的能力和天赋是不一样的。天赋好的人将获得更高的收入，积累更多的财富，在财产阶梯上扶摇而上。知识精英的崛起，将促使个人的才能、获得收入的能力与财产等级三者之间的联系。那么在制定教育政策时，如何兼顾效率与公平原则呢？效率原则意味着要把资源用于最能提高学生们的生产率和未来获得收入的能力方面。而公平原则要求必须充分利用教育上的资源，尽可能地使不同能力的学生未来获得收入的能力平等化，要把教育力量和培训实施集中用于那些天资不足的笨人身上。因此，教育投资到底是用于增加改善基础教育投资（如，减少小学各班级学生人数，提高学生们离开学校的最低年龄等），还是集中地用于少数一些天资特别聪明的学生身上（如，大学里购置更昂贵的实验设备，延长最有水平的技术人员攻读研究生的学习时间等），才能最大限度地增加国民生产值呢？这是一个需要认真考虑的问题。

（4）另外，米德还独树一帜地考察了一个颇有争议的论题，即如何选择公共政策影响不同社会阶层的生育率。他建议采取下面两类措施，以相对地降低挣钱能力差的家庭的生育率：一种措施是给予所有居民同等的机会，使他们更容易得到和使用避孕工具；另一种措施是在高收入阶层内部，与有子女或子女多的家庭相比，相对地加重那些无子女的富有家庭的税收负担。

与建立福利国家的传统社会民主主义不同，"第三条道路"的倡导者吉登斯则提出建立积极福利国家制度来实现经济民主，主张政府同公民社会的伙伴关系，采取共同行动来推动社会的复兴和发展。他为取代"福利国家"，提出了"社会投资国家"概念来描述推行积极福利政策的社会。被理解为"积极福利"的福利开支将不再是完全由政府来创造和分配，而是由政府与其他机构（包括企业）一起通过合作来提供。这里的福利社会不仅是国家，还延伸到国家之上和国家之下。在积极的福利社会中，个人与政府之间的契约发生了转变，因为自主与自我发展——这些都是扩大个人责任范围的中介——将成为重中之重。这种基本意义上的福利不仅关注富人，也关注穷人。它的制度框架包括：注重人的机会和可行性的再分配，保持劳动力市场的灵活性，从而使每一个人都有获得再次就业的机会；强调工作的自主性，追求多样化的生活目标；在阶级之间以及各种社会团体和阶层之间建立一系列的社会合作协定，解决贫富悬殊问题。

早在 1978 年，我国改革开放总设计师邓小平总结我国法制建设的经验和教训后就明确指出："为了保障人民民主……必须使民主制度化、法律化。"❶社会主义政治民主建设如此，经济民主建设也是如此。因此，经济民主的实施必须加强经济立法。经济民主与经济法制是相辅相成的。邓小平针对我国经济立法薄弱的现实曾谈道："我们的民法还没有，要制定；经济方面的很多法律，比如工厂法等，也要制定。"邓小平还指出："国家和企业、企业和企业、企业和个人等之间的关系，也要用法律的形式来确定；他们之间的矛盾，也有不少要通过法律来解决。"❷

（二）自下而上的公民社会自治途径

不少经济民主思想家强调通过工会组织的不断努力、劳资合作等途径实现

---

❶　《邓小平文选》（第 2 卷），北京：人民出版社 1994 年版，第 147 页。

❷　同上。

经济民主。美国著名学者路易斯·O. 凯尔萨与帕特里西亚·H. 凯尔萨提出，工会应该组成为生产者工会，代表既是劳动工人又是资本工人的成员。"人们在两方面拥有的财产权利都应该同等地受到保护；人们不再将生产产品及服务的工作看成劳动工人及资本工人甚至职员与经理人员之间的经济内战，而将其看做通过任何一个希望成为消费者的人所拥有的两种力量而运作的和平合作的活动。"❶ 新的生产者工会的领导人应该通过它的选民即社会来获得领导地位，通过经济的自主运行与政治民主的结合去再造一个真正民主的社会。阿切尔也设想在资本主义的劳动与资本合作的基础上实现经济民主。他认为，在当代工业关系的合作主义体制中，工人有可能同资本所有者进行"交易"，用增加薪资等"可兑换的好处"（exchangeable good）换取更大的企业决策权。通过诸如此类的"交易"，工人将逐渐积累起更多的直接控制权，直至实现完全的工业民主。当然，阿切尔也指出，合作主义并不是构成经济民主的一种形式，而仅仅是达到经济民主的工具。❷

为了使经济民主理念在现实中得以实现，格雷格言认为必须找到用政治权力分配经济权力的突破口。在他看来，关键在于成熟的中产阶级，他们的权力意识和道德责任意识直接决定了经济民主在现实中的实现程度。因此，实现中产阶级与贫富阶层的合作在经济民主的实现中非常重要。无独有偶，福托鲍洛斯认为，包容性经济民主的变革应该由人口中的多数通过"自下而上"的方式来实现，也就是说，在地方建立直接和经济民主的公共领域，并同时进行联合，以便为一个邦联化民主社会的建立创造条件。因为自治市镇是未来民主社会最基本的社会和经济单位，所以必须从地方开始社会变革。它的经济民主解放主体是国际化市场经济的主要失利者，即底层阶级和边缘化群体（失业者、蓝领工人、低工资白领工人、非全职雇员、临时雇员、被工业化农业排挤出的农民），以及学生和预期的职业中产阶级成员，后者看到他们的职业安全梦想正在建设灵活性劳工市场的背景下被迅速扑灭。它也应诉求于新中产阶层的相当一部分，他们由于不能加入"上层阶级"而长期处于不安全的状况下，这在南方国家尤其如此。❸

保罗·赫斯特从社群主义治理理念出发，主张建立一种公民社会自治基础上的国家与社会相协调的合作治理模式，提出了两种解决方案：一是支持通过

❶ ［美］路易斯·O. 凯尔萨、帕特里西亚·H. 凯尔萨：《民主与经济力量——通过双因素经济开展雇员持股计划》，赵曙明译，南京：南京大学出版社 1996 年版，第 138 页。

❷ Robin Archer, Economic Democracy: The Politics of Feasible Socialism, Oxford: Clarendon Press, 1995, pp. 102～144.

❸ ［希］塔基斯·福托鲍洛斯：《当代多重危机与包容性民主》，李宏译，济南：山东大学出版社 2008 年版，第 200 页。

市民社会中的各种自愿行动以及强势群体支持弱势群体等方式，自下而上地建立各种协会自治组织；二是发挥地区和地方政府在促进经济发展和社会协调方面的作用。这一点下文还将详细介绍。

二、经济民主的实施机制模式

经济民主论者在谈及经济民主的两种实施途径时，或侧重于以上一种，或者涉及这两种不同方式的结合。以下笔者就几种具有代表性的观点分别进行整理、归纳、评价。

（一）马克思、恩格斯的阶级革命方式

消灭人剥削人、人压迫人的社会制度，实现人的经济社会解放，这是马克思、恩格斯的经济民主理想。在马克思、恩格斯看来，只有达到了这个目标，才能够实现共产主义社会。如何才能达到这个目标呢？对于社会经济民主的实现，恩格斯认为，政治民主不可能自然趋向社会民主，社会民主制的最终实现需要进行彻底的社会革命，政治民主仅为社会经济民主的实现即社会革命提供了一种手段。政治民主不仅意味着人们摆脱了人与人的从属关系，实现了在政治领域的平等，而且意味着通过这种政治民主，无产阶级完全有可能把阶级社会中的民主由极少数人享受的民主变为由绝大多数人享受的民主。他说："单纯的民主制并不能治愈社会的痼疾。民主制的平等是空中楼阁，穷人反对富人的斗争不能在民主制或单是政治的基础上完成。因此，这个阶段只是一个过渡，只是作为最后一种纯粹政治的手段，这一手段还需要加以试验，但从其中马上就会发展出一种新的因素，一种超出现行政治范围的原则。这个原则就是社会主义原则。"❶ 其主张通过革命取得全部政治权力，国家没收生产资料来消灭私有制和资产阶级，由工人控制企业。马克思在《土地国有化》一文中又指出："生产资料的全国性的集中将成为由自由平等的生产者的联合体所构成的社会的全国性基础，这些生产者将按照共同的、合理的计划自觉地从事社会劳动。"

因此，马克思主张废除的私有财产不是家庭个人的私有财产，而是以私有财产的名义在社会生产过程中行使的权利、控制企业的权利、组织和运用生产资料的权利、从中取得收入的权利。只有实现完全的社会经济民主，人类社会才能真正进入民主社会。共产主义社会就是这种社会。实现共产主义，即完全的社会民主，是无产阶级革命必须完成的伟大的历史任务。人类社会最终将走向的社会民主，不仅是人类彻底解放的要求，也是人类社会历史辩证发展的必

---

❶ 《马克思恩格斯全集》（第1卷），北京：人民出版社1956年版，第705页。

然。历史辩证发展的必然决定了民主在其自身发展过程中必然以社会民主为最高形态，社会经济民主必然消灭和代替作为国家形态的政治民主。国家形态民主的消亡和社会民主实现的条件是共同的，即生产资料的社会占有和在这种占有下的生产力的高度发展。这种占有和发展将使"人终于成为自己的社会结合的主人，从而也就成为自然界的主人，成为自己本身的主人——自由的人"❶。当生产的发展、社会的进步最终使"各尽所能、按需分配"和"每个人的自由发展为一切人自由发展的条件"的"自由人联合体"由理想转为现实的时候，人类真正的、完全的自由和平等也就实现了，真正的、完全的民主也就实现了。

首先，马克思、恩格斯认为，消灭私有制、消灭阶级是实现人类解放（政治的、经济社会的）的历史前提。马克思、恩格斯认为，资本主义私有制是资本主义社会无产阶级和广大劳动人民受苦受难的根源，也是资本主义社会各种"异化"现象的根源。要解决"异化"现象，使无产阶级和广大劳动人民摆脱资本的剥削和压迫，就必须消灭资本主义私有制。在《1844年经济学哲学手稿》、《共产党宣言》等著作中他们对此都有过深刻的论述。《共产党宣言》是马克思、恩格斯的纲领性著作，也是马克思主义诞生的标志。在该著作中，马克思、恩格斯论述了资本主义社会的阶级、阶级斗争、资本主义必然灭亡、共产主义必然胜利等问题，揭示和论述了资本主义私有制是无产阶级与广大劳动人民遭剥削、受压迫的经济根源，也是资本主义社会各种弊端的总根源，阐明了共产党人的基本目标就是推翻资本主义制度，消灭私有制。他们在《共产党宣言》中写道："共产党人可以用一句话把自己的理论概括起来：消灭私有制。"❷ 在马克思、恩格斯看来，只有消灭阶级，才能消除阶级剥削和压迫，只有消灭私有制，才能消灭阶级，而只有消灭剥削和压迫，才能实现人的解放，实现真正的共产主义。对此，他们不仅提出了消灭私有制特别是资本主义私有制的要求，还提出了消灭阶级的要求，坚决反对小资产阶级提出的"用阶级的平等"来代替"消灭阶级"的要求。马克思说："不是各阶级的平等——这是谬论，实际上是做不到的——相反地是消灭阶级，这才是国际协会的伟大目标。"❸ 恩格斯说："无产阶级的平等要求的实际内容都是消灭阶级的要求。任何超出这个范围的平等要求都必然要流于荒谬。"❹

其次，马克思、恩格斯认为无产阶级革命和无产阶级专政是推翻资产阶级

---

❶ 《马克思恩格斯选集》（第1卷），北京：人民出版社1995年版，第294页。

❷ 同上，第273页。

❸ 《马克思恩格斯选集》（第3卷），北京：人民出版社1995年版，第150页。

❹ 同上，第146页

统治、消除私有制、消灭阶级、实现人类解放（包括经济社会解放）的基本途径。马克思、恩格斯认为，自有文字记载以来的历史，都是阶级斗争的历史。阶级斗争是一切阶级社会发展的动力。每一次阶段斗争的结束都使整个社会受到革命的改造，"一切阶级斗争都是政治斗争"❶。因此，无产阶级反对资产阶级的阶级斗争必然要发展为夺取政权的斗争。马克思在致约·魏德迈的信中说："我所加上的新内容就是证明下列几点：（1）阶级的存在仅仅同生产发展的一定历史阶段相联系；（2）阶级斗争必然导致无产阶级专政；（3）这个专政不过是达到消灭一切阶级和进入无阶级社会的过渡……"❷ 在马克思、恩格斯看来，无产阶级革命是资本主义社会基本矛盾和主要矛盾的必然产物。资本主义的基本矛盾是生产资料的资本家私人所有和社会化大生产之间的矛盾。随着生产力的发展，生产资料的资本家私人所有逐渐成为社会化大生产进一步发展的障碍，于是周期性经济危机不断出现。社会化大生产的进一步发展要求突破资本主义生产关系的束缚，建立与它相适应的社会主义生产关系。资本主义基本矛盾在阶级关系上的反映和表现，就是无产阶级与资产阶级的矛盾和冲突。无产阶级与资产阶级的矛盾是资本主义社会的主要矛盾。资产阶级在反封建的斗争中曾经起过进步的作用，并创造了巨大的生产力。但是，随着社会化大生产的发展，资本主义生产关系由生产力发展的形式变成生产力发展的障碍，资产阶级也由革命进步的阶级变成了保守反动的阶级。无产阶级是社会化大生产的产物。在资本主义社会，无产阶级处于社会最底层，是受资产阶级剥削、压迫的阶级。无产阶级的这种剥削地位，使得无产阶级的利益和资本主义制度相对立。无产阶级同时也是一个最富于组织纪律性、最富有革命彻底性和最有前途的阶级。无产阶级的这种阶级特性决定了它是资本主义制度的"掘墓人"和新社会的创造者："哲学把无产阶级当做自己的物质武器；同样地，无产阶级也把哲学当做自己的精神武器；思想的闪电一旦真正射入这块没有触动过的人民园地，德国人就会解放成为人。""这个解放的头脑是哲学，它的心脏是无产阶级。"❸ "无产阶级，现今社会的最下层，如果不炸毁构成官方社会的整个上层，就不能抬起头来，挺起胸来。"❹ "这个阶级的历史使命是推翻资本主义生产方式和最后消灭阶级"❺，而无产阶级要完成自己的历史使命，就必须组织起来，开展反对资产阶级统治的革命斗争。这是因为资产阶级虽然已经成了

---

❶ 《马克思恩格斯选集》（第 1 卷），北京：人民出版社 1995 年版，第 281 页。

❷ 《马克思恩格斯选集》（第 4 卷），北京：人民出版社 1995 年版，第 547 页。

❸ 《马克思恩格斯选集》（第 1 卷），北京：人民出版社 1995 年版，第 14 页。

❹ 同上，第 283 页。

❺ 《马克思恩格斯选集》（第 3 卷），北京：人民出版社 1995 年版，第 632 页。

生产力发展、社会进步的障碍，但不会自动退出历史舞台，而会千方百计维护自己的统治。无产阶级只有通过革命斗争，才能推翻资产阶级的统治，建立自己的统治，实行无产阶级专政，才能借助国家政权的力量废除资本主义私有制，建立社会主义公有制，从而消灭阶级剥削和压迫，获得解放，实现真正、普遍和彻底的自由、平等和民主。马克思指出："要使被压迫阶级能够解放自己，就必须使既得的生产力和现存的社会关系不再能够继续并存。无产阶级要想不受雇于资产者的方式而与物的生产条件相结合，要想取得社会生产力，就必须废除现存的自己的占有方式，从而废除全部现存的占有方式。"❶

另外，在《共产党宣言》中，他们还提出了一些经济政策：（1）剥夺地产；（2）对收入征收高额累进税；（3）废除一切继承权；（4）没收流亡者和叛乱者的财产；（5）把信贷集中在国家手中；（6）对交通运输实行集中控制；（7）增加国有工厂的数量；（8）使一切劳动义务平等化；（9）将农业和制造业结合起来；（10）免费的公共教育。

（二）格雷格言的阶层合作途径

阿尔曼·阿拉伊克·格雷格言（Arman Arayik Grigoryan）在《经济民主理论的新进展》❷（*New Approaches in the Theory of Economic Democracy*）一文中提出，经济民主可以通过重新分配、经济权力使权力从富人向穷人转移来实现。但问题是：在现实生活中，在什么样的条件、什么程度上能够运用政治权力重新分配经济权力？他假定在发达资本主义民主国家，公民之间的政治权力（投票权）是平等的，而且政治权力不受信息、组织等其他因素的影响。公民能理性地根据经济政治条件判断他们的客观利益所在，并且想要获得经济政治权力。根据现代资本主义经济收入分配的"侏儒游行队伍"，分配的底层群体拥有很少的收入不够满足基本的需要；他们是穷人，没有足够的钱过他们想要的生活。大概分配的中间阶层占人口的多数，拥有恰够生存的平均收入；他们的收入足够满足他们的需要，但几乎没有剩余。分配的上层阶层是第三类群体，他们的收入大大超出平均水平，他们是富人阶层，不仅拥有满足需要的金钱，而且还有剩余财富。经济权力分为两种：一种是自主地决定自己生活的权力——自主权；另一种是影响他人决策的权力——支配权。穷人没有足够的经济资源自主决定经济生活，更没有控制权。中产阶级拥有满足自身需要的经济资源（收入、财产）自由权，但没有控制权。与马克思主义关于资产阶级与

---

❶ 《马克思恩格斯选集》（第1卷），北京：人民出版社1995年版，第194页。

❷ Arman Arayik Grigoryan, New Approaches in the Theory of Economic Democracy, The International Journal of Applied Economics and Finance 1 (1), Issue1991–0886, 2007.

无产阶级的划分不同，格雷格言根据经济权力的大小把社会分为穷人、富人、中产阶级三大利益阶层。艾坎森认为，民主国家里，富人所占比重是10%～20%，穷人占是5%～10%，而中产阶级占70%～80%。阶层之间由于人数不同，政治权力不平等，中产阶级处于控制地位，而穷人处于弱势地位，富人在一定程度上受制于中产阶级。为了使经济民主理念在现实中得以实现，必须找到用政治权力在人们之间分配经济权力的突破口。他认为，不考虑其他机构和程序的影响因素，实现经济民主的唯一途径是通过不同利益阶层之间的合作博弈立法来实现。

（1）经济民主的第一条原则：利用政治权力来分配经济权力，关键在于中产阶级。经济民主依赖于动员普通大众，没有普通中产阶级运用政治权力就不可能有经济民主。但中产阶级政治权力的行使受制于富人的经济权力，而经济权力的运行则需要通过政治讨论来使中产阶级接受。两者争论的焦点在于必要的效率和退出的威胁。对富人来说，最好是通过说服使中产阶级自动接受，通过理性的力量使他们接受。对富人来说，效率理由是好的而退出理由是糟糕的，原因在于我们所谓的道德资本。效率理由是好的，因为它的冷静使用不会损害道德资本，而退出理由则是以其为代价的。瑞典的职工投资基金就证明了中产阶级是不会主动采取措施从富人那里分配经济权力的。虽然经济权力会向职工集体转移，但他们根本没有管理基金的积极性，因为他们并没有得到实实在在的好处。

（2）经济民主的第二条原则：要使中产阶级对经济民主感兴趣，经济民主必须给中产阶级成员带来实实在在的好处，而不是给这个阶级集体带来好处。中产阶级即便想要占有富人的权力并且有利可图，但还是害怕损失效率。必要效率是一种主观的东西，而中产阶级害怕失去。如果富人说服中产阶级他们是经济效率和增长的资本的最好管理者，他们的经济权力就不会受到中产阶级政治权力的威胁。

（3）经济民主的第三条原则：中产阶级只有在确信经济民主不会造成经济明显损失的情况下才会实施。富人旨在保护既得经济权力，但没有政治权力支持他们这么做。这需要说服中产阶级不采取行动。效率理由是最强大的理由。它意味着控制资本的人允许相对自由地为了大众的利益追求效率。如果效率理由不能凑效，资本所有者就会求助于退出威胁。但原生的威胁代价很沉重。前者是打着共享利益的幌子，而后者却是公开地维护特权。为了避免这种情况的出现，维护道德资本，中产阶级和富人在经济民主上有望达成一定程度的共识。毕竟粗暴地使用收入和财富是中产阶级政治权力抨击的对象。

（4）经济民主的第四条原则：经济民主有一个突破口，能够使其以经济权力的形式而不能用必要效率加以辩护。获得经济自由是下层阶级的利益，但他们没有政治权力去赢得。这就需要说服中产阶级去行动。中产阶级有义务帮助穷人，因为贫穷会威胁社会秩序并造成生活混乱。在这点上，中产阶级和富人达成了联盟。但他们仅仅想要控制贫困，而不是消除它。极端贫困化是危险的，有些贫困却不是。所以，中产阶级帮助弱者的利益被反贫困政策要付出的代价所缓冲，理论上这种政策能通过，但实际上受到必要效率的影响而要大打折扣。

（5）经济民主的第五条原则：有效提升穷人经济自主性的政策能否通过，关键在于它是否会实现中产阶级自身的利益而不是为了穷人的利益。

因此，在资本主义国家，政治权力与经济权力的联盟大大限制了经济民主的适用空间。当然，这也不是没有希望。重新创造经济民主的方式不是设计一种新的宏大方案，而是寻找有限的、现实可行的突破口，运用政治权力重新分配经济权力。

根据以上原则，可以提出以下具体对策。

（1）税收政策。如果中产阶级能够自由运用政治权力收税，它就能自如地重新分配收入和财富。但这是不可能的，因为中产阶级从自身利益出发也不愿给富人强加过重的税收负担。在直接税上，上层阶级能够以退出的威胁控制税收水平。资本从一个税收重的国家向税收合理的国家转移不是不可能的，这也不存在道德资本。经济民主如果想要通过太重的税收来实现，显然不是明智之举。过高的累积税显然是无效率的，应该能够基于效率的理由进行合理分配。政治上可行的方式是通过减免税基，使税收分配比正式税率低，否则资本就会向投资效率高和有利可图的地方转移。一种合理的收税水平和累计税率不会使富人强烈反对，因为税收不是针对他们的，而是为了提供足够的公共服务的需要。这样，税收上的否决权不是绝对的，中产阶级能够就此与富人达成一定共识。总之，在直接税上保持一种适度的累积制度是可能的，而且对经济民主的实现非常重要。虽然税收制度对重新分配收入的效果有限，但是对税收心态有很大影响。只要税收是累积的，即便是适度的，中产阶级也会相信富人比他们为公共政策支出得更多。这些政策受中产阶级的政治控制，并由中产阶级向社会提供公共服务，包括向穷人提供。因此，中产阶级能够提供比它本身应该支付的更多，这样中产阶级向穷人提供更多公共物品就有了可能。如果中产阶级不能确信富人支付的比他们更多，是不可能向他们征收足够的税收来提供公共支出以实现经济民主。

（2）向穷人授权。所有民主国家都制定了公共政策来限制贫困问题。中产阶级怎样才能超越自身利益的考虑，使限制贫困的政策变成消除贫困的政策呢？在这个问题上，结论是悲观的。通过税收劫富济贫的方式是行不通的。在贫困蔓延的情况下，基于利益基础上广泛的阶级联合是可能的，但贫困边缘化之后，这种共享利益就不存在了。广泛的联合除了利益之外，更重要的是通过道德说服来实现。在一些资本主义国家，经过福利国家的早期发展，满足这种条件转变是可能的。除非有非常强大的道德游说群体出现，否则反贫困政策可能只在有限的控制贫困之内。

（3）向中产阶级授权。中产阶级能够运用政治权力，使福利开支从福利国家机构向自己手中转移，进而向普通大众转移。这是完全可能的，因为中产阶级能够给自己授权而不剥夺富人的经济权力，如所有权。在现代福利国家，政府拥有公共开支来为公众提供公共服务。这种民主化的阻力在于，那种强有力的福利国家机构是必要的思维定式，那样中产阶级就不会有意识争取这种权力。国家为公民提供公共物品，但是公共物品的特定消费群体不确定，结果中产阶级可能没有动力去争取。经济民主必须使福利国家民主化，使经济权力从官僚机构向顾客转移，既增加福利机构的回应性，又不损害效率。这样，富人和中产阶级可以达成利益联盟。比如在退休金上，不管是政府养老还是企业养老，经济权力都没有从精英向大众转移，而只是从政府向资本家转移。若要真正做到经济权力民主化，使经济权力从父爱似的企业或政府机构向个人转移，应该成立个人退休金账户，使个人拥有退休金利润就像银行账户一样，并且让大众感到安全。当然，这个前提是国家保护。所有工薪阶层都有义务存储养老金，国家应建立最低国家养老安全网，同时退休金行业需要政府严格管制。

在教育开支方面，由于大众一般享受免费教育，而精英则偏好付费教育，所以，应该使经济权力从机构开支向家长手中转移，这样，不需要剥夺少数富人的权力就可以授予大众更多的经济权力。重新分配的这部分收入不是给家长随意使用，而是标记为教育开支才能使用。反对付费教育主要是因为存在择校问题，学生可以选择学校，学校也可以选择老师，这会造成隔离。因此，应该通过管制，反对学校自由选择学生，通过抽签来决定生源，这样可以禁止学校侵犯学生和家长的自由选择权，同时免去父母的择校考虑。特别是高等教育方面，可以通过效率和道德理由使私人巨额财产为社会使用。发达的民主需要受过高等教育培训的有素质的公民和劳动力，要使经济生活更有效率，就必须重新分配教育资源。首先，普通大众能够有机会接受高等教育。其次，需要成立教育基金。一部分教育基金应该由高等教育公共开支向学生转移，但从精英教育到大众教育还需要其他基金来源。这部分资金不应该由家长或学生自己来承担；中产阶级自身有较重的生活负担，也不应该由他们来承担；来自低收入的年轻人也一样。因此，最好是利用私人财富而不是收入去支付教育。这就需要中产阶级从自身利益出发，认为值得而去争取。私人财富既是挣来的，也是给予的。财富是获得的，因为它是努力、勤奋、精心的结果。财富是给予的，因为它是特权、机会和运气的结果。大部分财富都可能是两者的混合物，一部分是辛苦挣来的，但大部分可能是给予的。财产权由此分为两种，挣来的财产权大些，而给予的弱些。因此，私人财产的保护应该设定一个合理的门槛，超过这个门槛的财富则可以为社会使用。继承制度还要保存，中产阶级的财产应该受到保护。那些目标财产应该受到保护而不被政治剥夺或滥用。它们也不应该为了国家财政部门的利益而被征税，而应通过社会契约严格标记为教育费用，在契约里明确规定拥有剩余财富的人承诺对社会的必要人力资本投资。而其他所有权还是分散的，资本还在为市场投资所利用。超出特定门槛的私人财产不是通过继承留给后代，而是标记为投资基金。

（4）剥夺富人的权力。富人可以通过威胁资本退出的权力保护他们的收入和财富，而中产阶级也害怕挑战资本的政策会威胁他们自身的财产或未来的财产。拥有巨额财产本身不能成为中产阶级反对的理由，而是通过道德说服来防止不受限制的使用。中产阶级的政治权力能够现实地使用，而反对资本只是在收入或财富中肆无忌惮地使用。比如，金钱的政治利用如贿选就属于这种情况，再如巨额私人财产的遗产权。这既不能以效率的理由来反对，也不能以道德的理由来支持。财产拥有权并不意味着财产随意使用权。这种财富和收入能够不通过国有化或者把相关经济资源脱离市场来使用。

（5）权力和意识。使用政治权力去分配经济权力依赖于中产阶级。它能使中产阶级对穷人更加慷慨，而不是通过自我利益或者利用权力向富人加税，但它怎样才能为了这个目的而说服自己面对富人呢？它能够通过"剥夺"福利机构的经济权力并授予普通大众而大大增加自己的经济权力，但它准备怎样接纳这些机构呢？它至少要使富人的经济权力不能做恶，如金钱的政治利用，但它将怎样面对富人呢？就政治权力的使用而言，重新给普通大众分配经济权力意义重大，但这种行为完全取决于中产阶级的意识和恐惧。

（三）赫斯特的公民社会合作治理方式

英国民主理论家保罗·赫斯特认为，20世纪90年代，世界政治经济形势的新发展使自由市场资本主义面临极大的挑战。一方面，全球化的发展趋势使得与经济和社会关系国际化相适应的各种"超"国家机构，如跨国公司和国际性的资源组织等迅速发展起来，大大削弱了国家的经济和社会管理能力。特别是政府职能和规模的扩张、公共服务范围的扩大、责任的复杂性以及技术性困难使传统福利国家面临治理性难题。代议制民主在实践中并不能有效地满足公民实现多样化的需求和履行为公民提供良好公共服务的承诺。这样，"传统上以国家为核心的自由主义民主政治的有效性与合法性日益受到质疑"❶。另一方面，苏东剧变后，资本主义非但没有从社会主义的失败中取得决定性胜利，反而由于其竞争对手的解体而使其自身内部矛盾更加明显地暴露出来。其中最为突出的是源于不能实现充分就业和集体福利政策失败带来的各种社会问题，如贫困及一个占社会多数的"下层阶级"等问题的出现。赫斯特指出，"下层阶级"是当代西方社会动荡和不稳定的根源，如果不能解决这部分人的福利实质增长问题，必然造成新的社会冲突和斗争的升级。

因此，赫斯特提出用"联合主义"（associationalism）理念重塑国家与社会关系，改变国家相对于市民社会的支配地位，实现经济社会的良好治理。他提出了"联合民主"（associative democracy）概念，主张恢复协会组织在现代社会政治和经济事务治理中的作用，强调在协会的基础上重建民主秩序，并通过结社民主实现平等公民自治和政治参与等民主政治发展的理想。各种公共自愿性协会组织是帮助下层人群通过自治的方式，是"在市民社会中建立他们自己的社会世界"❷ 的一种有效途径。各种协会将逐渐取代政府的经济和社会管理职能，成为"经济和社会事务民主治理的主要形式"❸。

用联合民主对经济事务的治理要达到的经济目标的本质即经济民主：一是创造丰富的财富，并实现社会成员的广泛共享，但不是收入的绝对平均。二是在创造财富过程中，经济治理能保证公民广泛参与经济活动，实现充分合理的就业和消费。三是经济主体尽可能实现与生活息息相关的财产的直接或间接控制。四是经济治理中有代表消费者和储户利益的组织，如企业或协会，并且能影响地方经济决策。经济民主的实现需要地方、区域、民族国家乃至国际层次民主治理的企业以及企业、公共部门、组织起来的利益集团的多层级合作治理。

与当代其他结社主义者不同，赫斯特并不认同"国家制造协会"的概念，他认为这一设想过分依赖国家，而忽视了协会自身的能力，并且没有看到当代国家的分权化和职能转移的发展趋向。为了改变团体间力量不均衡的新模式，并建立一种团体和国家间协调治理的新模式，他提出了两种解决方案：一是支持通过市民社会中的各种自愿行动以及强势群体支持弱势群体等方式，自下而

---

❶ Paul Hirst, "Democracy and Civil Society", in Paul Hirst and Sunil Khilnani（ed.）, Reinventing democracy, Oxford, OX, UK；Cambridge, MA, USA：Blackwell Publishers, 1996, p. 97.

❷ Paul Hirst, Associative democracy：New Forms of Economic and Social Governance, Polity Press, 1994, p. 13.

❸ Ibid. , p. 20.

上地建立协会；二是发挥地区和地方政府在促进经济发展和社会协调方面的作用。社会经济治理必须根植于强有力的地方维度，避免国家过分介入，从而使协会更能体现公民和地方的主动精神。

"联合民主"很大程度上是以西方福利国家为实践蓝本，尝试运用结社民主策略来重塑福利秩序。赫斯特认为，当代福利国家面临发展困境的原因很多，其中，官僚化、集中化的福利体制对困境的出现负有不可推卸的责任。在现有体制下，公民除了作为福利的消费者和被管理目标之外，没有其他渠道进入福利体系，对于福利服务的内容和传输没有任何控制权。"官僚主义剥夺了公民的责任感，使人们对他人的需求变得麻木不仁。"❶ 改变这种状况的有效方式就是重新创造一种社会环境，使福利的消费者能够决定并塑造福利服务。赫斯特指出，要达到这一目标非常简单，只要将公共福利和其他服务的供应权等公共治理的执行和管理权移交给自愿性的自治协会，并使这些协会能够获得公共资金支持，从而为其成员提供此类服务，用赫斯特的话说就是通过"使市民社会公共化，使国家多元化"来实现。任何自愿协会只要满足一些基本原则，就能承担相应的福利职能。这些原则包括协会内部的民主治理；协会的资金主要由公共资源如税收提供，其运作由公众监督检查；所有协会必须具备遵守公共规则、承认其成员的退出权和选择权、参与整个社会的公共或协会治理等条件，这样才能获得公共资金的资格；任何协会组织根据其成员资源设定其服务范围，因此各协会之间可能会存在竞争性服务；等等。赫斯特主张在具备这些特征的协会基础上，建立一个"结社式的福利国家"。这个结社式的福利国家将是一种联邦式的组织结构，采取内部直接民主与中央和地方间接民主治理有机结合的治理形式。

三、小结：经济民主的实施需要国家与公民社会双重民主化

马克思、恩格斯强调通过革命的手段实现经济民主，只有工人阶级夺取国家政权，建立无产阶级专政，实现公有制，并且通过国家集中统一行使经济权力，才能达到财富分配的平均，走上经济民主之路，"套用卢梭的一句著名的话：在共产主义的国家里面，人民被迫而为民主"❷。这种阶级斗争方式在革命时期有一定合理性，但令人遗憾的是，20 世纪前苏联社会主义国家在制度实践中并没有实现马克思的经济民主理想，其高度集权的经济政治体制最终导

---

❶ Paul Hirst, Associative democracy: New Forms of Economic and Social Governance, Polity Press, 1994, p. 166.

❷ 萧公权：《宪政与民主》，北京：清华大学出版社 2006 年版，第 163 页。

致其社会主义经济民主实践的失败，反而使社会主义与经济民主之间的本质联系遭到严重质疑。此外，马克思主义从阶级关系来理解经济民主，以完全自由、平等的理想社会为实践基础，这种经济民主在当代复杂社会、和平时代的适用性问题引起了当代西方许多学者的质疑。

相比之下，左翼马克思主义者完全抛弃了阶级斗争和革命运动，认为社会主义是争取民主斗争的一部分，没有民主就不可能有社会主义，把经济民主基础上的社会改良作为向社会主义过渡的唯一途径，试图在资本主义制度框架内通过有限的经济结构改造完成社会变革的任务，这是以一种经济改良替代传统民主社会主义议会道路的方式。

早期经济民主思想家特别是工业民主的支持者维伯夫妇、科尔等强调工会、基尔特等组织在经济民主实现中特别是工人参与决策中的作用，而格雷格言、赫斯特等当代西方经济民主论者从西方发达福利国家的经济民主实践出发，强调在相对完善的政治民主基础上通过自下而上的阶层合作、多层级合作治理的方式实现经济民主，这无疑具有一定的现实针对性。为了使经济民主理念在现实中得以实现，格雷格言认为必须找到用政治权力分配经济权力的突破口。在他看来，关键在于成熟的中产阶级，他们的权力意识和道德责任意识直接决定了经济民主在实践中的实现程度。因此，公民社会的培育在经济民主的实现中非常重要。保罗·赫斯特则从社群主义治理理念出发，主张建立一种社会和国家协调的社会经济治理模式，提出了两种解决方案：一是支持通过市民社会中的各种自愿行动以及强势群体支持弱势群体等方式，自下而上地建立协会；二是发挥地区和地方政府在促进经济发展和社会协调方面的作用。但他们都没有忽视国家在经济民主实现中的作用，特别是政府作为税收政策、教育政策等公共政策工具的作用，以及工会运动和劳工运动对经济民主实现的作用。

当代多元民主理论家达尔预见到经济民主问题将会在美国政治生活中变得更加重要，这种变化将经过三个阶段。第一阶段，将会出现公民取向方面的变化，即公民道德意识的增强。第二阶段，与斯堪的纳维亚民主国家一样，美国将会利用就业、收入维持和税收政策来减少经济不平等。由于经济效率、增长与激励之间日渐增长的不协调，第二阶段迟早会到来。第三阶段，将要求经济体制的结构变革，这种变革会同时促进经济动力、效率和政治平等。虽然沿着这些方向已经开始出现了各种新的提议，但尚没有一个民主国家已经到达这个阶段。而美国至今仍未能迈进第一阶段的门槛。他虽然也强调公民道德和政府政治安排对收入和财富不公平分配的缓和作用，但更关注的是如何通过经济结构的激进改良来改变现有的不平等的经济秩序。如何使集权式决策企业过渡到自治式企业以实现经济民主❶无疑是一个大难题。目前的企业所有者绝不会拱手把企业让给工人控制和占有。达尔对此作出了一些设想，如，对陷入财政困境的企业，雇员若以自治的方式提出接管，中央和地方政府应该对企业给予税收减免、信贷及各种担保的优惠。这些企业以企业自治提供试验；或者政府从不同行业接管一些有实力的企业，然后再把企业卖给雇员，让他们以自治的方式重组企业，并为自治企业银行提供足够的资金支持；甚至政府可以借鉴丹麦和瑞典经验，利用财政和税收政策使自治企业和平过渡。通过执政党自上而下地采取政治法律措施，逐渐过渡到工人占有劳动积累的公司财产这种方式，一个国家可以在一定时期内建立一种在法治范围内运行的新的经济秩序，使财富与权威都能得到广泛的分配，从而为民主提供一个良好的社会经济基础。但实践证明，瑞典企业家不愿承受几乎无所不包的福利国家带来的沉重负担，纷纷退出资本到国外去投资，"瑞典资本大量涌向国外，而且势头有增无减，从1982年的69亿法郎增加到1989年的516亿法郎"❷。瑞典政府在20世纪80年代末调整了其"迈德纳计划"，工人民主治理受到限制。公司经济困难并非经济企业发展普遍面临的问题，现代科技能推动企业解决自身问题并推动企业不断向前发展。而在公司财政困难时，工人抓住时机接管公司，从实际来看，一方面，这种时机是很有限的；另一方面，工人并不是大量资金的占有者。转由政府接管，将不可避免地产生达尔拒绝的官僚监管，这是达尔经济民主理论自身不能解决的。因此，达尔没有找到私有企业过渡到民主治理企业的可行方式。

后来，罗伯特·达尔甚至意识到雇员所有的企业一般没有动力去改造企业组织结构、实施自治企业体制，因此，没有雇员的坚持努力，民主自治企业不可能发展。而且，随着信息时代的到来，拥有稀缺资源、技能的雇员可能会参与企业决策，企业治理会更加扁平、民主，但缺乏技能的一般雇员的民主参与机会更少。❸随着现代巨型公司的发展和信息时代的到来，公司内部不断分工细化，信息来源于多渠道、多层次，员工个体难以对公司信息进行全面把握。公司的上市、生产、投资、营销和公司财务等都需要专门的技术人员，而普通雇员参与公司财产的运作有客观上的局限。员工集体参与决策必然会花费高昂的时间成本和经济成本，公司内事务的集体决策也存在不少局限。因此，经济

❶ Robert A. Dahl, A Preface to Economic Democracy, Berkeley: University of California Press, 1985, pp. 159～160.

❷ ［美］戴维·施韦卡特：《反对资本主义》，李智、陈志刚等译，北京：中国人民大学出版社2002年版，第151页。

❸ Robert Mayer. Robert Dahl and the right to workplace democracy, The Review of Politics. Notre Dame: Spring 2001, Vol. 63, Iss. 2; p. 221.

民主仍然面临效率与公平的价值冲突，但达尔并不由此就否定经济民主的必要性。他指出："如果民主在治理国家中是正当的，那么民主在治理经济企业中也是正当的。而且，如果民主在治理经济企业中不是正当的，那么我们也不能正确地得出民主在政府治理中是正当的。因为在民主标准能起作用的社团中，其成员都拥有通过民主程序自治的权利。"❶ 而且，达尔用许多证据表明了一些发达民主国家的公民正在尝试企业的民主化。当然，尽管企业有实行经济民主的可能性，但他也意识到了问题的复杂性和实践中的困难，经济民主的进一步实现还需要适宜的条件。如果没有适宜的内外制度的支持，把民主程序引入公司管理的尝试就很可能失败。因此，在经济民主的实行过程中，要积极努力去创造适宜的条件。"和民主国家一样，民主企业也需要适宜的民主制度、有效的执行和对诸如言论自由等基本权利的保证。而且，成功的企业民主化还需要另外一些制度的支持，包括信用资源、大量的培训以及支持开发新产品、建立新企业的机构。"❷

后自由主义者塞缪尔·鲍尔斯与赫伯特·金蒂斯也强调民众的积极行动对经济民主的实现更具有根本意义。"经济民主毫无疑义地喧喧嚷嚷侵犯资本经济特权和意识形态霸权的这种乐观主义场面是否臻于上演，在很大程度上依赖民主主义者的能力，在面对财产顽固而同样具有扩张性的权利要求时，这种能力首先是理解，其次是有效地追求个人民主权利扩展和深化的历史规划的能力。"❸ 人民大众的经济民主意识、能力和能动的公民身份观念是经济民主实现的重要动力，没有劳资双方、贫富阶层的合作共赢，经济民主的实现是不可能的。

综上所述，经济民主制度的理论与实践之间存在差距，经济民主要在大多数社会作为一种认真的实践加以执行仍然很难。正如上面所谈到的，经济民主的实施机制本质上是一种制度激励和惩罚措施对策，这必然涉及这项制度内涵的标准，由于经济民主的价值目标内含效率与公平的冲突和矛盾，达尔、米德、格雷格言都从实际经验出发，强调了忽视效率的经济民主在现实中很难有实现的可能性。因此，经济民主的实施机制必须考虑效率与公平的平衡，这又进一步加剧了经济民主实施的困难。但如果经济民主要得到发展和繁荣，就必须积极创造更多的动力条件和机制，通过全社会共同努力来推动。正如赫尔德

---

❶　Robert A. Dahl, A Preface to Economic Democracy, Berkeley: University of California Press, 1985, pp. 134～135.

❷　[美] 罗伯特·达尔：《民主及其批评者》，曹海军、佟德志译，长春：吉林人民出版社2006年版，第470页。

❸　[美] 塞缪尔·鲍尔斯、赫伯特·金蒂斯：《民主与资本主义：财产、共同体和现代社会思想的矛盾》，韩水法译，北京：商务印书馆2003年版，第275页。

指出，民主要发展，就必须被重新看做一个双重的现象：一方面，它牵涉国家权力的改造；另一方面，它牵涉市民社会的重新构建。只有认识到一个双重民主化过程的必然性，自治原则才能得以确定：所谓双重民主化即是国家与市民社会互相依赖而进行的转型。❶ 西方经济民主论者是在政治民主相对成熟的背景下探讨经济民主，不管是阶层合作还是公民社会合作治理，都要在民主政治相对发达的情况下才能实现。相比之下，中国学者从经济法、经济管理体制改革的视角强调了政府依法推进对实现经济民主的作用，如王全兴、管斌从市场、社会中间层和政府三个层面构建经济法视阈下的经济民主，不少学者强调了政企分开、政府职能转变对经济民主实现的意义。总之，无论是国家宏观经济计划和投资民主化，还是制度上规定的各级机构（劳动场所到各级经济委员会）参与决策的形式、垄断市场的大企业的社会化等，经济民主的实现都离不开特定的政治经济安排。

---

❶ ［英］戴维·赫尔德：《民主的模式》，燕继荣等译，北京：中央编译出版社 1998 年版，第 275 页。

结语：经济民主思想的总体评价及其现实启示

一、进步性：对自由民主理论的补充与超越

经济民主的思想源远流长，在西方，最早的理论源头可以追溯到柏拉图、亚里士多德的古希腊城邦政治时代。近代经济民主思想是在共和主义民主和自由主义民主理论的分歧与争论中产生和发展的。现代以来，以新自由主义、社会民主主义（民主社会主义）、马克思主义为代表的西方主流政治思潮都在一定程度上倡导经济民主。在中国，自近代以来"经济民主"一度成为思想界关注的重要话题。20 世纪以来，随着社会经济在社会生活各个领域的基础的作用广泛加强，政治与经济在社会发展的进程中越来越紧密地联系在一起，相互依存，彼此渗透。经济民主逐步成为政治发展的新理念，在整个民主大厦中占有一席之地。经济民主思想的进步性主要体现在对人民主权和公民权利的统一、效率与公平的平衡的价值理念的倡导，以及对经济社会不平等、民主政治的精英主义倾向、经济领域公民参与的忽视对自由主义民主理论的挑战的积极回应，丰富和发展了民主理论。

（一）经济民主追求人民主权与公民权利统一、效率与平等平衡的价值理念

经济民主作为一种民主形态，人民主权是其基本价值诉求。民主的古典定义即人民主权，它不仅是一种政治制度，更是一种价值理念，是一个可以运用于整个社会的术语。当代西方主流自由民主理论主张把民主局限在狭义的政治领域，在经济生活领域忽视了"人民主权"的精神实质，人民的主体地位面临被虚化、被架空的危险。针对这种情况，西方经济民主的倡导者包括参与民主主义者、新多元主义者、后自由民主主义者都主张把人民主权扩展到经济领域，并实现人民主权的个人化：一方面，继承共和主义对人民主权的理解，即卢梭主张的人民的共同意志，人民主权不仅具有政治意义，更具有经济社会意义；另一方面，又吸收自由民主对公民个人权利的保护，把人民当做现实中的人来对待，实现人民主权与公民权利的统一。

崇尚人民主权或者说人民当家做主是马克思主义经济民主思想的一个核心

观念，是历史唯物主义关于人民是历史的创造者在民主生活中的运用。马克思主义继承了卢梭以来的共和主义主权在民的思想，并用唯物史观对自由民主进行了深刻批判，不仅明确了人民作为经济民主主体是现实的"社会化了的人"，而且提出了作为超越政治解放的"人类解放"的概念，要从根本上解决资本主义条件下仍未能解决的国家与社会之间的矛盾，就必须通过"社会经济民主"从"政治解放"走向彻底的"社会解放"，实现人的全面自由发展。"代替那存在着阶级和阶级对立的资产阶级旧社会的，将是这样一个联合体，在那里，每个人的自由发展是一切人的自由发展的条件"❶，那时候，以人的"自由劳动"本性为基础共同占有生产资料，实行"按需分配、各尽所能"的"自由人的联合体"将代替国家对公共事务实施政治治理。从这个意义上来说，马克思主义的社会经济民主观本质上是以劳动配置民主和劳动分配民主为核心的劳动人本政治观。❷ 在社会主义中国，马克思主义的继承人把马克思主义经济民主思想与中国实践相结合，强调通过人民民主走上经济民主之路，是马克思主义经济民主思想在中国条件下的运用和发展。人民民主是社会主义的本质要求和核心，在社会主义条件下，人民是国家和社会的主人，是各种民主权利的真正享有者。保障广大劳动人民的根本利益，实现人民当家做主，正是社会主义民主的优越性所在。经济民主和政治民主在人民大众的主体性上具有本质的一致性：经济民主实质上是社会主义社会的主体——广大人民群众在经济生活中的主体性的确立；社会主义政治民主，实质上是社会主义国家的主人——广大劳动人民在国家政治生活中的主体性的确立。

与"股东民主"、"资本民主"、"财产民主"强调少数精英的经济特权不同，经济民主旨在实现人民主权与公民权利的结合，在保护公民个人财产权的基础上，强调公民权高于财产权，突出共同体所有公民在经济生活中平等的主体地位、主体权利与主体责任，彰显人民大众在经济生活中的主体性。

同时，经济民主是以经济与政治互动为主要作用形式的民主形态，既要体现经济领域的价值规范，又要体现政治领域的价值规范。根据美国著名社会学家丹尼尔·贝尔（Daniel Bell）的轴心理论，政治领域强调平等，经济领域强调效率。他在 1976 年出版的《资本主义文化矛盾》一书中说："我认为最好把现代社会当做不协调的复合体，它由社会结构（主要是技术—经济部门）、政治与文化三个独立领域相加而成……三个领域各自拥有相互矛盾的轴心原则：掌管经济的是效益原则，决定政治运转的是平等原则，而引导文化的是自

---

❶ 《马克思恩格斯选集》（第 1 卷），北京：人民出版社 1995 年版，第 294 页。
❷ 刘俊祥：《人本政治论——人的政治主体性的马克思主义研究》，北京：中国社会科学出版社 2006 年版。

我实现（或自我满足）原则。"❶ 但政治与经济的相互渗透使两个领域的轴心重构。效率和平等是当今社会经济与政治的内在矛盾。诚如美国著名经济学家阿瑟·奥肯在《平等与效率》一书中所言，"在平等和效率之间，社会面临着一种重大抉择"❷。

自由主义者常常把效率当做一个纯技术的效率概念，当做一个中性概念而不是一种价值。正如艾伦·布坎南在《伦理学、效率与市场》一书中指出："他们看不到帕累托效率概念之所以得到普遍承认，是因为它接近常识，接近社会安排应当是互利的这一伦理标准。"❸ 自由民主主义者强调的平等主要是经济机会和条件的平等，即"给不平等的人以平等的机会"。正如弗里德曼指出："一个社会把平等放在自由之上，其结果是既得不到平等，也得不到自由。相反，一个把自由放在首位的国家，最终作为可喜的副产品，将会得到更大的自由和更大的平等。"❹ 只有遵从机会平等才能保证经济生活的成功和失败是个人自由选择和后天努力的结果，其实质是一种精英统治的逻辑。

但经济民主论者试图从价值意义上对效率与平等进行重新阐释，追求效率与平等平衡意义上的社会公平正义。如同经济民主的倡导者施韦卡特所言，无论是在日常意义还是在技术意义上，效率都不是一个价值中性的概念，它预设了某些特定的价值关怀。在这个意义上，经济民主论者一般把效率重新定义为满足人类需要的有效性❺，而不只是少数有钱人或强势群体的需要。换言之，效率作为经济民主的价值目标，不是以技术效率为核心的经济增长，而是通过经济发展创造更多的财富来满足人民大众的基本需求，实现人的全面自由发展。而平等更多是基于收入、财富、经济机会、权利分配意义上的公平，不仅包括经济公平，也包括社会公平。正如新公共行政学派倡导人弗雷德里森所言，公平是效率基础上的公平，"包括了平等感和正义感，具体地说，公平的重点就在于纠正现存社会价值与政治价值分配过程中的不平衡。与所谓对所有人同等待遇不同的是，公平强调的是给予那些处于不利地位的人更多的福利；

---

❶ ［美］丹尼尔·贝尔：《资本主义文化矛盾》，赵一凡等译，北京：生活·读书·新知三联书店1992 年版。

❷ ［美］阿瑟·奥肯：《平等与效率》，王奔洲等译，北京：华夏出版社 1999 年版，第 1 页。

❸ ［美］艾伦·布坎南：《伦理学、效率与市场》，廖申白、谢大京译，北京：中国社会科学出版社 1991 年版，序言第 3 页。

❹ ［英］米尔顿·弗里德曼：《资本主义与自由》，张瑞玉译，北京：商务印书馆 1986 年版，第26～27 页。

❺ ［希］塔基斯·福托鲍洛斯：《当代多重危机与包容性民主》，李宏译，济南：山东大学出版社2008 年版，第 176 页。

与效率观点不同的是，公平特别重视回应和参与"❶。经济民主思想内含人民主权和公民权利的统一、效率与公平相统一的价值理想，在经济生活中崇尚理性，具有很强的正面效应，重新激发了人们对民主的热情和想象。

（二）经济民主通过对公权与私权、精英与大众的经济权益关系的调节，强调人民大众在经济利益上的自主性或主体性，开辟了西方民主政治大众化的新空间

当代西方民主政治发展的一个重要特征就是精英主义的发展趋向。美国政治学家托马斯·R. 戴伊和哈蒙·奇格勒在《美国民主的嘲讽》一书中一针见血地指出："统治美国的不是广大群众，而是杰出人物。我们的社会已进入工业和科学技术高度发达的原子时代，但在美国这样的民主国家里，人民的生活竟像在极权主义社会一样，由一小撮人来决定。"❷ 经济权力集中的少数精英人物或"特权阶层"不仅由此获得巨大的经济利益，导致社会不平等加剧，而且在政治生活中占有"特权地位"，操纵民主政治过程和制约国家政府决策，影响公民平等参与政治生活的机会，造成普通公民的"政治冷漠"。以亨廷顿、李普赛特等为代表的主流民主理论者认为，缺乏政治参与是公民对统治合法性的认同，"政治冷漠也许反映了民主是健康的"，从精英统治的现实必然性角度肯定了其现实合理性，为精英民主辩护。民主的含义甚至被熊彼特篡改为所谓的精英统治、"政治家的统治"❸。在微观领域，政治上的民主与公司或经济企业内的专制形成了鲜明对比，公民政治权利无法扩展到公司或经济企业内部，压制了公民的自由，加剧了公民之间的利益冲突，忽视了微观公民参与能力的培养。

针对这种情况，经济民主论者反对把民主仅仅描述为一种政治统治方法，而是将其描述为一种人民大众治理的理念和方式。从广义政治观的视角来看，经济领域不再是传统意义上的私人领域，而是广义上的公共（政治）领域。与精英民主强调少数精英的政治经济特权不同，经济民主论者主张将民主扩展到经济领域，实现人民主权与公民权利的结合，在保护公民个人财产权的基础上强调公民权高于财产权，突出共同体所有公民在经济生活中平等的主体地位、主体权利与主体责任。经济民主论者关注经济平等，主张通过制度安排重

---

❶ ［美］罗伯特·B. 登哈特：《公共组织理论》，扶松茂、丁力译，北京：中国人民大学出版社2003 年版，第 122 页。

❷ ［美］托马斯·R. 戴伊、L. 哈蒙·奇格勒：《美国民主的嘲讽》，张绍伦、金筑等译，石家庄：河北人民出版社1997 年版，第 1 页。

❸ ［美］约瑟夫·熊彼特：《资本主义、社会主义与民主》，吴良健译，北京：商务印书馆1999年版，第 357 页。

新配置经济权力（权利），协调公权与私权、精英与大众的经济利益关系，实现人民大众在经济利益上的主体性和自主性，通过政治安排防止资本（金钱）对民主政治的侵蚀，从而为政治自由和政治平等奠定基础。他们也期望通过经济领域特别是微观经济企业组织内公民的民主参与，改变少数精英统治的现状，最大限度地推动公民参与民主政治，培养公民的民主品格和素质，从而实现人民大众的自由、平等和道德的发展。

（三）经济民主是经济与民主结合而形成的民主治理理念和新形式，扩展了民主的领域和范围，丰富了民主的实现形式，实现了对政治民主的超越

从广义政治学意义上来说，经济民主就是经济领域的民主，是经济与政治互动而使民主向经济领域扩展形成的经济形式的民主形态。政治民主首先是一种国家制度或国家形式，显然，经济民主不是作为国家形态的民主。如果说政治民主作为公权力的配置和运作方式，那么当其涉及公权与私权关系即政府经济治理过程中的经济民主时，特别是通过法治限制市场特权、保障公民自由权利，公共权力通过公共经济政策的制定和执行积极保护公民的经济权益时，它是一种准政治民主。在这个意义上，"政治民主与经济民主不是'板块'结合的关系，而是相互渗透和相互依存的关系，特别是政府干预经济过程中的民主，几乎是经济民主与政治民主的统一体"❶。微观经济组织中的经济民主如工业民主或企业民主，意味着集体拥有平等的经济决策参与权和发言权，是一种自下而上的公民自治和参与的生活方式。从这个意义上来看，经济民主是一种非国家形态的民主政治现象，也是民主政治的重要组成部分。这个层面的经济民主可以为国家范围内的政治参与和民主奠定坚实的基础，促进代议制民主的运行并推动政治民主的纵深发展。

不管怎样，经济民主论者强调没有经济民主就不可能有真正的政治民主，政治民主与经济民主可以相互促进、相辅相成。在政治民主相对成熟的西方民主国家，可以将政治民主的制度形式（制度、程序、理念）向经济领域渗透以促进经济民主的发展，进而深化和扩展政治民主。同时，经济民主自身具有相对确定性，可以通过制度创新实现更多的民主形式，民主的制度不仅仅是选举制和参与制，也不仅仅是限制国家权力的法律，还包括工会、所有制改革、对富人征税（财产税、资本税、遗产税等）、建立福利体制等政治经济安排，从而扩展了民主的广度和深度，实现了对政治民主的补充和超越。在非西方民主政治生态的国家，也可以通过经济民主的发展推动政治民主，实现经济民

---

❶ 王全兴：《经济法基础理论专题研究》，北京：中国检察出版社2002年版，第238页。

和政治民主齐头并进。在经济民主和政治民主都不是很成熟、代议制民主相对落后的中国，经济民主建设无疑是推动中国民主政治发展的重要突破口。

二、局限性：经济民主是一种高调民主

当代西方主流的自由民主理论主张实行经济优先于政治的逻辑，把民主限定在政治领域内公民平等参与政治，而经济领域内效率至上，主张以资本为核心分配经济权力，处理经济事务，自由地创造财富和积累财富。当两者发生冲突时，个人的财产权优于公民权。他们反对经济民主，认为在宏观经济领域，民主总是同赤字、通货膨胀等联系在一起。在微观经济领域，无论是国有企业还是私有企业，都同民主不相容。经济与民主有着更多冲突的一面。因此，他们反对经济民主者把民主扩展到经济领域，更反对把它从生产领域逐步扩大到分配、投资、消费等领域，从工作场所、基层、地区扩大到全球经济管理等范围。

部分学者怀疑经济民主会破坏市场本来的规律，侵害经济自由甚至个人自由。在林德布洛姆看来，期望以多头政治代替市场以更好地实现大众化控制的观点是有悖于常理的。❶ 而主张通过政府民主干预来弥补市场的局限，也受到"政府失败论"的批评。因此，经济民主的范围存在一定的限度，它是一种有限的民主，应该在经济民主与经济自由之间划定界限，经济民主仅限于必须作出集体经济决策的经济事务的范围之内。当然，限定经济民主的合理范围本身也不是一个容易的问题。经济民主的有效范围取决于在经济生活中划定"私人领域"和"公共领域"的界限，确定政府的有限职能，为在广泛的社会事务中形成一种相对稳定的"群己权界"奠定基础。熊彼特也曾正确地警告说，"无边界"的政治观念没有在政治与公民的日常生活之间提供一个明确的界限，使政治潜在地与社会生活、文化生活和经济生活的所有领域一样广泛，这就使这些领域可能受到政治的管理和控制。熊彼特认为，这样的政治观念将极大地诱惑那些掌权者，无论其为多数人还是少数人，他们都会试图控制人们生活的各个方面。他指出，对许多人来说，实践中的宽泛政治的观念将与自由的被缩减联系在一起。❷ 就连一贯反对自由主义的激进民主也承认："自由主义对现代社会的民主有重大贡献，而暴力革命对社会秩序和文明容易产生破坏，

---

❶ ［美］查尔斯·林德布洛姆：《政治与市场：世界的政治经济制度》，王逸舟译，上海：上海三联书店1992年版，第236页。

❷ ［英］戴维·赫尔德：《民主的模式》，燕继荣等译，北京：中央编译出版社1998年版，第408页。

因此将自由作为自己的政治主张的基础。"❶

经济民主在实践中作用的限度，往往也成为批判经济民主正当性的重要理由。经济民主具有强烈的大众倾向、道德取向，其许多主张、论断都是以价值判断和价值关怀为基础的，很容易染上乌托邦色彩，其论调"听起来很美"，但做起来很难，是一种高调民主。按照中国台湾地区学者张灏的观点，所谓高调的民主观，就是为了实现某种道德理想如人民的统治和自治而产生的注重"道德感召力"的民主观，而像精英民主一样强调操作性、降低民主的"民主性"则是一种低调的民主观。西方精英民主理论家往往批判工人过分参与管理和企业家精神之间的矛盾，认为经济民主不利于调动企业家的积极性。我国学者何家栋也用后现代话语批评指出，经济民主是一种"高调民主"❷。如果把经济民主理解为微观层面的工人参与管理，那么这种理论对于当下陷入困境的国有企业不会有多大帮助。因为国有企业现在的主要问题在于市场经营而不是内部管理，任何否定和贬低企业家作用的理论都无助于国有企业的改造，并会阻碍市场经济的建设。

就连经济民主的支持者都承认经济民主在实践中必然面临这些问题：经济民主是一种能够实现公平和平等的民主形态，但收入和财富怎样分配才算是公平的？政治平等能容忍多大程度的经济不平等？这在理论上和实践上都难以达成共识。而且，公平与其他价值如效率和发展、自由发生冲突，导致了在现实中实施的困难。正如达尔所指出的，经济民主在实践中将主要面临公平、所有制、领导、过渡四大问题。更何况经济民主的实现不仅取决于一系列客观条件，如国家的民主干预、经济政治安排，还取决于某些主观因素，如公民的经济民主意识、企业民主参与文化等。这些缺陷指出了经济民主实践的困难，同时为经济民主思想的进一步发展指明了方向。对经济民主思想的研究不能仅仅停留在思想文本层面，更要关注实践层面，即对经济民主在当今世界各国的实践中面临的问题、挑战、应对措施进行理论概括总结，这也是本研究需要继续深入探究之处。

三、多元合作：中国公平导向型经济民主建设的路径选择

通过对经济民主思想的进步性和局限性的简要分析可以看出，经济民主思想对民主理论的发展作出了重要的贡献，具有重大意义。经济民主更是社会主

---

❶ ［美］道格拉斯·拉米斯：《激进民主》，刘元琪译，北京：中国人民大学出版社2002年版，第164页。

❷ 张灏：《幽暗意识与民主传统》，北京：新星出版社2006年版，第228～230页。

义民主的应有之义，是当今中国民主政治发展的新理念。但经济民主思想的局限也提醒我们，经济民主的理想和现实存在一定的差距。为了克服经济民主的矛盾问题、理想化和实践困难，有效地实施经济民主制度及其公平价值导向，经济民主论者都有针对性地提出了经济民主制度的实施路径和机制措施。总体而言，在他们看来，经济民主制度的实施需要走政府公平施政与公民合作自治相结合的多元合作主义道路。但具体地说，不同学者的侧重点也有所差别。早期经济民主思想家特别是工业民主的支持者维伯夫妇、科尔等强调工会、基尔特等组织以及工人参与决策在经济民主实践中的作用。而现当代西方经济民主论者则从西方福利国家的经济民主实践出发，强调在相对完善的政治民主基础上，通过自上而下的政府公平施政与自下而上的公民合作相结合的多元合作治理的方式实现经济民主。如，达尔强调市场调节和政府民主调控的外部管理对企业民主治理的作用。米德倡导通过政府的干预和调节来实现资源利用效率与收入分配公平相结合的经济民主。罗尔斯设想的经济民主制度涉及税收、政府和市场结构等制度安排，强调基于公平正义宪政制度的政府公平施政对实施经济民主的作用。亚美尼亚学者阿尔曼·阿拉伊克·格雷格言（Arman Arayik Grigoryan）强调通过政治权力主导下的阶层合作途径来实现经济民主，他在《经济民主理论的新进展》[1]一文中提出，经济民主可以通过重新分配经济权力、使权力从富人向穷人转移来实现，即如果不考虑其他机构和程序的影响因素，实现经济民主的唯一途径是通过不同利益阶层之间的合作博弈立法来实现。与传统社会民主主义不同，"第三条道路"的倡导者、英国学者安东尼·吉登斯提出通过建立积极福利国家制度来实现经济民主，主张政府同公民社会的合作伙伴关系，强调采取共同行动来推动经济社会民主的复兴和发展。英国民主理论家保罗·赫斯特提出了国家与社会相协调的治理方式，他从社群主义治理理念出发，要求建立一种公民社会自治基础上的国家与社会相协调的合作治理模式，一方面，支持通过市民社会中的各种自愿行动以及强势群体支持弱势群体等方式，自下而上地建立各种协会自治组织；另一方面，发挥地区和地方政府在促进经济发展和社会协调方面的作用。加之，经济民主的价值目标内含自由与民主、效率与公平的冲突和矛盾，涉及不同利益群体利益关系的公平调整和分配，这必然决定了经济民主制度的实施是相当困难的。这些对于思考现实中国的经济民主问题提供了重要启示。

中国社会主义制度的建立，从本质上要追求整个社会的经济民主，反对地方、资本家的经济垄断、经济集权和少数人的经济自由，要实现绝大多数人民

---

[1]　Arman Arayik Grigoryan, New Approaches in the Theory of Economic Democracy, The International Journal of Applied Economics and Finance 1 (1), Issue1991 –0886, 2007.

在经济上当家做主。人民当家做主的真实性和广泛性是社会主义民主政治的一个根本特点。但计划经济体制时期，由国家和集体代表人民享有、行使经济主权和分配经济利益。结果是人民的经济主体性被架空了。社会主义建设初期，当社会的主要矛盾是人民日益增长的物质文化需要同落后的社会生产力之间的矛盾时，发展生产力是社会政治生活的重要焦点。我国改革开放初期，"一个中心、两个基本点"的基本路线是我国社会生活实行以经济建设为中心的"经济政治"的集中表现。如何把财富蛋糕做大是经济民主建设关注的焦点。早在1978年和1979年邓小平就指出，社会主义现代化建设是我们当前最大的政治，经济工作是当前最大的政治，经济问题是压倒一切的政治问题，"所谓政治，就是四个现代化"。与此同时，邓小平倡导经济民主，提出了通过"先富—后富—共富"的路径实现人民利益共同发展和共同富裕的构想，强调要防止两极分化，实现人民利益的公平分配。在这种经济民主理念的指导下，可以高效地动员全体人民以经济建设为中心，一心一意搞建设，致力于解放和发展生产力。中国的改革开放，首先是从改变单一公有制和计划经济体制开始，通过政企分开、政社分开和农村包产到户解决政社官民权益关系，大大增强人民群众在经济生活中的自主性。中国由此开始从"贫穷的社会主义"走向"高效的社会主义"。

改革开放30多年以来，我国出现了经济发展的奇迹并创造了丰富的物质财富，但在人民群众中出现了贫富分化，形成了精英与大众、富强群体与贫弱群体的利益分化。联合国开发计划署（UNDP）委托中国发展研究基金会组织撰写的《中国人类发展报告2005》显示，中国的基尼系数已远远超过0.4的国际警戒线，可能已达到0.45，中国经济增长奇迹中的受益者与落后者之间的鸿沟正逐渐拉大。根据世界银行的报告——《共享不断提高的收入》，目前我国社会贫富悬殊问题严重，除比撒哈拉非洲国家、拉美国家稍好外，我国贫富悬殊要比发达国家、东亚其他国家和地区以及前苏联和东欧国家都大，如果短期内没有政策调节则还会持续恶化。世行指出，目前世界上还没有一个国家在短短15年内收入差距变化如此之大。❶ 收入分配问题已成为中国当前社会问题中最引人注目的问题。国务院发言人也公开承认中国已进入居民收入很不平等的国家行列。

当代中国的财富分配严重不公突出表现为"国富民穷"和"资富劳穷"，呈现出"强政府、次强资方、弱劳方"的失衡格局。在二次分配领域，百姓劳动收入的增长赶不上国家财政收入的增长，国民财富向政府倾斜；在一次分

---

❶　孙立平：《失衡——断裂社会的动作逻辑》，北京：社会科学文献出版社2004年版，第30页。

配领域，劳动者工资的增长赶不上企业利润增长，企业财富向资本倾斜。从中国的收入差距的阶层分析来看，社会上层阶级——雇主阶级（包括业主阶层和小业主阶层）和新中产阶层在总就业人数中所占比重为 10% 左右，但占了将近 33% 的全社会收入。占人数最多的农民阶级，就业比重将近 47%，但在全社会总收入中所占比重不到 18%。❶

我国的贫困和不平等问题是很大的群体性问题，体制性权利不平等（城乡、城市中的定居者和流动者以及城市不同群体）是造成巨大社会不平等的一个重要机制。❷ 因为在当前"贫富悬殊的背后，是不同群体在表达和追求自己利益的能力上失衡的结果"，而"不同群体在表达和追求自己利益能力上的失衡又是他们之间社会权利失衡的结果"。因此，从根本意义上来说，目前"中国社会形成的强势群体和弱势群体的格局，以及在这两个群体之间形成的深深的裂痕，就是社会权利不均衡的必然结果"❸。20 世纪 90 年代以来，我国市场经济条件下社会利益分化加剧，一方面是由农村和城市贫困人口组成的弱势群体；另一方面则是由权力精英、垄断行业经济精英组成的强势群体。强势群体利用经济优势或特权干扰政府政策的制定与执行，进一步剥夺弱势群体的经济权益，加剧了贫富分化。部分超级垄断国企不仅垄断了市场，而且还在相当程度上"垄断"了政策——它们能够影响甚至干预国家政策的制定。❹ 如，我国目前的房地产调控政策由于受到强势群体的制约，在现实中很难推行。而弱势群体往往由于缺乏利益表达和诉求的制度途径，对政府经济政策的影响力较弱。除此之外，由于转型期政府角色的不到位，教育、医疗、住房等基本公共品费用昂贵，"上学难，看病难，住房难"，公民经济权利如生存权、工作权、劳动权、教育权、社会保障权没有得到平等保障，经济利益没有得到公平分配。"在一个有效率的经济体中增进平等"，协调强富和贫弱利益群体的利益矛盾，实现经济发展成果共享，必然成为当今中国经济政治建设的价值取向。中国的经济民主建设立足于追求公民的平等权利能力，旨在解决在市场经济条件下中国社会当前的利益分化与多元化情况下的社会贫富过度分化和社会走向"断裂"危险的问题。因此，它不是新时期的平均主义"大锅饭"，不是劫富济贫式的削高就低，更不是不要搞市场经济，而是要通过科学的公共政策导向和有效的制度安排，让各种资源配置得更合理，让经济和社会持续健康发展，让不同公民群体更公平地分享社会经济发展成果，最终实现"共同

---

❶ 薛进军：《中国不平等的收入分配差距研究》，北京：社会科学文献出版社 2008 年版，第 189 页。

❷ 孙立平：《失衡——断裂社会的动作逻辑》，北京：社会科学文献出版社 2004 年版，第 31~35 页。

❸ 同上，第 6~7 页。

❹ 周子勋："经济民主重要性不亚于政治民主"，载《南方都市报》2008 年 9 月 3 日。

富裕"。

　　马克思主义创造者十分重视首先从社会根本制度上为经济民主和政治民主的实现提供基本保障。无论马克思、恩格斯还是列宁，都一再强调，只有通过革命彻底废除资本主义私有制，让劳动群众拥有生产资料的所有权、成为自己劳动的主人，并进而掌握国家政权，才能从根本上解决劳动与资本的对立，使劳动群众拥有经济管理权利和享有经济利益；也只有如此，才能进一步为实现政治民主化提供客观基础。但前苏联和中国计划经济体制时期的历史都证明，国家成为唯一的雇主和全部财富的控制者，对政治经济生活的全面控制和借用公权力暴力平均分配财富的"劫富济贫"运动只会导致"使一个对少数人过分富足的世界，变成了一个对所有人都匮乏的世界"的"马蒂内斯谬论"。❶在社会主义初级阶段，我国实行公有制为主体、多种所有制经济共同发展的基本经济制度，这从根本上决定了中国的民主不受资本的操纵，不是剥削阶级或少数人的民主，而是以工人、农民和其他劳动群众为主体的人民民主，马克思、恩格斯革命的办法显然已经不再适用。

　　目前我国正处于建立"社会主义市场经济体制"的制度选择与制度创新的关键时期，市场经济利益主体由过去的政府单一主体演变成多元化的市场主体，这些多元化的经济主体之间的利益博弈不可避免。党的十六届六中全会提出建设"和谐社会主义"的目标，要求社会不能仅仅高效地发展，还要公平地发展，要建设和谐社会，实现社会利益和谐与社会公正。因此，中国经济民主建设的指导思想既不是自由民主主义，也不是社会民主主义，而是和谐社会主义。社会利益和谐是中国和谐社会建设的根本与核心。从执政层面来看，中国并不缺乏追求公平的政治意愿和实践，因为中国共产党在始终不懈地追求公平正义，也一直在努力公平执政，因此，奉行公平正义价值的和谐社会主义是中国经济民主建设的指导思想和最高理念。

　　公平正义是人类社会永恒的追求。经济越发展，社会越进步，人们对公平正义的追求越强烈。然而在现代政治社会，社会的公平正义不是自发达成的，实际上，它与政府（即国家政权机关）是否公平施政具有直接的正相关性。因此，要促进社会的公平正义，就需要作为全社会代表的政府履行谋求社会公平的职能。从经济政治学的视角来讲，经济是政治与社会之间的中介因素，一方面，经济能够发挥政治性的功能；另一方面，经济又能实现社会性的目的。根据这种关联性原理，可以说，经济民主是公平施政与社会公平之间的中介因素，一方面，要促进社会公平，就需要政府公平施政以发展经济民主；另一方

---

　　❶　［英］拉尔夫·达仁道夫：《现代社会冲突》，林荣远译，北京：中国社会科学出版社2000年版，第17页。

面，政府公平施政的重要内容就是发展经济民主，其最终目的是促进社会公平。在西方经济民主学者看来，在现代各国，政府公平施政的一种路径就是通过经济民主促进社会公平。只有通过公平的政治安排，通过政治职能的公平履行，发展经济民主，才能推进社会的公平正义。因此，当今中国以公平的政治安排推进公平导向的经济民主，重点就应该放在推进公平执政和公平施政的制度机制构建方面。所谓公平施政，就是运用公平的公共规则，行使公平的公共权力（或政治权力），制定并执行公平的公共政策，"对一个社会进行权威性价值分配"❶。也就是说，公平政治安排的关键是要通过各级政府公平施政的制度安排，让各种资源配置得更合理，让经济和社会持续健康发展，让不同公民群体更公平地分享社会经济发展成果，最终实现"共同富裕"。实施公平施政，意味着施政者承担着实践公平价值的道义责任，应当以其"政治良知"推进公平的政治理念和政策，通过经济民主的制度化、法制化，谋求政府与社会、社会富强群体与贫弱群体之间利益的公平分配，控制并缩小社会的两极分化，促进社会成员之间的利益和谐。

经济民主论者特别强调，经济民主的实现必须构建一个现实的、可操作的制度体系。只有经济民主的制度化、法治化才是协调劳资利益关系、解决贫富利益分化和共享经济发展成果的根本出路。如果借用赫尔德的话，可以说，经济民主要发展，就必须被重新看做一个双重的现象：一方面，它牵涉国家权力的改造；另一方面，它牵涉市民社会的重新构建。"只有认识到一个双重民主化过程的必然性，自治原则才能得以确定：所谓双重民主化即是国家与市民社会互相依赖着进行的转型。"❷ 由此可见，政府公平施政为主导并结合公民合作自治的多元合作主义道路，可能是经济民主发展的可行之路。❸ 具体来说，要从宏观、中观、微观三个层面构建公平的政治安排。

（一）以公民权利能力平等为核心，建立和健全"人民合作宪政"体制

经济民主从根本上来说应该是人类劳动配置和劳动分配的民主，社会公平应该是人类基于劳动创造及其生存利益的公平。因此，理想的经济民主是立足于人类的"自由劳动"基础上的。在商品劳动或者雇用劳动普遍存在的人类社会现阶段，就要求通过推行经济民主，培育、提高和依法保障人民大众劳动

---

❶ ［美］戴维·伊斯顿：《政治体系：政治学状况研究》，马清槐译，北京：商务印书馆1993年版，第122页。

❷ ［英］戴维·赫尔德：《民主的模式》，燕继荣等译，北京：中央编译出版社1998年版，第275页。

❸ 刘俊祥、曹芳："西方公平导向型经济民主思想述评"，载李路曲主编：《比较政治学研究》，中央编译出版社2013年版。

生存与获利的权利能力。这是通向人类实质性公平正义的必由之路。因此，中国经济民主建设在现阶段的首要价值应该是谋求公民权利能力的平等。

公民的经济社会权利能力是经济民主的重要内容。现代公民权利理论认为，公民权利内容是不断丰富的，其获得满足的过程在实践中又是渐进的。首先是公民自由权利，其次是政治权利，最后是社会经济权利。"公民自由权利和政治权利本身可能被确定下来，而且可能通过法律、宪法和法院给予保证，而要保障社会经济权利却是更艰难的问题。"❶ 与传统的公民权利不同，公民的劳动权、工作权、休息权、失业救济等社会保障权、教育和文化生活等社会经济权利属于公民积极的受益权，要求国家采取积极行动。然而国家在保护公民经济权利时面临"诺斯悖论"，"没有国家办不成事，有了国家又有很多麻烦"。公权力既是保障私权利的最有效工具，同时又是私权利最大和最危险的侵害者。由此推论，建立在私权平等基础上的强大公权未必会加剧分配不公；私权不平等条件下的公共权力若试图聚敛财富，则更容易通过侵犯私权来加剧分配不公。❷

在如何制约公权力和保障私权利上，罗尔斯的宪政财产所有制民主思想以及社会民主主义经济权利入宪的思想为我们提供了借鉴和启示。正如罗尔斯所言："一个社会体系的正义，本质上依赖于如何分配基本的权利义务，依赖于在社会的不同阶层中存在着的经济机会和社会条件。"❸ "这一社会基本结构的主要制度是立宪民主的制度。"❹ 宪法规定了一种正义的程序，以此确认现代的民主社会是一个基于自由而平等的人组成的合作社会，公民拥有平等的、可靠的地位，实现社会正义。❺ 从总体上来说，中国经济民主建设的最基本制度形式，可以设想为"人民合作宪政"❻。这种人民宪政在本质上是指国家权力的社会化和人民化，实现国家权力的人民为本，确保人民权益的至上地位。推行经济民主，构建人民合作宪政，是要谋求人们经济利益矛盾的协调和社会的和谐。因此，人民合作宪政具有协商合作性，也可以称为"协商宪政"，它要在社会公共领域为自由与平等的公民提供一种通过理性协商而达成合作共识的经济民主的平台和制度机制。进一步来说，在经济民主中，通过协商宪政制度

---

❶ ［英］拉尔夫·达仁道夫：《现代社会冲突》，林荣远译，北京：中国社会科学出版社 2000 年版，第 55 页。

❷ 周振华、杨宇立等：《收入分配与权利、权力》，上海：上海社会科学院出版社 2005 年版，第 119 页。

❸ ［美］约翰·罗尔斯：《正义论》，何怀宏等译，北京：中国社会科学出版社 2006 年版，第 7 页。

❹ 同上，第 185 页。

❺ 同上，第 189 页。

❻ 这个观点直接得益于笔者的导师刘俊祥教授，近年来，他在不少论著中都有提到过。

所确立的社会经济权利关系状态也将是一种复合性的社会均衡。相对于传统的
"国家宪政"以调整国家权力与公民权利之间的宪政权利义务关系而言，人民
合作宪政也是一种"公共宪政"，它更重视公民之间的宪政权利义务关系的规
范与调整，并由此为公民提供利益博弈的权利保障和能力基础。因此，中国经
济民主制度就应该是经济领域公民利益的宪政博弈和公民权利的平衡制度。这
种制度化权利的高水平均衡在宏观制度框架下将体现为一种合作主义的宪政体
制。这种合作主义的宪政体制可以为经济民主的运行提供最低限度的合作与商
议、博弈与均衡机制。国内社会学者孙立平教授也认为合作主义的宪政体制是
走出权利失衡困境的一种可能的宏观体制安排，并在这方面做了有益的构想与
论述。第一，承认社会利益高度分化以及利益主体多元化的现实，承认不同社
会群体追求自己利益的合法性并保护其权利，就不同群体表达自己的利益以及
为追求自己利益施加压力的方式作出制度性安排。第二，在几个最主要的社会
利益主体间建立沟通和协商的渠道，特别是在劳方和资方之间建立制度化的利
益谈判机制。第三，明确国家或政府在利益均衡机制中的恰当角色，即国家充
当规则的制定者和冲突的裁决者的角色。第四，形成制度化解决社会利益冲突
的机制。

　　如果将这种宏观的合作主义宪政体制进行最抽象的模型建构，我们可以设
计出由政府、富强群体与贫弱群体构成的三维利益博弈模型，即"宪政三角
形"❶，它对于观察和分析中国社会的利益关系和公民之间的利益博弈是一个
很有分析价值和建构意义的理论模型。从这种利益博弈的宪政模型来看，当今
的中国亟须建立、健全的经济民主运行机制，包括为解决官民、劳资以及强弱
利益群体之间利益矛盾的利益协调机制、价值引导机制、诉求表达机制、矛盾
调处机制和权益保障机制等。同时，需要健全公共经济组织，如行业协会、职
业代表的经济委员会、工会等，发挥各类社会经济组织提供服务、反映诉求、
规范行为的作用。在经济民主的公平正义理念的指导下，通过民主决策制度和
程序，使普通民众能够平等参与经济政策的制定并监督政府经济政策的执行，
从而使经济政策反映普通民众的需求、愿望。国家应该对社会经济领域出现的
权力不平等进行干预，防止出现一个利益群体对另一个利益群体的专制，调整
社会经济领域公民群体之间的经济利益冲突的关系，特别是强势群体与弱势群
体之间的经济利益关系。与凯恩斯的国家干预不同，这种国家干预是政治性
的。政府不仅要代表各种利益群体的要求，还必须能够自主地对各种要求和愿
望进行调和，"服务和增进公共利益"，为普通民众特别是弱势群体提供利益

---

　　❶ 刘俊祥：《人本政治论——人的政治主体性的马克思主义研究》，北京：中国社会科学出版社
2006 年版，第 320 页。

诉求的制度途径和基本权利的制度化保护途径。

（二）以市场公平和社会公平为导向，推进公共服务型政府的构建

按照米德的观点，财富的高度集中对于总收入在不同个人之间的分配的影响取决于两个比例。一个比例是财产收入所得占个人总收入的比例。如果这个比例很小，则一种非常不平等的财产分配本身将不会导致总收入的分配出现任何更大的不平等。而对效率的强调往往会要求只把一小部分收入作为工资，而大部分收入则作为利润、利息和租金，正是在这种情况下，财产所有权的不平等分配将引起收入分配的更大不平等。另一个比例是劳动收入（earned）分配。只要富有的财产所有者获得的劳动收入不高于人们的平均工资水平，劳动收入就会降低财产收入分配的不平等程度；但是，假若富人们的劳动收入也像他们不劳而获的财产收入那样高度集中，那就不可能减轻收入分配的不平等程度。

在发达国家，工资一般会占企业运营成本的50%左右，而在中国，这个比例不到10%。此外，发达国家劳动报酬在国民收入中所占的比重一般应该在55%以上；这一比例在中国则不到42%，并在近年来呈逐年下降趋势，而资本回报占国民收入的比重则节节上扬。这种利润侵蚀工资、机器排挤劳动的现象不仅不利于缩小收入差距和扩大消费需求，也会影响社会和谐稳定。由于中国长期面临资本的严重短缺与劳动的严重过剩，所以财富分配过度向资本倾斜，劳动者在市场竞争中处于劣势。

经济民主要求打破私有财产神圣不可侵犯的神话，主张财产权并不是绝对的，在受到法律保护的同时也应该受到法律的限制，财产权的拥有者并不能危害他人生命、自由或财产，也不能剥夺绝大多数人获得、拥有和保护财产的权利。2004年"公民的合法的私有财产不受侵犯"条款正式写入了我国宪法修正案，这标志我国对私有财产的保护迈出了重大一步。如何通过经济民主制度安排实现财富占有和分配公平呢？从政府这个层面来说，应该选择或运用公共规则、行使公共权力（或政治权力），制定并执行公共政策，"对一个社会进行权威性价值分配"❶。詹姆斯·米德在《效率、公平与产权》一书中，倡导通过国家分配和再分配经济政策干预和调节经济资源的分配，实现效率与公平的结合。他提出的对策主要是针对英国实际，是在福利国家制度相对完善的背景下如何实现财富分配的平等。下面将结合中国实际提出几点对策。

首先，政府通过立法，如尽快出台《中华人民共和国工资法》，为所有行

---

❶ ［美］戴维·伊斯顿：《政治体系：政治学状况研究》，马清槐译，北京：商务印书馆1993年版，第122页。

业的工作确定一个最低的实际工资水平；提高低收入者的收入，逐步提高扶贫标准和最低工资标准，建立企业职工工资正常增长机制和支付保障机制；依法保障全面施行最低工资制度，建立国有企业管理者工资限制制度。

其次，政府通过税收调节、财政支出、社会保障、转移支付等手段，重建以公共服务均等化为导向的二次分配制度体系，调节贫富群体的收入差距。遗产税是经济民主的重要制度安排，米德认为要使遗产税变成一种累进税，并且根据每位受益人迄今已经收到的馈赠或遗产总额计征税收，扩大改革后的遗产税的适用范围，使之扩大到包括活着的人们之间的相互馈赠。全国政协委员、清华大学人文社会科学学院经济研究所副所长蔡继明认为，我国应该适时及时推出遗产税。他认为："高收入阶层和低收入阶层差距过大，特别是亿万富翁据说在亚太的增长速度是最快的，福布斯全球排行榜大家也看到了，我们国家进入全球排行榜的富翁的人数大概仅次于美国。所以，在这种情况下，特别是在改革开放30多年以后，第一代富翁都面临把他们的财富向第二代转移，这时候如果不及时推出遗产税，就会把这一代形成的不平等的收入传到下一代，我们鼓励每一代人通过自己的努力去发财致富，成为亿万富翁，但是这种不平等代代相传是不公平的。"❶ 从经济民主视角来看，这种观点是很有见地的。

同时，每年向资本财产征收一种累进的税收，政府由此可以积累较大数量的预算剩余用于偿还国债，或者以其他形式的公共财产进行投资，同时鼓励建立适当的制度形式，诸如职工利润分享计划、让租房户以分期付款的方式购买政府市政部门建造的房屋、发展适宜的投资信托机构等。罗尔斯也提出政府应确保一种社会最大受惠值，或者通过家庭津贴和对生病、失业的特别补助，或者较系统地通过收入分等补贴（一种所谓的负所得税，即对收入低于法定标准的家庭的政府补助）的方法，保障弱势群体的基本经济利益。崔之元在2005年提出了"社会分红"的建议，建议成立"中国人民永久信托基金"，由166家中央国企的利润的50%作为本金组建，再将"中国人民永久信托基金"投资收益的50%作为社会分红发给每个公民个人而不是将国有资产分光，藏富于民，保证每个公民都获得可满足基本需要的"基本收入"。

此外，还应制定相应的教育政策，使普通大众能够有机会接受高等教育，具有平等的提升和发展机会。政府应试图通过补贴私立学校或者建立一种公立学校体系来保证具有类似天赋和动机的人都有平等的受教育、受培养的机会，注重人的机会和可行性的公平分配。

最后，切实转变并重塑公共服务型职能，正确处理政府与市场、与企业的

---

❶ http：//www.chinadaily.com.cn/hqcj/fxpl/2011 - 03 - 04/content_ 1924770. html.

228

关系，让权力退出具体的经济活动，结束少数政府部门和地方政府作为市场主体与民争利的行为，杜绝公职人员将公共权力私有化而转化为权力资本的现象；坚持邓小平的经济民主思想，正确处理坚持公有制为主体和促进非公有制经济发展的关系，确立多种所有制平等竞争、共同发展的法律制度和市场环境；落实《中华人民共和国反垄断法》，打破利益集团对市场的垄断，消除政府对国有企业和非国有中小企业的差别待遇，加强中小企业立法，这一点对于转型期的中国无疑是最关键的。

（三）以民主参与和利润共享作为现实途径，完善政府与劳资方的合作治理机制

在微观工作场所实现经济民主，对于民主社会的发展是至关重要的。西方民主理论大师达尔、佩特曼等都主张"工作场所的民主"，强调参与和自己生活息息相关的决策和管理是一条从经济民主走向政治民主的可行之路。

我国国有企业和集体所有制企业中，由于传统计划经济的影响，政企关系还没有理顺，职工代表大会还流于形式，真正代表劳动者的民主管理机构、监督机构、利益共享机制还不够完善，劳动者的经济权利没有得到应有的保障，国企高管"天价高薪"与普通劳动者低薪低酬形成鲜明对比。20世纪90年代以来，在外商投资企业、民营企业中，侵犯员工人身自由、阻碍员工组织工会、拒绝与员工签订劳动合同、资本所得挤占劳动所得等现象屡见不鲜，劳资争议频发。2010年富士康13连跳事件、丰田门事件都是企业经济民主问题的折射。其表面上是管理者与被管理者之间、劳方与资方之间的矛盾，但实质上是拥有资本的一方在运用其掌握的经济权力限制劳动者的基本人权，这不是单纯的经济问题，而是一个政治问题。许多企业"拒不执行法院判决"，"判决往往成为一纸空文"，甚至使《中华人民共和国劳动法》也成为摆设，就在于法院和权益受损的员工往往缺乏必要的、可操作的政治手段。劳动者难以充分行使表达自己利益的制度化方式，如游行、请愿、罢工等。这就使得政治、法律、人权等在资本面前退却了。另外，由于许多经济机会和利益都是资方提供的，劳方容易对资方形成依附关系，丧失主体地位，出现新的经济剥夺。

借鉴经济民主思想的积极经验，当前我国应该通过立法建立制度化途径，解决资方与劳方的利益冲突问题，从根本上改变资本所得挤占劳动所得的现象，保障劳动者具有平等的权利和地位；劳动者根据民主制定的（按需分配和按劳分配）原则分享企业的净收益，共享发展成果；积极探索合作制、社会所有制等以人为本的企业产权组织新形式，明确产权和所有制结构是解决目前我国企业民主问题的关键。

政府和工会是平衡劳资冲突的重要治理机制。政府可以通过立法（如，

最低工资标准或非歧视性雇用)、执法、司法途径来保护劳动者权益，特别是劳动者平等享受劳动利益的权利。邓小平曾强调："所有企业必须毫不例外地实行工人阶级办企业，使集中领导与民主管理结合起来。……企业的重大问题要经过职工代表大会或职工大会讨论。企业的领导干部要在大会上听取职工意见，接受职工的批评和监督。对某些严重失职或作风恶劣的领导人员和管理人员，大会有权向上级建议给予处分或撤换。各企业的工会，将成为职工代表大会和职工大会的工作机构。❶"我国 2008 年已经实施的《中华人民共和国劳动合同法》（以下简称《劳动合同法》）是政府保护劳动者合法权益的重要举措。《劳动合同法》规定："用人单位在制定、修改或者决定有关劳动报酬、工作时间、休息休假、劳动安全卫生、保险福利、职工培训、劳动纪律以及劳动定额管理等直接涉及劳动者切身利益的规章制度或者重大事项时，应当经职工代表大会或者全体职工讨论，提出方案和意见，与工会或者职工代表平等协商确定。"我国十七大报告也指出，要全心全意依靠工人阶级，完善以职工代表大会为基本形式的企事业单位民主管理制度，推进厂务公开，支持职工参与管理，维护职工合法权益。从公平的角度来看，工会在劳资关系中非常重要，它不仅使劳动者有组织地联合起来与资方抗衡，达成协商一致的劳工标准并重新分配利润和工资等收入，还为劳动者提供了参与的机会和条件，是维护劳动者权益的重要组织依托和主要渠道。因此，要增强工会的独立性、自主性、合法性，加强工会制度和集体谈判制度建设，依《劳动合同法》规定，"县级以上人民政府劳动行政部门会同工会和企业方面代表，建立、健全协调劳动关系三方机制，共同研究解决有关劳动关系的重大问题"，完善多领域、多层次、多形式的三方协商机制。

加强工会的作用，应注意以下几点：（1）工人民主选举代表，与资方等额比例组成董事会，监督企业的经济活动，防止资方与经营人串通滥用权力；（2）企业经营人由监事会代表劳资双方共同聘用；（3）建立工会，代表工人与雇主协商、参与企业经营管理，对投资、生产等重大决策具有发言权；（4）工会成员应得到特殊保护，不得受到歧视或随意解雇。

政府还应规范劳动者在企业内部尤其是在私营经济中如何分享劳动利益的制度。无论是哪种所有制的企业，只要劳动者不掌握生产资料，他们的经济民主权利就必然遭受威胁，因为劳资双方地位不平等。在非国有企业，这种不平等可以通过雇员持股计划得到改善，实现劳资双方合作，建立企业内部的剩余分享制度。职工持股计划目前已在美国得到广泛运用，在一定程度上可以改变

---

❶ 《邓小平文选》（第 2 卷），北京：人民出版社 1994 年版，第 137 页。

劳资不平等的状况。党的十七大报告首次明确提出：创造条件让更多群众拥有资产性收入。对于劳动者来说，仅仅靠工资收入很难有更多的资产性收入。资产性收入的主要来源应该是在企业内部剩余的分享。经济民主制从根本上否定了劳动力的雇用性质，劳动不再是同土地、资本一样的生产要素，劳动者要与要素所有者一同分享企业利润，既要分享收入，又要分享资本增长。从制度设计上实现劳资机构方的合作治理和分享劳动成果，是相当长时间内我国经济民主建设的重要课题。同时，国家应该进行相应的金融改革，防止金融机构、基金投资、保险机构垄断资产收益，使公民拥有平等的机会获得生产性财产和分享经济成果。

总之，经济民主是中国民主政治发展的新取向，它不仅在价值上是可欲的，在实践中也是可行的。但经济民主的实现是一个过程，它也不会自动实现，如同拉米斯所言，"民主的春天并不是自动地到来的。只有在人民努力使它来临的时候才来临。没有争取它的强大的集体努力，它将根本不会降临"❶。同样，如果要经济民主得到发展和繁荣，就必须积极创造更多的动力条件和机制，通过全社会共同努力来推动。在这一点上，希望本书所进行的初探性研究能尽到绵薄之力。

---

❶ ［美］道格拉斯·拉米斯：《激进民主》，刘元琪译，北京：中国人民大学出版社 2008 年版，第 146 页。

参考文献

一、中文类

（一）马列经典著作

[1] 马克思恩格斯选集：第 1－4 卷 ［M］. 北京：人民出版社，1995.

[2] 马克思恩格斯全集：第 1、3 卷 ［M］. 北京：人民出版社，1956.

[3] 马克思恩格斯全集：第 2 卷 ［M］. 北京：人民出版社，1965.

[4] 马克思恩格斯全集：第 42 卷 ［M］. 北京：人民出版社，1995.

[5] 资本论：第 1～3 卷 ［M］. 北京：人民出版社，2004.

[6] 列宁选集：第 1～4 卷 ［M］. 北京：人民出版社，1972.

[7] 毛泽东选集：第 1～4 卷 ［M］. 北京：人民出版社，1991.

[8] 邓小平文选：第 1、2 卷 ［M］. 北京：人民出版社，1994.

[9] 邓小平文选：第 3 卷 ［M］. 北京：人民出版社，1993.

[10] 江泽民文选：第 1～3 卷 ［M］. 北京：人民出版社，2006.

（二）中文著作

[1] 安福仁. 中国市场经济运行中的政府干预 ［M］. 大连：东北财经大学出版社，2001.

[2] 蔡定剑. 民主是一种现代生活 ［M］. 北京：社，会科学文献出版社，2010.

[3] 曹沛霖. 政府与市场 ［M］. 杭州：浙江人民出版社，1998.

[4] 曹沛霖. 制度纵横谈 ［M］. 北京：人民出版社，2005.

[5] 陈宗胜. 经济发展中的收入分配 ［M］. 上海：上海三联书店，1994.

[6] 丁煌. 西方行政学说史 ［M］. 武汉：武汉大学出版社，1999.

[7] 房宁. 民主政治十论 ［M］. 北京：中国社，会科学出版社，2007.

[8] 郭为桂. 大众民主：一种思想史的文本解读与逻辑重构 ［M］. 武汉：武汉大学出版社，2008.

[9] 冯同庆. 中国经验：转型社，会的企业治理与职工民主参与 ［M］. 北京：社，会科学文献出版社，2005.

[10] 高培勇. 公共财政：经济学界如是说 ［M］. 北京：经济科学出版社，2000.

[11] 何包钢. 民主理论：困境和出路 ［M］. 北京：法律出版社，2008.

[12] 何清涟. 现代化的陷阱——当代中国的经济社，会问题 ［M］. 北京：今日中国出版社，1998.

[13] 胡鞍钢，王绍光. 政府与市场 ［M］. 北京：中国计划出版社，2000.

[14] 胡鞍钢，胡联合. 转型与稳定：中国如何长治久安 ［M］. 北京：人民出版社，2005.

［15］黄建钢. 经济政治学：对经济及其发展的政治学解释［M］. 杭州：浙江大学出版社，2008.

［16］黄文扬. 国内外民主理论要览［M］. 北京：中国人民大学出版社，1990.

［17］蒋一苇. 从企业本位论到经济民主论［M］. 北京：北京周报出版社，1988.

［18］李景鹏. 中国政治发展研究的理论框架［M］. 哈尔滨：黑龙江人民出版社，2000.

［19］李慎之，何家栋. 中国的道路［M］. 广州：南方日报出版社，2000.

［20］李铁映. 论民主［M］. 北京：中国人民大学出版社，2007.

［21］刘德厚. 广义政治论：政治关系社，会化分析原理［M］. 武汉：武汉大学出版社，2004.

［22］刘军宁，等. 经济民主与经济自由［M］. 北京：生活·读书·新知三联书店，1998.

［23］刘军宁. 民主与民主化［M］. 北京：商务印书馆，1999.

［24］刘军宁. 共和·民主·宪政——自由主义思想研究［M］. 上海：上海三联书店，1998.

［25］刘俊海. 公司的社，会责任［M］. 北京：法律出版社，1999.

［26］刘俊祥. 人本政治论：人的政治主体性的马克思主义研究［M］. 北京：中国社，会科学出版社，2006.

［27］刘力，章彰. 经济全球化：福分？祸分？［M］. 北京：中国社，会出版社，1999.

［28］刘瑜. 民主的细节：美国当代政治观察随笔［M］. 上海：上海三联书店，2009.

［29］陆丁. 看得见的手：市场经济中政府职能［M］. 上海：上海人民出版社，1993.

［30］潘小娟，张辰龙. 当代西方政治学新词典［M］. 长春：吉林人民出版社，2001.

［31］彭和平，竹立家等. 国外公共行政理论精选［M］. 北京：中共中央党校出版社，1997.

［32］邱敦红. 中西民主政治论［M］. 北京：中国工人出版社，1992.

［33］上海社会科学院民主政治研究中心. 中国政治发展进程（2004年）［M］. 北京：时事出版社，2004.

［34］世界银行. 1998/99世界发展报告［M］. 北京：中国财政经济出版社，1999.

［35］孙立平. 博弈：断裂社会的利益冲突与和谐［M］. 北京：社会科学文献出版社，2006.

［36］孙立平. 断裂：20世纪90年代以来的中国社会［M］. 北京：社会科学文献出版社，2003.

［37］孙立平. 失衡：断裂社会的动作逻辑［M］. 北京：社会科学文献出版社，2004.

［38］孙永芬. 西方民主理论史纲［M］. 北京：人民出版社，2008.

［39］佟德志. 现代西方民主的困境与趋势［M］. 北京：人民出版社，2008.

［40］王全兴. 经济法基础理论专题研究［M］. 北京：中国检察出版社，2002.

［41］王绍光. 安邦之道：国家转型的目标与途径［M］. 北京：生活·读书·新知三联书店，2007.

［42］王绍光. 民主四讲［M］. 北京：生活·读书·新知三联书店，2008.

［43］王慎之. 经济民主论［M］. 长春：吉林人民出版社，1994.

［44］夏勇. 走向权利时代：中国公民权利发展研究（再版）［M］. 社会科学文献出版社，2005.

［45］萧公权. 宪政与民主［M］. 北京：清华大学出版社，2006.

［46］徐大同. 现代西方政治思想［M］. 北京：人民出版社，2002.

［47］徐大同. 当代西方政治思潮：20世纪70年代以来［M］. 天津：天津人民出版社，2001.

［48］徐鸿武，郑曙村，宋世明. 当代西方民主思潮评析［M］. 北京：北京师范大学出版社，2000.

［49］薛进军. 中国不平等的收入分配差距研究［M］. 北京：社会科学文献出版社，2008.

［50］闫健. 民主是个好东西：俞可平访谈录［M］. 北京：社会科学文献出版社，2006.

［51］叶娟丽. 行为主义政治学方法论研究［M］. 武汉：武汉大学出版社，2005.

［52］应克复，等. 西方民主史［M］. 北京：中国社会科学出版社，1997.

［53］俞可平. 权利政治与公益政治：第2版［M］. 北京：社会科学文献出版社，2005.

［54］俞可平. 增量民主与善治［M］. 北京：社会科学文献出版社，2003.

［55］俞可平. 全球化：全球治理［M］. 北京：社会科学文献出版社，2003.

［56］虞崇胜. 政治文明论［M］. 武汉：武汉大学出版社，2003.

［57］余文烈. 当代国外社会主义流派［M］. 合肥：安徽人民出版社，2000.

［58］余英时. 民主制度与近代文明［M］//余英时文集：第6卷. 桂林：广西师范大学出版社，2006.

［59］赵成根. 民主与公共决策研究［M］. 哈尔滨：黑龙江人民出版社，2000.

［60］张灏. 幽暗意识与民主传统［M］. 北京：新星出版社，2006.

［61］张星久. 中国近现代政治思想述论［M］. 武汉：湖北人民出版社，2000.

［62］张卓元. 政治经济学大辞典［M］. 北京：经济科学出版社，1998.

［63］周开年. 政府与企业：角色如何安排［M］. 武汉：湖北人民出版社，1994.

［64］周振华，杨宇立，等. 收入分配与权利、权力［M］. 上海：上海社会科学院出版社，2005.

［65］朱光磊. 中国贫富差距与政府控制［M］. 上海：上海三联书店，2002.

［66］中国社会科学杂志社. 民主的再思考［M］. 北京：社会科学文献出版社，2000.

（三）外文译著

［1］［奥］路德维希·冯·米瑟斯. 自由与繁荣的国度［M］. 韩光明，等，译. 北京：中国社会科学出版社，1995.

［2］［奥］凯尔森. 法与国家的一般理论［M］. 沈宗灵，译. 北京：中国大百科全书出版社，1996.

［3］［奥］菲力普·佩蒂特. 共和主义——一种关于自由与政府的理论［M］. 刘训练，译. 南京：江苏人民出版社，2006.

［4］［奥］约翰·S.德雷泽克. 协商民主及其超越：自由与批判的视角［M］. 丁开杰，等，译. 北京：中央编译出版社，2006.

［5］［德］柯武刚，史漫飞. 制度经济学：社会秩序与公共政策［M］. 韩朝华，译. 北

京：商务印书馆，2000．

［6］［德］马克斯·韦伯. 经济与社会［M］. 林荣远，译. 北京：商务印书馆，1997．

［7］［德］马克斯·韦伯. 新教伦理与资本主义精神［M］. 于晓、陈维纲，等，译. 北京：生活·读书·新知三联书店，1987．

［8］［德］托马斯·迈尔等. 社会民主主义的转型——走向 21 世纪的社会民主党［M］. 殷叙彝，译. 北京：北京大学出版社，2001．

［9］［德］托马斯·迈尔. 社会民主主义导论［M］. 殷叙彝，译. 北京：中央编译出版社，1996．

［10］［德］尤尔根·哈贝马斯. 在事实与规范之间［M］. 童世骏，译. 北京：生活·读书·新知三联书店，2003．

［11］［德］尤尔根·哈贝马斯. 作为"意识形态"的技术与科学［M］. 李黎，郭官义，译. 上海：学林出版社，1999．

［12］［德］尤尔根·哈贝马斯. 公共领域的结构转型［M］. 曹卫东，等，译. 上海：学林出版社，2002．

［13］［法］埃米尔·涂尔干. 社会分工论［M］. 渠东，译. 北京：生活·读书·新知三联书店，2000．

［14］［法］邦雅曼·贡当斯. 古代人的自由与现代人的自由［M］. 闫克文，刘满贵，译. 北京：商务印书馆，1999．

［15］［法］卢梭. 社会契约论［M］. 何兆武，译. 北京：商务印书馆，2003．

［16］［法］卢梭. 论人类不平等的起源和基础［M］. 李常山，译. 北京：商务印书馆，1997．

［17］［法］孟德斯鸠. 论法的精神：上、下册［M］. 张雁深，译. 北京：商务印书馆，1982．

［18］［法］古斯塔夫·勒庞. 乌合之众——大众心理研究［M］. 冯克利，译. 北京：中央编译出版社，2005．

［19］［法］夸克. 合法化与政治［M］. 佟心平，王远飞，译. 北京：中央编译出版社，2002．

［20］［法］皮埃尔·卡蓝默. 破碎的民主：试论治理的革命［M］. 高凌瀚，译. 北京：生活·读书·新知三联书店，2005．

［21］［法］托克维尔. 旧制度与大革命［M］. 冯棠，译. 北京：商务印书馆，1992．

［22］［法］托克维尔. 论美国的民主［M］. 董果良，译. 北京：商务印书馆，2009．

［23］［法］西耶斯. 论特权 第三等级是什么？ ［M］. 冯棠，译. 北京：商务印书馆，1991．

［24］［法］皮埃尔·罗桑瓦龙. 公民的加冕礼：法国普选史［M］. 吕一民，译. 上海：上海人民出版社，2005．

［25］［古罗马］西塞罗. 论共和国 论法律［M］. 王焕生，译. 北京：中国政法大学出版社，1997．

［26］［古希腊］柏拉图. 法律篇［M］. 张智仁，何勤华，译. 上海：上海人民出版社，2001．

[27] ［古希腊］亚里士多德. 雅典政制［M］. 日知，力野，译. 北京：商务印书馆，1959.

[28] ［古希腊］亚里士多德. 政治学［M］. 吴寿彭，译. 北京：商务印书馆，1997.

[29] ［古希腊］希罗多德. 历史：希腊波斯战争史［M］. 王嘉隽，译. 北京：商务印书馆，1959.

[30] ［古希腊］修昔底德. 伯罗奔尼撒战争史［M］. 徐松岩，黄贤全，译. 桂林：广西师范大学出版社，2004.

[31] ［加］A. 布莱顿，［法］P. 赛蒙，［意］G. 卡罗地等. 理解民主：经济的与政治的视角［M］. 毛丹，潘一禾，等，译. 上海：学林出版社，2000.

[32] ［加］埃伦·伍德. 资本的帝国［M］. 王恒杰，宋兴无，译. 上海：上海世纪出版集团、上海译文出版社，2006.

[33] ［加］贝淡宁. 超越自由民主［M］. 李万全，译. 上海：上海三联书店，2009.

[34] ［捷］奥塔·锡克. 经济－利益－政治［M］. 王福民，王成稼，沙吉才，译. 北京：中国社会科学出版社，1984.

[35] ［捷］奥塔·锡克. 争取人道的经济民主［M］. 高钴，叶林，等，译. 北京：华夏出版社，1989.

[36] ［克罗地亚］勃朗科·霍尔瓦特. 社会主义政治经济学：一种马克思主义的社会理论［M］. 吴宇晖，等，译. 长春：吉林人民出版社，2001.

[37] ［美］阿尔伯·O. 特赫希曼. 退出、呼吁与忠诚——对企业、组织和国家衰退的回应［M］. 卢昌崇，译. 北京：经济科学出版社，2001.

[38] ［美］阿尔温·托夫勒. 第三次浪潮［M］. 朱志焱，等，译. 北京：生活·读书·新知三联书店，1983.

[39] ［美］阿米·古特曼，丹尼斯·汤普森. 民主与分歧［M］. 杨立峰，葛水林，应奇，译. 北京：东方出版社，2007.

[40] ［美］阿瑟·奥肯. 平等与效率［M］. 王奔洲，等，译. 北京：华夏出版社，1999.

[41] ［美］埃克斯特，［挪威］斯莱格斯塔德. 宪政与民主——理性与社会变迁研究［M］. 潘勤，译. 北京：生活·读书·新知三联书店，1997.

[42] ［美］埃莉诺·奥斯特罗姆. 公共事物的治理之道：集体行动制度的演进［M］. 余逊达，译. 上海：上海三联书店，2000.

[43] ［美］安东尼·唐斯. 民主的经济理论［M］. 姚洋，邢予青，赖平耀，译. 上海：上海人民出版社，2005.

[44] ［美］安东尼·唐斯. 官僚制内幕［M］. 郭小聪，等，译. 北京：中国人民大学出版社，2006.

[45] ［美］艾伦·布坎南. 伦理学、效率与市场［M］. 廖申白，谢大京，译. 北京：中国社会科学出版社，1991.

[46] ［美］巴林顿·摩尔. 民主与专制的社会起源［M］. 拓夫，张东东，译. 北京：华夏出版社，1987.

[47] ［美］保罗·萨缪尔逊，威廉·诺德豪斯. 经济学：第18版［M］. 萧琛，译. 北

京：人民邮电出版社，2008.

[48]［美］B. 盖伊·彼得斯. 政府未来的治理模式［M］. 吴爱明，夏宏图，译. 北京：中国人民大学出版社，2002.

[49]［美］本杰明·巴伯. 强势民主［M］. 彭斌，吴润洲，译. 长春：吉林人民出版社，2006.

[50]［美］布鲁斯·布恩诺·德·梅斯奎塔，希尔顿·L. 鲁特. 繁荣的治理之道［M］. 叶娟丽，王鑫，等，译. 北京：中国人民大学出版社，2007.

[51]［美］布伦南·布坎南. 宪政经济学［M］. 冯克利，等，译. 北京：中国社会科学出版社，2004.

[52]［美］布坎南，塔洛克. 同意的计算——立宪民主的逻辑基础［M］. 陈光金，译. 北京：中国社会科学出版社，2000.

[53]［美］布坎南，瓦格纳. 赤字中的民主［M］. 刘延安，罗光泽，译. 北京：经济学院出版社，1988.

[54]［美］查尔斯·比尔德. 美国宪法的经济观［M］. 何奇齐，译. 北京：商务印书馆，1984.

[55]［美］查尔斯·蒂利. 民主［M］. 魏洪钟，译. 上海：上海世纪出版集团2009.

[56]［美］查尔斯·K. 罗利. 财产权与民主的限度［M］. 刘晓峰，译. 北京：商务印书馆，2007.

[57]［美］查尔斯·林德布洛姆. 政治与市场：世界的政治经济制度［M］. 王逸舟，译. 上海：上海三联书店，1992.

[58]［美］查尔斯·沃尔夫. 市场或政府——权衡两种不完善的选择［M］. 谢旭，译. 北京：中国发展出版社，1994.

[59]［美］戴维·施韦卡特. 超越资本主义［M］. 宋萌荣，译. 北京：社会科学文献出版社，2006.

[60]［美］戴维·施韦卡特. 反对资本主义［M］. 李智，等，译. 北京：中国人民大学出版社，2002.

[61]［美］戴维·米勒. 社会正义原则［M］. 应奇，译. 南京：江苏人民出版社，2005.

[62]［美］戴维·杜鲁门. 政治过程——政治利益与公共舆论［M］. 陈尧，译. 天津：天津人民出版社，2005.

[63]［美］丹尼尔·贝尔. 资本主义文化的矛盾［M］. 赵一凡，等，译. 上海：上海三联书店，1989.

[64]［美］丹尼尔·贝尔. 后工业社会的来临［M］. 高铦，王宏周，魏章玲，译. 北京：新华出版社，1997.

[65]［美］丹尼尔·W. 布罗姆利. 经济利益与经济制度：公共政策的理论基础［M］. 陈郁，郭宇峰，汪春，译. 上海：上海三联书店、上海人民出版社，2006.

[66]［美］丹尼斯·朗. 权力论［M］. 陆震纶，等，译. 北京：中国社会科学出版社，2001.

[67]［美］道格拉斯·拉米斯. 激进民主［M］. 刘元琪，译. 北京：中国人民大学出版

社，2002.

[68] [美] 道格拉斯·C. 诺斯. 经济史上的结构与变迁 [M]. 厉以平，译. 北京：商务印书馆，1999.

[69] [美] 格伦·蒂德. 政治思维：永恒的困惑 [M]. 潘世强，译. 杭州：浙江人民出版社，1987.

[70] [美] 格林斯坦，波尔斯比. 政治学手册精选 [M]. 储复耘，译. 北京：商务印书馆，1996.

[71] [美] 汉密尔顿，杰伊，麦迪逊. 联邦党人文集 [M]. 程逢如，等，译. 北京：商务印书馆，1980.

[72] [美] 霍尔索夫斯基. 经济体制分析和比较 [M]. 俞品根，译. 北京：经济科学出版社，1988.

[73] [美] 霍华德·威亚尔达. 民主与民主化比较研究 [M]. 榕远，译. 北京：北京大学出版社，2004.

[74] [美] 霍华德·威亚尔达. 比较政治学理论：概念与过程 [M]. 娄亚，译. 北京：北京大学出版社，2005.

[75] [美] 胡安·林茨，阿尔弗莱德·斯泰潘. 民主转型与巩固的问题：南欧、南美和后共产主义欧洲 [M]. 孙龙，等，译. 杭州：浙江人民出版社，2008.

[76] [美] 亨利·罗伯特. 罗伯特议事规则 [M]. 袁天鹏，孙涤，译. 上海：格致出版社、上海人民出版社，2008.

[77] [美] 加布里埃尔·阿尔蒙德，西德尼·维巴. 公民文化——五国的政治态度和民主 [M]. 马殿君，等，译. 杭州：浙江人民出版社，1989.

[78] [美] 卡尔罗·佩特曼. 参与和民主理论 [M]. 陈尧，译. 上海：上海人民出版社，2006.

[79] [美] 凯斯·R. 孙斯坦. 自由市场与社会正义 [M]. 金朝武，胡爱平，乔聪启，译. 北京：中国政法大学出版社，2002.

[80] [美] 康芒斯. 制度经济学 [M]. 于树生，译. 北京：商务印书馆，1994.

[81] [美] 科恩. 论民主 [M]. 聂崇信，朱秀贤，译. 北京：商务印书馆，1988.

[82] [美] 科斯，阿尔钦，诺斯 等. 财产权利与制度变迁：产权学派与新制度学派译文集 [M]. 刘守英，等，译. 上海：上海三联书店、上海人民出版社，1994.

[83] [美] 肯尼斯·阿罗. 社会选择：个性与准则 [M]. 钱晓敏，孟岳良，译. 北京：首都经济贸易大学出版社，2000.

[84] [美] 列奥·施特劳斯，约瑟夫·克罗波西. 政治哲学史 [M]. 李天然，等，译. 石家庄：河北人民出版社，1998.

[85] [美] 莱斯特·瑟罗. 资本主义的未来：当今各种经济力量如何塑造未来世界 [M]. 周晓钟，译. 北京：中国社会科学出版社，1998.

[86] [美] 莱斯利·里普森. 政治学的重大问题 [M]. 刘晓，等，译. 北京：华夏出版社，2001.

[87] [美] 路易斯·凯尔萨，帕特里西亚·凯尔萨. 民主与经济力量——通过双因素经济

开展雇员持股计划报告［M］. 赵曙明，译. 南京：南京大学出版社，1996.

［88］［美］罗伯特·H. 威布. 自治：美国民主的文化史［M］. 李振广，译. 北京：商务印书馆，2006.

［89］［美］罗伯特·达尔. 多头政体——参与和反对［M］. 谭君久，等，译. 北京：商务印书馆，2003.

［90］［美］罗伯特·达尔. 多元主义民主的困境——自治与控制［M］. 周华军，译. 长春：吉林人民出版社，2006.

［91］［美］罗伯特·达尔. 民主及其批评者［M］. 曹海军，等，译. 长春：吉林人民出版社，2006.

［92］［美］罗伯特·达尔. 民主理论的前言：扩展版［M］. 顾昕，译. 北京：东方出版社，2009.

［93］［美］罗伯特·达尔. 现代政治分析［M］. 王沪宁，译. 上海：上海译文出版社，1987.

［94］［美］罗伯特·登哈特. 公共组织理论：第2版［M］. 项龙，刘俊生，译. 北京：华夏出版社，2002.

［95］［美］罗伯特·赖克. 国家的作用［M］. 徐荻洲，等，译. 上海：上海译文出版社，1994.

［96］［美］罗伯特·古丁等. 政治科学新手册：上、下册［M］. 钟开斌，等，译. 北京：生活·读书·新知三联书店，2006.

［97］［美］罗伯特·D. 帕特南. 使民主运转起来［M］. 王列，赖海榕，译. 南昌：江西人民出版社，2001.

［98］［美］罗纳德·德沃金. 认真对待权利［M］. 信春鹰，吴玉章，译. 北京：中国大百科全书出版社，1998.

［99］［美］罗纳德·德沃金. 至上的美德：平等的理论与实践［M］. 冯克利，译. 南京：江苏人民出版社，2003.

［100］［美］库珀. 行政伦理学——实现行政责任的途径［M］. 张秀琴，译. 北京：中国人民大学出版社，2001.

［101］［美］马乔里·凯利. 资本的权利是神圣的吗？质疑"股东优势"创建市场民主［M］. 黄佳，庞锦，译. 北京、沈阳：中信出版社、辽宁教育出版社，2003.

［102］［美］迈尔克·沃尔泽. 正义诸领域：为多元主义与平等一辩［M］. 褚松燕，译. 南京：译林出版社，2002.

［103］［美］迈克尔·帕伦蒂. 少数人的民主：第8版［M］. 张萌，译. 北京：北京大学出版社，2009.

［104］［美］迈克尔·桑德尔. 民主的不满——美国在寻找一种公共哲学［M］. 曾纪茂，译. 南京：凤凰出版传媒集团、江苏人民出版社，2008.

［105］［美］迈克尔·罗斯金等. 政治科学［M］. 林震，等，译. 北京：华夏出版社，2001.

［106］［美］曼瑟尔·奥尔森. 国家的兴衰：经济增长、滞胀和社会僵化［M］. 李增刚，

译. 上海：上海人民出版社，2007.

[107] [美] 曼瑟尔·奥尔森. 集体行动的逻辑 [M]. 陈郁，郭宇峰，李崇新，译. 上海：上海三联书店、上海人民出版社，1995.

[108] [美] 曼瑟尔·奥尔森. 权力与繁荣 [M]. 苏长和，等，译. 上海：上海人民出版社，2005.

[109] [美] 米尔顿·弗里德曼. 资本主义与自由 [M]. 张瑞玉，译. 北京：商务印书馆，2009.

[110] [美] 米尔斯. 权力精英 [M]. 王崑，等，译. 南京：南京大学出版社，2004.

[111] [美] 摩尔根. 古代社会：上册 [M]. 杨东莼，等，译. 北京：商务印书馆，1983.

[112] [美] 尼古拉斯·施普尔伯. 国家职能的变迁：在工业化经济体和过渡性经济体中的私有化和福利改革 [M]. 杨俊峰，马爱华，朱源，译. 沈阳：辽宁教育出版社，2004.

[113] [美] 潘恩. 潘恩选集 [M]. 马清槐，等，译. 北京：商务印书馆，1981.

[114] [美] 普沃斯基. 民主与市场：东欧与拉丁美洲的政治经济改革 [M]. 包雅钧，译. 北京：北京大学出版社，2005.

[115] [美] 乔·萨托利. 民主新论 [M]. 冯克利，阎克文，译. 北京：东方出版社，1993.

[116] [美] 乔治·弗雷德里克森. 公共行政的精神 [M]. 张成福，等，译. 北京：中国人民大学出版社，2003.

[117] [美] R. 科斯等. 财产权利与制度变迁 [M]. 刘守英，译. 上海：上海三联书店、上海人民出版社，1994.

[118] [美] 萨拜因. 政治学说史：上册 [M]. 盛怀阳，崔妙因，译. 北京：商务印书馆，1986.

[119] [美] 塞缪尔·鲍尔斯，赫伯特·金蒂斯. 民主和资本主义 [M]. 韩水法，译. 北京：商务印书馆，2003.

[120] [美] 塞缪尔·亨廷顿，米歇尔·克罗齐，[日] 绵贯让治. 民主的危机 [M]. 马殿军，等，译. 北京：求实出版社，1989.

[121] [美] 塞缪尔·亨廷顿. 变化社会中的政治秩序 [M]. 王冠华，刘为，等，译. 上海：上海世纪出版集团 2008.

[122] [美] 塞缪尔·亨廷顿. 文明的冲突与世界秩序的重建 [M]. 周琪，等，译. 北京：新华出版社，2002.

[123] [美] 塞缪尔·亨廷顿. 第三波——20 世纪后期民主化浪潮 [M]. 刘军宁，译. 上海：上海三联书店，1998.

[124] [美] 斯蒂芬·L. 埃尔金，卡罗尔·爱德华·索乌坦. 新宪政论：为美好的社会设计政治制度 [M]. 周叶谦，译. 北京：生活·读书·新知三联书店，1997.

[125] [美] 斯蒂格利茨等，[荷] 阿诺德·赫特杰. 政府为什么干预经济——政府在市场经济中的角色 [M]. 北京：中国物资出版社，1998.

[126] [美] 斯科特·戈登. 控制国家：西方宪政的历史 [M]. 应奇，等，译. 南京：江

苏人民出版社，2001.

[127] ［美］施密特，等. 美国政府与政治 ［M］. 梅然，译. 北京：北京大学出版社，2005.

[128] ［美］斯坦利·阿罗诺维茨，希瑟·高特内. 控诉帝国：21 世纪世界秩序中的全球化及其抵抗 ［M］. 肖维青，等，译. 桂林：广西师范大学出版社，2004.

[129] ［美］图洛克. 贫富与政治 ［M］. 梁海音，范世涛，等，译. 长春：长春出版社，2006.

[130] ［美］托马斯·R. 戴伊，L. 哈蒙·奇格勒. 美国民主的嘲讽 ［M］. 张绍伦，金筑，等，译. 石家庄：河北人民出版社，1997.

[131] ［美］托马斯·杰斐逊. 杰斐逊文选 ［M］. 北京：商务印书馆，1963.

[132] ［美］约翰·奈斯比特，阿伯迪妮. 大趋势 ［M］. 梅艳，译. 北京：中国社会科学出版社，1984.

[133] ［美］文森特·奥斯特罗姆. 美国公共行政的思想危机 ［M］. 毛寿龙，译. 上海：上海三联书店，1999.

[134] ［美］文森特·奥斯特罗姆. 复合共和制的政治理论 ［M］. 毛寿龙，译. 上海：上海三联书店，1999.

[135] ［美］沃特金斯. 西方政治传统：近代自由主义之发展 ［M］. 李丰斌，译. 北京：新星出版社，2006.

[136] ［美］约翰·E. 罗默. 在自由中丧失：马克思主义经济哲学导论 ［M］. 段忠桥，刘磊，译. 北京：经济科学出版社，2003.

[137] ［美］约翰·W. 巴德. 人性化的雇佣关系——效率、公平与发言权之间的平衡 ［M］. 解格先，马振英，译. 北京：北京大学出版社，2007.

[138] ［美］约翰·罗尔斯. 正义论 ［M］. 何怀宏，何包钢，廖申白，译. 北京：中国社会科学出版社，2006.

[139] ［美］约拉姆·巴泽尔. 国家理论：经济权利、法律权利与国家范围 ［M］. 钱勇，等，译. 上海：上海财经大学出版社，2006.

[140] ［美］约瑟夫·E. 斯蒂格利茨. 政府为什么干预经济 ［M］. 郑秉文，译. 北京：中国物资出版社，1998.

[141] ［美］约瑟夫·熊彼特. 资本主义、社会主义与民主 ［M］. 吴良健，译. 北京：商务印书馆，2009.

[142] ［美］E. E. 谢茨施耐德. 半主权的人民 ［M］. 任军锋，译. 天津：天津人民出版社，2000.

[143] ［美］珍妮特·V. 登哈特，罗伯特·B. 登哈特. 新公共服务：服务，而不是掌舵 ［M］. 丁煌，译. 北京：中国人民大学出版社，2004.

[144] ［美］詹姆斯·M. 布坎南. 自由、市场与国家：20 世纪 80 年代的政治经济学 ［M］. 北京：北京经济学院出版社，1988.

[145] ［美］詹姆斯·M. 布坎南，罗杰·康格尔顿. 原则政治，而非利益政治：通向非歧视性民主 ［M］. 张定淮，何志平，译. 北京：社会科学文献出版社，2008.

[146] ［美］詹姆斯·博曼，等. 协商民主：论理性与政治 ［M］. 陈家刚，等，译. 北

京：中央编译出版社，2006.

[147] [美] 詹姆斯·罗西瑙. 没有政府的治理 [M]. 张胜军，刘小林，等，译. 南昌：江西人民出版社，2001.

[148] [美] 西瑟. 自由民主与政治学 [M]. 竺乾威，译. 上海：上海人民出版社，1998.

[149] [美] 西达·斯考切波. 国家与社会革命：对法国、俄国和中国的分析 [M]. 何俊志，王学东，译. 上海：上海世纪出版集团 2007.

[150] [美] 西摩·马丁·李普塞特. 政治人——政治的社会基础 [M]. 张绍宗，译. 上海：上海人民出版社，1997.

[151] [挪] A. 艾德，[芬] C. 克罗斯，[比] A. 罗萨斯. 经济、社会和文化的权利 [M]. 黄列，译. 北京：中国社会科学出版社，2003.

[152] [挪] 斯坦因·U. 拉尔森. 政治学理论与方法 [M]. 任晓，等，译. 上海：上海人民出版社，2006.

[153] [日] 金泽良雄. 经济法概论 [M]. 满达人，译. 北京：中国法制出版社，2005.

[154] [日] 青木昌彦，金滢基，奥野—藤原正宽. 政府在东亚经济发展中的作用：比较制度分析 [M]. 赵辰宁，等，译. 北京：中国经济出版社，1998.

[155] [日] 猪口孝，[英] 爱德华·纽曼，[美] 约翰·基恩. 变动中的民主 [M]. 林猛，等，译. 长春：吉林人民出版社，1999.

[156] [希] 塔基斯·福托鲍洛斯. 当代多重危机与包容性民主 [M]. 李宏，译. 济南：山东大学出版社，2008.

[157] [意] 萨尔沃·马斯泰罗内. 欧洲民主史：从孟德斯鸠到凯尔森：第2版 [M]. 黄华光，译. 北京：社会科学文献出版社，1998 版。

[158] [意] 罗伯特·米歇尔斯. 寡头统治铁律——现代民主制度中的政党社会学 [M]. 任军锋，译. 天津：天津人民出版社，2003.

[159] [意] 加塔诺·莫斯卡. 统治阶级 [M]. 贾鹤鹏，译. 南京：凤凰出版传媒集团、译林出版社，2002.

[160] [意] 阿奎那. 阿奎那政治学著作选 [M]. 马清槐，译. 北京：商务印书馆，1963.

[161] [印] 阿马蒂亚·森. 伦理学与经济学 [M]. 王宇，王文玉，译. 北京：商务印书馆，2000.

[162] [印] 阿马蒂亚·森. 以自由看待发展 [M]. 任赜，等，译. 北京：中国人民大学出版社，2002.

[163] [印] 阿马蒂亚·森. 理性与自由 [M]. 李风华，译. 北京：中国人民大学出版社，2006.

[164] [英] 阿克顿. 自由与权力 [M]. 侯健，范亚峰，译. 北京：商务印书馆，2001.

[165] [英] 安德鲁·格林. 放纵的资本主义 [M]. 孙杰，靳继东，译. 北京：东方出版社，2009.

[166] [英] 安德鲁·海伍德. 政治学 [M]. 张立鹏，译. 北京：中国人民大学出版

社，2006.

[167] ［英］安东尼·阿伯拉斯特. 民主 ［M］. 孙荣飞，等，译. 长春：吉林人民出版社，2005.

[168] ［英］安东尼·吉登斯. 第三条道路：社会民主主义的复兴 ［M］. 郑戈，译. 北京：北京大学出版社，2001.

[169] ［英］安东尼·吉登斯. 第三条道路及其批评 ［M］. 孙相东，译. 北京：中共中央党校出版社，2002.

[170] ［英］保罗·赫斯特，格雷厄姆·汤普森. 质疑全球化：国际经济与治理的可能性 ［M］. 张文成，等，译. 北京：社会科学文献出版社，2002.

[171] ［英］波尔. 美国平等的历程 ［M］. 张聚国，译. 北京：商务印书馆，2007.

[172] ［英］罗素. 权力论──一个新的社会分析 ［M］. 靳建国，译. 北京：东方出版社，1989.

[173] ［英］大卫·马什，格里·斯托克. 政治科学的理论与方法 ［M］. 景跃进，等，译. 北京：中国人民大学出版社，2006.

[174] ［英］戴维·赫尔德. 民主的模式 ［M］. 燕继荣，等，译. 北京：中国编译出版社，1998.

[175] ［英］戴维·赫尔德，安东尼·麦克格鲁. 全球化与反全球化 ［M］. 陈志刚，译. 北京：社会科学文献出版社，2004.

[176] ［英］戴维·赫尔德，安东尼·麦克格鲁. 治理全球化：权力、权威与全球治理 ［M］. 曹荣湘，龙虎，译. 北京：社会科学文献出版社，2004.

[177] ［英］戴维·米勒，韦农·波格丹诺等英文版主编. 布莱克维尔政治学百科全书：修订版 ［M］. 邓正来，译. 北京：中国政法大学出版社，2002.

[178] ［英］弗雷德里克·哈耶克. 法律、立法与自由 ［M］. 邓正来，等，译. 北京：中国大百科全书出版社，2000.

[179] ［英］弗雷德里克·哈耶克. 通往奴役之路 ［M］. 王明毅，等，译. 北京：中国社会科学出版社，2007.

[180] ［英］弗雷德里克·哈耶克. 自由秩序原理 ［M］. 邓正来，译. 北京：生活·读书·新知三联书店，1997.

[181] ［英］弗雷德里克·哈耶克. 个人主义与经济秩序 ［M］. 邓正来，译. 北京：生活·读书·新知三联书店，2003.

[182] ［英］霍布豪斯. 自由主义 ［M］. 朱曾汶，译. 北京：商务印书馆，1996.

[183] ［英］拉夫尔·达仁道夫. 现代社会冲突 ［M］. 林荣远，译. 北京：中国社会科学出版社，2000.

[184] ［英］理查德·贝拉米. 重新思考自由主义 ［M］. 王萍，等，译. 南京：江苏人民出版社，2005.

[185] ［英］洛克. 政府论：下篇 ［M］. 瞿菊农，叶启芳，译. 北京：商务印书馆，1964.

[186] ［英］密尔. 代议制政府 ［M］. 汪瑄，译. 北京：商务印书馆，1982.

[187] [英] 密尔. 论自由 [M]. 程崇华, 译. 北京: 商务印书馆, 1959.

[188] [英] 米尔恩. 人的权利和人的多样性 [M]. 夏勇, 张志铭, 译. 北京: 中国大百科全书出版社, 1995.

[189] [英] 卡尔·波普尔. 开放社会及其敌人 [M]. 陆衡, 等, 译. 北京: 中国社会科学出版社, 1999.

[190] [英] 帕特里克·敦利威. 民主、官僚制与公共选择: 政治科学中的经济学阐释 [M]. 张庆东, 译. 北京: 中国青年出版社, 2004.

[191] [英] 佩里·安德森, 帕屈克·卡米勒. 西方左派图绘 [M]. 张亮, 吴勇立, 译. 南京: 江苏人民出版社, 2002.

[192] [英] 赛亚·柏林. 自由论: 修订版 [M]. 胡传胜, 译. 南京: 译林出版社, 2011.

[193] [英] 索尔·埃斯特林等. 市场社会主义 [M]. 邓正来, 等, 译. 北京: 经济日报出版社, 1993.

[194] [英] 托尼·基利克. 过分的倒退 [M]. 杨亚沙, 译. 北京: 企业管理出版社, 1994.

[195] [英] 詹姆斯·布赖斯. 现代民治政体 [M]. 张慰慈, 等, 译. 长春: 吉林人民出版社, 2001.

[196] [英] 锡德尼·维伯, 比阿特里斯·维伯. 资本主义文明的衰亡 [M]. 秋水, 译. 上海: 上海世纪出版集团 2005.

[197] [英] 约翰·邓恩. 民主的历程 [M]. 林猛, 等, 译. 长春: 吉林人民出版社, 2011.

[198] [英] 约翰·格雷. 伪黎明: 全球资本主义的幻象 [M]. 张敦敏, 译. 北京: 中国社会科学出版社, 2002.

[199] [英] 詹姆斯·E. 米德. 效率、公平与产权 [M]. 施仁, 译. 北京: 经济学院出版社, 1992.

[200] [英] 詹姆斯. 布赖斯. 现代民治政体: 上、下册 [M]. 张慰慈, 等, 译. 长春: 吉林人民出版社, 2001.

[201] [英] 沃拉斯. 政治中的人性 [M]. 朱曾汶, 译. 北京: 商务印书馆, 2009.

(四) 中文论文

[1] [奥] 菲力普·奥斯顿. 经济、社会和文化权利及其保障措施 [J]. 毕小青, 译. 外国法译评, 1994 (4).

[2] [韩] 张允美. 中国职工代表大会制与职工参与模式的政治学分析 [J]. 北京行政学院学报, 2003 (1).

[3] [美] 戴维·施韦卡特. 马克思对资本主义民主的批判及其对中国发展战略的启示 [J]. 教学与研究, 2005 (10).

[4] 蔡立怀. 社会主义经济民主申论 [J]. 社会科学论坛, 2007 (3).

[5] 陈赤军, 叶焕庭. 经济民主与经济自由 [J]. 读书, 1997 (9).

[6] 陈志武. "国进民退" 的非经济后果 [J]. 商界 (评论), 2010 (4).

［7］储建国. 经济共和主义——"人民共和国"的经济政治学［J］. 探索与争鸣，2010（3）.

［8］崔之元. 经济民主的两层含义［J］. 读书，1997（4）.

［9］崔之元. 美国二十九个州公司法变革的理论背景及对我国的启发［J］. 经济研究，1996（4）.

［10］崔之元. 重庆模式、经济民主与自由社会主义［J］. 商务周刊，2009（22）.

［11］杜宇. 市场经济与社会民主［J］. 社会主义研究，1995（2）.

［12］阎增武，由曦尤. 社会主义经济民主与责任制［J］. 社会科学，1985（1）.

［13］何家栋. 后现代派如何挪用现代性话语——评"经济民主"和"文化民主"［J］. 战略与管理，1998（2）.

［14］何增科. 渐进政治改革与民主的转型［J］. 北京行政学院学报，2004（3 期、第 4）.

［15］何增科. 民主化：政治发展的中国道路［J］. 中共天津市委党校学报，2004（2）.

［16］贺清生. 经济民主浅议［J］. 求索，1993（3）.

［17］黄岭峻. "经济民主"思潮考析——中国现代经济思想研究之三［J］. 江汉论坛，2004（1）.

［18］江作军. 论经济民主与政治民主［J］. 江苏大学学报，（社会科学版）2003（10）.

［19］金太军. 公共行政的民主和责任取向析论［J］. 天津社会科学，2000（5）.

［20］康均心. 法治民主与经济民主：制度安排的核心要素——评《繁荣的治理之道》［J］. 武汉大学学报：哲学社会科学版，2009（1）.

［21］李昌庚. 公司：经济民主与民主政治的互动［J］. 理论与现代化，2008（3）.

［22］李羚. 价格听证的经济民主化分析［J］. 经济体制改革，2002（2）.

［23］李实等. 中国居民财产分布不平等及其原因的经验分析［J］. 经济研究，2005（6）.

［24］刘德厚. "经济政治"范畴分析［J］. 经济评论，1994（2）.

［25］刘德厚. 关于建立经济政治学的几个问题［J］. 武汉大学学报：社会科学版，1989（1）.

［26］刘剑文. 宪政与中国财政民主［J］. 税务研究，2008（4）.

［27］刘金霞. 价格听证：要的就是经济民主［J］. 中国经济时报，2002 年 1 月 11 日。

［28］刘俊祥. "经济政治学"的学科范式述论［J］. 武汉大学学报：哲学社会学版，2011（2）.

［29］刘俊祥. 论贫富公民利益博弈的宪政机制［J］. 天宪，北京：法律出版社，2006.

［30］刘俊祥. 中国式社会民主建设［J］. 和谐社会的政治文明建设. 北京：国家行政学院出版社，2008.

［31］刘晓清. 经济民主：浙江的实践与思考［J］. 浙江社会科学，2006（9）.

［32］楼贤俊，胡关金. 论经济民主［J］. 马克思主义研究，1988（1）.

［33］罗华明. 经济民主与基于自由的创造［J］. 湖北行政学院学报，2005（1）.

［34］马方方. 经济市场化背景下的中国经济民主建设及其国际价值［J］. 国际关系学院学报，2009（3）.

［35］乔兴华. 实现经济民主的必要条件［J］. 理论探讨，1992（6）.

［36］唐贤兴. 民主、公共利益与中国公共政策的变迁［J］. 复旦政治学评论：第 6 辑
　　　［M］//中国民主的制度结构，上海：上海人民出版社，2008.

［37］王保树. 市场经济与经济民主［J］. 中国法学，1994（2）.

［38］王彩波，杨健潇. 政治秩序·经济效率·社会公正［J］. 学习与探索，2007（1）.

［39］王绍光，胡鞍钢，丁元竹. 经济繁荣背后的社会不稳定［J］. 战略与管理，2002
　　　（3）.

［40］王慎之. 经济民主论［J］. 新华文摘，1989（12）.

［41］吴平魁. 市场经济与经济民主［J］. 当代经济科学，1996（3）.

［42］吴宇晖，张嘉昕. 经济民主：一种关于"劳动的政治经济学"［J］. 当代经济研究，
　　　2008（1）.

［43］燕继荣. 民主政治与经济自由——论现代民主对市场的依赖关系［J］. 经济社会体
　　　制比较，1994（1）.

［44］章荣君. 经济民主：从概念厘定到基础论证［J］. 湖北经济学院学报，2005（4）.

［45］章荣君. 政治民主、经济民主及其相互关系分析［J］. 云南行政学院学报，2009
　　　（5）.

［46］郑杭生. 警惕"类发展困境"——社会学视野下我国社会稳定面临的新形势［J］.
　　　中国特色社会主义研究，2002（3）.

（五）政策和法律文献

［1］中华人民共和国国务院新闻办公室［J］. 中国的民主政治建设. 白皮书.

［2］胡锦涛. 高举中国特色社会主义伟大旗帜 为夺取全面建设小康社会新胜利而奋
　　　斗——在中国共产党第十七次全国代表大会上的报告，2007 年 10 月 15 日.

［3］十八大报告辅导读本［M］. 北京：人民出版社，2012.

［4］邓小平. 建设有中国特色的社会主义［M］. 北京：人民出版社，1984.

［5］江泽民论有中国特色社会主义（专题摘编）［M］. 北京：中央文献出版社，2002.

［6］中共中央关于构建和谐社会若干重大问题的决定［G］. 2006 - 10 - 18.

二、英文类

（一）英文著作

［1］Blumberg, Industrial Democracy. The Sociology of Participation［M］. New York：Schock-en Books，1969.

［2］Carles Boix. Democracy and Redistribution［M］. Cambridge：Cambridge University Press，2003.

［3］C. B. Macpherson. the Political Theory of Possessive Individualism［M］. Oxford：Oxford U-niversity Press，1962.

［4］Cecile Fabre. Social Rights under the Constitution Government and the Decent life［M］. Oxford：Clarendon Press，2000.

［5］Charles E. Lindblom. Democracy and Market System［M］. Oslo：Norwegian University Press，1988.

［6］Christopher J. Anderson. Loser' Consent：Elections and Democratic Legitimacy［M］. Ox-ford：Oxford University Press，2005.

［7］Cohen, Johua and Joel Rogers（ed.）. Associations and Democracy［M］. London：Verso，1995.

［8］Daniel Zwerding. Workplace Democracy ［M］. New York：Harper&Row，1980.

［9］Daron Acemoglu James A. Robinson. Economic Origins of Distatorship and Democracy ［M］. Cambridge：Cambridge University Press，2006.

［10］Daryl Dart. Economic Democracy and Financial Participation：A Comparative Study ［M］. New York：Routledge，1992.

［11］David P. Eller man，Property and contract in economics：the case for economic democracy ［M］. Cambridge：USA：Blackwell，1992.

［12］David Copp，Jean Hampton，and John E. Roemer. the Idea of Democracy ［M］. Cambridge：Cambridge University Press，1993.

［13］Dhanjoo N. Ghista. Socio – economic Democracy and the World Government：Collective Capitalism，Depovertization，Human Rights，and Template for Sustainable Peace ［M］. Singapore：World Scientific Publishing Co. Pte. Ltd. ，2004.

［14］Adam Przeworski，Susan C. Stokes and Bernard Manin. Democracy，Accountability and Representation ［M］. Cambridge：Cambridge University Press，1999.

［15］Edward Greenberg. Workplace Democracy：the Political Effects of Participation ［M］. New York：Cornell University Press，1986.

［16］Eric Barendt. Freedom of Speech ［M］. Oxford：Clarendon Press，1985.

［17］Frances Hutchinson. Mary Mellor and Wendy Olsen，The Politics of Money：Towards Sustainability and Economic Democracy ［］. London：Sterling，Virginia：Pluto Press，2002.

［18］George Benello et al. . Buiding Sustainable Communities ［M］. New York：Bootstrap，1989.

［19］George Donald A. R. . Economic democracy：the political economy of self – management and participation. Basinngstoke ［M］. Hampshire：Macmillann，1993.

［20］Held David. Prospects for democracy：North，South，East，West ［M］. Cambridge：Polity Press，1993.

［21］Ian Shapiro and Casiano Hacker – Cordón. Democracy's Value ［M］. Cambridge：Cambridge University Press，1999.

［22］Ian Shapiro and Casiano Hacker – Cordón. Democracy's Value ［M］. Cambridge：Cambridge University Press，1999.

［23］Ian Shapiro. the State of Democratic Theory ［M］. Princeton：Princeton University Press，2003.

［24］Iris Marion Young. Inclusion and Democracy ［M］. Oxford：Oxford University Press，2004.

［25］James S. Pieper. Democracy，Equality and the Law，a Dissertation of the Department of Political Science ［M］. Durham：Duke University，1999.

［26］J. W. Smith. Economic Democracy：the Political Struggle of the Twenty – first Century，Armonk. New York：M. E. Sharpe，Inc. ，2000.

［27］J. W. Smith. Economic Democracy：a Grand Strategy for World Peace and Prosperity，2ed. . Portland：Institute for Economic Democracy，Inc. ，2008.

［28］John Mathews. Age of Democracy：the Politics of post – Fordism，Melbourne ［M］. Oxford：Oxford University Press，1989.

［29］ John H. Hallowell. The Moral Foundation of Democracy ［M］. Chicago：the University of Chicago Press，1954.

［30］ John Rawls. Political liberalism ［M］. New York：Columbia University Press，1993.

［31］ J. Roland Pennock. Democratic Political Theory ［M］. Princeton：Princeton University Press，1979.

［32］ Jon. Elster. Deliberative democracy ［M］. Cambridge：Cambridge University Press，1998.

［33］ Joshua Muravchik. Exporting Democracy：Fulfilling Americe's Destiny ［M］. Washington D. C：The AEL press，1991.

［34］ Jose Ortega Y. Gasset. The Revolt of the masses ［M］. Notre Dame：University of Notre Dame Press，1985.

［35］ Juan G. Espinosa Andrew S. Zimbalist. Economic Democracy：Workers' Participation in Chilean Industry，1970－1973 ［M］. New York：Academic Press，1978.

［36］ Lee，Theresa Man Ling. Politics and Truth：Political Theory and the Postmodernist Challenge ［M］. New York：State University of New York Press，1997.

［37］ Kashmir. The Myth of Mondragon：Cooperatives，Politics and Working Class Life in a Basque Town ［M］. New York：State University of New York：press，1996.

［38］ Keith Dowding. Justice and Democracy ［M］. Cambridge：Cambridge University Press，2004.

［39］ M. A. Lutz and K. Lux. Humanistic Economics ［M］. New York：Bootstrap，1998.

［40］ Martin Carnoy and Derek Shearer White Plains. Economic democracy：the challenge of the 1980s ［M］. New York：M. E. Sharpe，1980.

［41］ Mark E. Warren. Democracy and Association ［M］. Princeton：Princeton University Press，2001.

［42］ Mogens Hermen Hansen. The Athenian Democracy in the Age of Denomsthens ［M］. Oxford：Blackwell，1991.

［43］ Michael Poole. The Origins of Economic Democracy：Profitsharing and Employee－shareholding Schemes ［M］. London：Routledge，1989.

［44］ Muthiah Alaggapa. Political Legitiimacy in Southeast Asia——the Quest for Moral Authority ［M］. Redwood：Stanford University Press，1995.

［45］ Norberto Bobbio. The Future of Democracy ［M］. Cambridge：Polity Press，1987.

［46］ Norberto Bobbio. Democracy and Dictatorship ［M］. Cambridge：Polity Press，1988.

［47］ Norberto Bobbio. Thomas Hobbes and the Natural Law Tradition ［M］. Chicago：the University of Chicago Press，1993.

［48］ Olsen Gregg M. . The Struggle for Economic Democracy in Sweden ［M］. Aldershot，Hants：Avebury，1992.

［49］ Paul Hirst and Sunil Khilnani. Reinventing democracy ［M］. Oxford：Blackwell Publishers，1996.

［50］ Paul Hirst. Associative Democracy：New Forms of Economic and Social Governance ［M］. Cambridge ：Polity Press，1994.

［51］ Paul Hirst. From Statism to Pluralism［M］. London：UCL Press, 1997.

［52］ Paul Ekins. Trade for Mutual Self – Reliance［M］. London：TOES Publication, 1989.

［53］ Ponna Wignaraja, Susil Sirivardana and Akmal Hussain. Economic Democracy through Pro –
poor growth［M］. Thousand Oaks, Calif. ：Sage, 2009.

［54］ Robert A. Dahl. A Preface to Economic Democracy［M］. Berkeley：University of Califor-
nia Press, 1985.

［55］ Robert A. Dahl and Edward R. Tufte. Size and Democracy［M］. Redwood：Stanford Univer-
sity Press, 1973.

［56］ Robin Archer. Economic Democracy：the Politics of Feasible Socialism［M］. Oxford：
Clarendon Press, 1995.

［57］ Robin Archer. Toward Economic Democracy in Britain［M］. Oxford：Blackwell Ltd. , 1996.

［58］ Robin Hahnel. Economic Justice and Democracy：from Competition to Cooperation［M］.
New York：Routledge, 2005.

［59］ Ronald Mason. Participatory and Workplace Democracy［M］. Carbonale：Sourthern Illi-
nois University Press, 1982.

［60］ Seymour M. Lipset（ed. ）. the Encyclopedia of Democracy［M］. London：Routledge, 1995.

［61］ Thomas Frank. One Market under God：Extreme Capitalism, Market Populism, and the
end of Economic Democracy［M］. New York：Doubleday, 2000.

［62］ Thomas Meyer and Nicole Breyer. The Future of Social Democracy［M］. Godesberger：
Samskriti, 2007.

［63］ Tim Tilton. The Political Theory of Swedish Social Democracy［M］. Oxford：Clarendon
Press, 1990.

［64］ William N. Nelson. On Justifying Democracy［M］. London：Routledge&Kegan Paul Ltd, 1980.

［65］ Yamamura, Kōzō. Economic Policy in Postwar Japan：Growth Versus Economic Democracy
［M］. Berkeley：University of California Press, 1967.

（二）英文论文

［1］ Arman Arayik Grigoryan. New Approaches in the Theory of Economic Democracy［J］. The
International Journal of Applied Economics and Finance 1（1）, Issue1991 – 0886, 2007 .

［2］ Augustin Kwasi FOSU. Democracy and Growth in Africa：Implications of Increasing Electoral
Competitiveness［J］. Economics Letters, Volume 100, Issue 3, September 2008.

［3］ Fred Brooks. the Living Wage Movement：Potential Implications for the Working Poor［J］.
Families in Society, Volume 88, No. 3 Jul. – Sep. 2007.

［4］ Gary Dorrien. A Case for Economic Democracy, Tikkun. , Volume 24, Issue3, May/
Jun. 2009.

［5］ Henry Hansmann. Worker Participation and Corporate Governance［J］. The University of
Toronto Law Journal, Volume 43, No. 3, 1993.

［6］ Henry Hansmann. When Does Worker Ownership Work？ESOPs［J］. Law Firms, Codeter-
mination, and Economic Democracy the Yale Law Journal, Volume 99, No. 8, 1990.

［7］ Jacquelyn Tates. Unions and Employee Ownership: A Road to Economic Democracy? ［J］. Industrial Relations, Volume 45, Issue 4, Oct. 2006.

［8］ Oliver Williamson. Corporate Governance ［J］. the Yale Law Journal, Volume 93, 1984.

［9］ Richard Schmitt. Economic Democracy: Response to Schweickart's "What to Do When the Bailout Fails" ［J］. Tikkun. Volume 24, Issue 4, Jul. /Aug. 2009.

［10］ Rienk Goodijk. Corporate Governance and Workers' Participation ［J］. Corporate Governance: an International Review, Volume 8, Issue 4, 2000.

［11］ Robert Mayer. Robert Dahl and the Right to Workplace Democracy ［J］. Review of Politics. Notre Dame: Vol. 63, Iss. 2, Spring 2001.

［12］ Robert Dahl. A Right to Workplace Democracy? Response to Robert Mayer ［J］. The Review of Politics; Vol. 63, Iss. 2, Academic Research Library, Spring 2001.

［13］ Robin Blackburn. Economic Democracy: Meaningful, Desirable, Feasible? ［J］. Daedalus, Vol. 136, Issue3, Summer 2007.

［14］ Shlomo Maital. Democracy is not Working ［J］. The Jerusalem Report, Nov. 26, 2007.

［15］ Thomas Oleszczuk. Representatives of Workers' Councils ［J］. American Political Science Review72, 1983.

［16］ Walter L. Adamson. Economic Democracy and the Expediency of Worker Participation ［J］. Political Studies, Volume 38, Issue 1, 1990.

［17］ William L Niemi, David J. Plante, Democratic Movements, Self－Education, and Economic Democracy: Chartists, Populists, and Wobblies ［J］. Radical History Review. , Issue 102, Fall 2008.

后 记

本书是 2008 年至 2011 年我在武汉大学三年攻读博士学位期间完成的博士论文。论文顺利通过答辩后，应该说很长时间都被"束之高阁"了，并没有再好好翻过它。重新拿出这本厚重的博士论文时，立刻浮现在我脑海里并的曾经在武大学习、生活的点点滴滴，在此先重温一下博士论文"后记"中的那些感动。

三年的博士生活犹如一段不平凡的心灵旅程，若没有亲身经历和用心体会，将难以想象其间的沉淀与美丽。随着论文写作的完成，这段旅途也即将悄然结束，让我收获的不仅仅是密密的文稿和历练的蜕变，更是满满的感激和无限的感动。它们与珞珈山水人文一并绘成了一幅我心中最美的图画，记载着攻博日子里简单又朴实的幸福，更传达着无数平凡又伟大的真情。

师恩重如山。首先要感谢我的导师刘俊祥教授。他学术修为精致，为人真诚豁达，通过言传身教将我这个"门外汉"引入政治学这个古老又神圣的殿堂，教导我如何读书，如何关注中国现实问题，如何在修业的同时学会做事做人。他敏锐的学术眼光、强烈的现实关怀、不懈的正义追求，让我感悟到政治学的真、善、美，让我满怀敬畏之情走上学术探索之路。本选题的确定直接源于与刘老师多次交谈的灵感，特别是 2009 年夏天教五广场的那次畅谈。论文从结构安排、正文修改到最后定稿，无不凝聚着刘老师的心血和汗水，倾注着他的智慧和深情。没有他的悉心指导和耐心督促，不可能会有这篇文稿的出炉。但由于学生天性愚钝、修行欠深，交上的只是一份不圆满的答卷，离刘老师的期望还相距甚远，这不禁让我自感愧疚。我唯有铭记谆谆教诲，以后加倍努力，回报师恩！

我要特别感谢虞崇胜教授。他儒雅宽容，治学严谨，对学生更是爱护有加。在我论文写作最迷茫、最困惑的时期，天幸虞老师及时倾情相助，如绝渡逢舟，为我指引了前行的航向，给了我莫大的鼓励和鞭策。深深地感谢谭若久教授、张星久教授，他们别具一格的讲授神采和风格让我感受到政治学的魅力，享受到课堂讨论的愉悦。非常感谢叶娟丽教授在论文开题时为我提出了不少中肯意见，她对学术规范的严格要求深深地印在我的脑海里。由衷地感谢唐皇凤老师对我学习的督促和生活的关心，他亦师亦友的关怀为我论文写作的寒冬带来了丝丝阳光的温暖。还要感谢申建林老师、储建国老师、刘伟老师对论文写作思路的启发，在与他们的交谈中，我对西方政治思想史的研究方法和套路有了更多的了解，也近距离领略了武大政治学年轻学者的别样风采。

感谢我的母校湘潭大学公共管理学院对我七年的栽培，特别是我的硕士生导师陈建斌教授，他和师母见证了我在求学路上的点滴进步，在生活上不断为我排忧解难，在精神上给了我无限的鼓励和支持，使求学在外的我倍感家人般的亲切和温暖。衷心地祝福他们生活幸福美满！

同窗情难忘。感谢众多朋友一如既往的关怀，感谢同窗好友一以贯之的热情。特别感谢我的博士同学时影、彭姝、黄华莉、张敏、孙龙桦、罗亮、唐斌、别红暄、罗爱武、蒋英州、李永洪、郭小安、黄毅峰、吴雨欣、梅祖荣、黄海蓉、侯赞华等师兄师姐妹们，以及邹满玲、汪霞、戴瑾、韦健玲、陈春、姚爱萍、王晓燕、陶振、刘学伟、曹鲲等同窗好友。三年来，你们陪我学，陪我聊，陪我打球，陪我谈心，你们是我快乐的源泉、知识的源泉、力量的源泉，祝你们开心每一天！

亲情力无穷。感谢我最亲爱的父母。他们一直视我为最大的骄傲，虽已年过花甲，却依然辛勤劳作，默默付出，用他们的坚强、善良为我撑起一片蓝天。而我多年求学在外，很少有时间陪伴他们，也许能做的，只有继续奋力前行、自强不息，不辜负他们殷切的期望和无私的关爱。感谢相识相知相伴十年的爱人，一路携手走过，经历风雨，共同成长。有了他的宽容、理解和支持，我才能勇往直前、追逐梦想。感谢我的其他家人，更是他们的默默奉献，让我可以在象牙塔里安心学习、潜心专研。家人的幸福和安康永远是我前进的不竭动力！

年年岁岁花相似，岁岁年年人不同。几度樱花开和落，慢慢走过，总有太多的风景和感动留在心田，积累成心灵的财富。新的人生征途即将开始，但学术的探索还在路上……

2011 年 5 月 20 日于武大樱园

经济民主是一个颇具争议的热门话题，自师从刘俊祥教授攻读博士学位以来，经济民主、公平正义、中国一直萦绕脑际。到底什么是经济民主？为什么需要经济民主？如何实现经济民主？中国应如何发展经济民主以实现社会公平正义？这些是我一直思考和尝试回答的问题。当然，我的认识经历了一个非常艰苦的过程，博士论文开题时我甚至构想了一个从理论到实践的关于"当代中国经济民主化的制度安排研究"的宏大论文结构体系，现在回想起来真是后怕。在收集整理资料时，我逐渐意识到，对经济民主的研究应该从经济民主思想开始，把经济民主放在民主思想的历史长河中，通过文本解读，对国内外思想界和理论界关于经济民主的认识进行梳理、比较、归纳、总结，即对有关经济民主的文献资料进行全面系统的综述，这是经济民主理论研究的基础工程。选择这样一个理论性较强的课题作为博士论文研究无疑颇具挑战性。这意味着需要静下心来啃读大量国内外第一手资料，特别是一些国内研究尚未涉及或较少引用的英文原著或英文期刊。庆幸的是，我熬了过来。也正因为如此，尽管本书力图全面呈现不同经济民主思想内容，准确把握其核心主张，并挖掘比较不同思想背后的问题意识，为中国社会主义民主发展提供更多的话语资源，但知易行难，由于时间与精力限制、选题的跨学科性，以及经济民主思想本身分散庞杂，本书主要从宏观上、整体上对经济民主思想进行了尝试性和初步性研究，具体性和深度性方面还有待于后续研究，对有关理论和思想的解读可能由于主观揣测而难免有失偏颇。论文将要出版问世，心中不免诚惶诚恐，留下的遗憾和不尽如人意之处还期望更多的专家、同仁、读者批评指正。

论文的修改认真采纳了评阅专家和答辩老师的宝贵指导意见，在此感谢中国社会科学院政治学所杨海蛟研究员、山东大学博士生导师包心鉴教授、上海市社会科学界联合会桑玉成教授、武汉大学政治与公共管理学院虞崇胜教授、武汉大学政治与公共管理学院叶娟丽教授、武汉大学政治与公共管理学院申建林教授、中南财经政法大学公共管理学院赵丽江教授。

感谢中南林业科技大学政法学院领导、同事对我生活、工作的热心关怀。本书能够出版，也得益于知识产权出版社的大力支持，在此表示感谢。

感谢中南林业科技大学高层次人才引进科研启动基金项目和湖南省教育厅优秀青年项目的资助。在本书付梓之际，小儿端端正开始咿呀学语，蹒跚学步，他的一颦一笑无时无刻不牵动我的心。我愿把此书献给最亲爱的小宝贝，呵护他健康快乐地成长已成为我最大的心愿和幸福。

未来有梦，当奋力前行。

曹芳

2013 年 11 月 29 日于中南林